JN086329

大学院文化科学研究科

発達心理学特論

荻野美佐子

臨床心理学プログラム

（改訂版）発達心理学特論（'21）

©2021　荻野美佐子

装丁・ブックデザイン：畑中　猛

s-54

まえがき

　『発達心理学特論』のテキストは，2007年の内田伸子・氏家達夫編として作られた後，2011年の子安増生編に引き続き『発達心理学特論（'15）』と，大きな3回の改編を経ているが，基本的なコンセプトは共通している。人という存在に関する時間の中での変化を，生涯にわたる発達的な視点をもって捉え，各時期の特徴をおさえつつ，その支援に必要な事柄について検討することである。本書『発達心理学特論（'21）』は，前回（2015年）の内容をさらに精査し，より充実したものとすべく作成した。したがって，『発達心理学特論（'15）』の内容を，基本的には踏襲したものであり，一部の章については同内容のものも含んでいる。ただし，全体の章構成の変更や担当者の交代があった章もあり，また，最新の知見も反映しつつ，新たなものとして再検討しなおした。

　発達心理学特論は，放送大学の人間発達プログラムと臨床心理学プログラムの共通科目であり，日本臨床心理士資格認定協会の選択必修科目群B群のうちの一つの科目として認定されている。したがって，学部での発達心理学の基礎をある程度もっている人を前提にしつつ，さらに，大学院での臨床的支援に関する学びにおいて必要となる，発達心理学の専門性の深化を図ることができるようにした。しかし，その一方で，発達心理学に初めて触れる人にとっても，読みやすいものとするように心がけ，専門家であるかどうかの別なく，それぞれの立場で活かせるような，人の発達についての理解の枠組みと，発達の支援の基礎づけとなるものを提供できるようにした。

　人，モノ，情報の移動が，これまで想定されてきた以上に私たちの有りように大きな変化をもたらし，私たちの日常がさまざまな危機にさらされている。そうした中にあって，ともすると，弱い立場の人が大きな影響を受けざるを得ない状況に陥っていることもある。多様な文化，価値観の変化，情報機器の発達は私たちの世界を広げてくれるものである一方，個々人の孤立化や支援に際しての複雑な問題をもたらすこともあ

る。さらに高齢化が進む中で，発達初期の課題のみならず，人の生涯に
わたる時間的スパンをもちつつ，支援を考えることがより一層重要とな
っている。これら今日の私たちが抱える課題は，1冊の本で取り上げる
には，大きすぎるものではあるが，そうした問題を考える一助になれば
と思う。

　全体は二つの部分から構成されている。発達は，時間の中で生ずる人
の変化を縦軸とし，特定の時期における総体としての人の状態を，領域
横断的に捉える横軸とで成り立つと言える。このため，本書では，前半
は縦軸としての時間を意識し，発達を捉える際に重要と思われるいくつ
かの領域について，領域ごとに生涯発達としての全体像を把握できるよ
うにした。まず，1章および2章において，発達をおさえる視点，発達
の諸理論に触れ，研究的アプローチについても言及した。また，発達そ
のものに深くかかわる生理的要因とそれに影響する環境について触れ
た。これらの章は，それ以降の章を読み進めていく上での全体的な枠組
みを提供するものであり，いくつかのトピックを通して理解を深めても
らいたいと考える。

　3章〜8章は，発達の領域ごとに生涯発達を整理している。ただし，
領域によって中核となる年齢が異なることから，前半の各章では，生涯
発達を視野に入れつつも特定の時期に焦点を当てているものもある。3
章では，知能検査およびその背景となる知能理論を切り口として，認知
機能の生涯発達について検討する。4章では，発達初期の言語獲得とそ
の発達のみならず，コミュニケーションの観点，さらには自分自身を語
ることを通して，人が言葉とどのように向き合うのかについて論ずる。
5章は，情動の表出と理解，その制御について検討する。6章は，ア
タッチメントの生涯発達および多様な人間関係の中での発達，さらには今
日，大きな問題となっている虐待について考える。7章は，自分という
存在をどのように捉えるようになるのか，そうした自分自身に対する感
情である自尊心がどのように発達するのかを論ずる。8章では，社会性
の発達にかかわる共感性，愛他行動，社会的ルールの理解や道徳性につ
いても取り上げる。

　後半の9章以降については，発達の時間的変化に即して，乳児期（9章），幼児期（10章），児童期（11章），青年期（12章），成人期（13章），老年期（14章）に分け，それぞれの時期に固有の問題を踏まえつつ，時期ごとの特徴を通して，全体的な存在としての人の変化を意識してもらえるようにした。また，最終章の15章では，再びその生涯を全体として俯瞰し，人がその生涯において出会うさまざまな困難，障害や病気，災害などにどのように向き合っていくのか，そうした人をどのように支援するのか，について検討し，生涯にわたる視点をもって，個々人を理解し，何ができるのかを考えることを期待したい。

　各章の執筆者は，それぞれの領域，テーマに関する経験豊かな研究者であり，今日の発達心理学における成果および，基礎になる事項をわかりやすく提供してもらうようにした。この印刷教材と，放送教材は，相互に補い合うものであり，放送教材と併せて，より深い理解につながればと考える。

2020年 10月

荻野　美佐子

6

目 次

10 ｜ 幼児期のこころ ｜ 中澤　潤　174

1 │ 人の発達とは

荻野美佐子

《**学習目標**》　人は，その誕生から死によって生涯を閉じるまで，どのように
自らの生を作っていくのだろうか。また，そこにはどのような要因が影響し
ているのだろうか。発達を「生涯にわたる時間と空間の中での変化」として
捉える枠組みを概観し，主要な発達の理論を整理する。また，発達研究の方
法についても学ぶ。
《**キーワード**》　生涯発達，生態学的視点，認知発達，心理性的発達，心理社
会的発達，縦断研究，横断研究，コホート

1. 時間と空間を生きる人 ― 発達とは ―

1-1　生涯発達

　発達心理学（developmental psychology）とは，時間および空間にお
ける総体としての人の変化過程を捉え，そこにかかわる要因および変化
の法則を見出そうとする心理学の一分野である。その変化の過程は，必
ずしも単純な方向性を持った変化とは限らず，多面的なものである。本
来，人の変化過程は，受胎からその一生を終えるまでの生涯（life-
span）の発達過程として捉えるべきものであるが，1980 年頃までは主
として「子ども」から「大人」への変化である"成長"イメージの中で
捉えられてきたと言える。しかし，人の発達的変化は「大人」になった
後も重要なものであり，生涯にわたる発達過程を考えると，特定の価値
づけの中での単純増加イメージではなく，そこには多面性と多義性が含
まれることになる。ある面から見るとプラスの変化が別の面から見ると
マイナスの変化であり，発達過程の中に常に獲得と喪失が同時進行的に
起こっていると考えることができる（たとえば，日本語の環境に生まれ

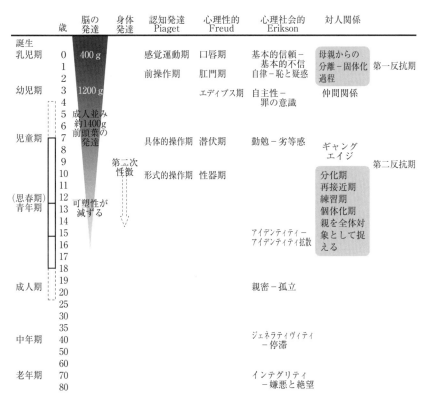

図1-1 各理論における生涯発達の概要

た子どもは，［r］と［l］の音の区別ができなくなるが，それは日本
語ではその区別を必要としないため，「区別しない」能力を獲得したと
も言える）。

　生涯にわたる発達的変化は発達の各領域で生ずる，と考えることがで
きる。発達の領域についても，多様な捉え方がありうるが，獲得と喪失
といった変化がどの機能において生ずるかにより，脳の発達，身体発
達，認知発達および言語・コミュニケーションの発達，対人関係を中心
とした情緒・社会性の発達の各側面から捉えることができる（図1-1
参照）。

　脳機能の初期発達では，情報を伝えるためのシナプス（神経細胞間な
どで神経情報を伝える接合部のこと）の過剰生成と刈り込み（9章参

照）に見られるような，急速な獲得と喪失の両方向的な変化が生ずるこ
とによって達成されていると言ってよい。脳機能の発達と連動する身体
機能の発達については，生殖年齢以降は，身体機能は低下し，特に老年
期にその低下は大きいが，個人差もまた大きい。これらの脳機能，身体
的発達は，認知発達および言語・コミュニケーション発達，社会・情動
発達にも影響を与えるとともに，個々の自己観にも影響を与え，これら
は複雑に相互連関していると言える。

　このような発達的な変化には，遺伝や環境といった要因が影響を与え
ていると考えることができる。ただし，その影響は単純なものではな
く，発達の時期によって異なる。これについて，バルテスら（Baltes et
al., 1980）は，標準年齢的影響，標準歴史的影響，非標準的影響の3つ
で捉えている（図1 - 2参照）。

　発達の初期には，年齢などの生物学的影響が大きいが，この影響は青
年期以降，小さくなっていく。これを標準年齢的影響という。青年期頃
からは，それぞれが生きている歴史・文化的環境の影響が大きくなる。
戦争中に青年期を過ごした世代の人々は，その経験が価値観や生き方に
大きな影響を与えている。これを標準歴史的影響という。こうした標準
年齢的影響，あるいは標準歴史的影響とは別に，個々の人によって異な

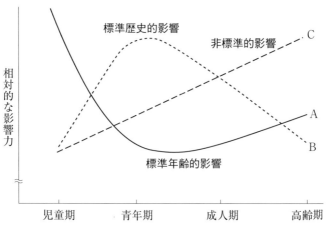

図1 - 2　相対的な影響力の発達的変化（Baltes et al., 1980）

る非標準的影響については，年齢とともにその影響が大きくなってく
る。きれい好きで身のまわりをきちんとしないと気が済まない人は，年
齢とともに，ますますその傾向を強めていくなど，こうした個性は，年
とともに大きくなると考えられる。

1-2　生涯発達の理論

　人の発達の生涯にわたる変化を捉えようとすることは，古来さまざま
な形でなされてきたものである（孔子の人生訓など）。こうした人生訓
を，発達の各時期における特徴として捉えて整理しようとする試みは，
1700年～1800年頃にも盛んになされ，1900年代初頭のビューラー
（Bühler, Ch.）を経て，社会の中で適応的であるためのノーマルイベン
トという観点から，「発達課題」を想定する試みの代表は，ハヴィガー
スト（Havighurst, R. J.）によるものである。5つの領域（①自らの性
に適した特性の獲得　②親からの情緒的独立　③良心と価値の形成　④
仲間関係の発達　⑤知的技能の発達）における発達課題として，各時期
に固有のものを挙げている。これは，アメリカの1940，50年代の望ま
しい市民の指針を示したものと言ってよいだろう。指針を示したという
教育的意義はあるが，他の文化や社会でも同じように期待されるもので
あるとは必ずしも言えない。

　このような教育的観点からではなく，各時期の特徴づけを心理的な観
点から行っている「発達段階論」と呼ばれるいくつかの枠組みがある。
人は，一連の質的に異なる段階を経て発達し，この段階の順序性は普遍
的に見られるものと考えるものである。これらは，発達のどの側面に焦
点を当てるかにより，認知発達（ピアジェ，Piaget, J.），道徳判断（コ
ールバーグ，Kohlberg, L.），心理性的発達（フロイト，Freud, S.），心
理社会的発達（エリクソン，Erikson, E. H.）などがある。また，成人
期のパーソナリティの発達段階に注目したものとしては，ユング
（Jung, C. G.），レヴィンソン（Levinson, D. J.），グールド（Gould, R.）
などが挙げられる（図1-3参照）。

　その後，1980年代頃より，新たな動きとして，「成人発達理論」が提

それ以前	古来からのライフサイクルに関する哲学的反省あるいは人生訓
1700年頃 〜1800年頃	テーテンス Tetens (1777)「人間性とその発達に関する哲学的試論」 カールス Carus (1808)「心理学」 　人の生涯をいくつかの発達的時期に区分することの始まり
1900年代初頭	ビューラー (1928) 回想録，伝記，記録，統計資料の分析から 　人の生涯を5つの時期に区分 　　① 子ども期と青年期（人生の入口） 　　② 生活の拡充と暫定的な自己決定の時期 　　③ 人生の中期（欲求と人生の課題の変更） 　　④ 自分の達成したものの陰に退く時期 　　⑤ 自分の来し方，行く末について沈思する時期

1900年代初頭〜半ば

理論的段階区分
（主にヨーロッパで）

フロイト(1856-1939)
心理性的段階
①口唇期
②肛門期
③エディプス期
④潜伏期
⑤性器期

ピアジェ(1896-1980)
認知的段階
①感覚運動期
②前操作期
③具体的操作期
④形式的操作期

実用的段階区分
（主にアメリカで）

ハヴィガースト(1900-1991)
発達課題
①就学まで
②学童期
③青年期
④成人期
⑤中年期
⑥老年期

各期5つの領域での課題
1)性に適した特性
2)親からの情緒的独立
3)良心と価値の形成
4)仲間関係の発達
5)知的技能の発達

1900年代半ば以降

エリクソン(1902-1994)
心理社会的段階
①基本的信頼 対 基本的不信
②自律 対 恥と疑惑
③自主性 対 罪の意識
④勤勉 対 劣等感
⑤アイデンティティ 対
　アイデンティティ拡散
⑥親密 対 孤立
⑦ジェネラティヴィティ 対 停滞
⑧インテグリティ 対 嫌悪と絶望

コールバーグ(1927-1987)
道徳判断の段階
①罰と服従
②互恵性
③対人的一致
④法と秩序の志向
⑤社会的契約
⑥普遍的倫理の原理

生涯にわたる発達を問題とする

成人期のパーソナリティの発達
ユング，レヴィンソン，グールド

(1980年代頃)より

成人発達理論（キーガン）　ダイナミックスキル理論（フィッシャー）など

図1-3　生涯発達の理論的系譜

唱されるようになっている。この背景には，発達過程が必ずしも普遍的なもの（領域普遍）ではなく領域によって異なる（領域固有）のではないか，ということ，さらに，脳神経科学の発達に伴う発達の各時期における生理的変化による多様な影響への注目，そして，高齢化社会さらには超高齢化社会に伴う人生後半の時間の中で人の"発達"を捉えることの重要性などがある。それらの一つとして，成人期以降の知性や意識の発達を捉えるキーガンの理論（Kegan, 1982），さらには，社会構成主義的な能力観から教育も含めて考えるダイナミックスキル理論（Fischer et al., 1989）などがある。

　1980年頃以降の，人の発達を生涯にわたる獲得と喪失の過程として捉える観点に大きな影響を与えたのは，バルテス（Baltes, P.）である。バルテスの生涯発達論の中核は，「補償を伴う選択的最適化（selective optimization with compensation：SOC）」の考え方にある。そこでは，選択によって特殊化した適応の形態が，生涯発達の一般的特徴として持続的に発展すること，年齢による変化の中で喪失としてのエイジングの側面への適応が重要になってくること，エイジングに伴う制約に対し，補償的・代替的なメカニズムが発達することが指摘されている。

　獲得（gains）と喪失（loss），あるいは成長（growth）と衰退（decline）の混在したダイナミックシステムとして発達を捉えることは，発達の危機を考えるヴィゴツキー（Vygotsky, L. S.）や認知発達におけるU字型の発達の視点とも結びつくものである。

　ヴィゴツキーは，変化には危機が伴うことを指摘し，発達の危機，つまり発達的変化が急激に破局的様相を帯びて進行する時期である発達の質的転換点がいくつか存在する，としている。それが際立つのは，思春期・青年期危機だが，そこでは，境界の不明瞭さ（気づいた時にはクライマックス），教育困難性（教育的働きかけを受け付けない），発達の消極的性格（発達のポジティブな面が見えにくく，むしろ破壊的）といった特徴が見られる。

　認知発達では，たとえば，色と形の組み合わせの図形を分ける際に最初は直感的に色か形かに注目して分けることができるが，少し発達が進

むと，迷って分けられなくなることがある。いったん混乱してわからなくなる過程を経ると，より高次な認知発達に進むという現象はよく見られる。学習や発達が直線的に進むと考えるのは適切ではない。U字型のように混乱してできなくなる，パフォーマンスが一時的に低下することは，次の質的な転換が起こる必須の過程であるとも言える。

1-3　発達の生態学的視点

　人の発達を生涯にわたる過程として考える場合，それがどのような場で起こったのかが問題となる。これは，生体を取り巻くあらゆる条件を「環境」として捉え，発達を「人がその環境を受けとめる受けとめ方や環境に対処する仕方の継続的な変化」とするブロンフェンブレンナー（Bronfenbrenner, U.）やレーナー（Lerner, 1989）がある。

　ブロンフェンブレンナーは，個体の発達が5つの生態学的環境の中でなされるとした。それらは次の通りである。

①マイクロシステム（microsystem）：個人が直接経験する環境。客観的環境ではなく，個人によって認知され経験された環境が個人の行動を方向づけると考える。

②メゾシステム（mesosystem）：複数のマイクロシステム間の関係。たとえば，学校には家庭で得た経験，行動様式，役割などが持ち込まれ，それらが影響を与えるし，逆に家庭には学校でのそれらが影響を与える。

③エクソシステム（exosystem）：間接的外部システム。直接影響を与えるのではないが，個人のマイクロシステムで起こることに影響を与えるとともに，これが影響を受けて変化することもある。

④マクロシステム（macrosystem）：①〜③ の諸システムに一貫性を生じさせる信念システム。文化や慣習などに基づくもの。

　これら4つに加えて，

⑤クロノシステム（chronosystem）：時間を超えて変化する個々人の環境。人生周期的な出来事など。

　このように考えると，多義的であり，相互連関的なシステムとして捉えることがより一層重要であることがわかる。異なる文化的背景，時代的影響を受けつつ変化する人を，その人生という長いスパンで捉えるような理論化が，発達心理学の中で意味を持ち，そのように捉えることが，発達の多義的見方をより加速させてきたと言えるだろう。

2.　発達の理論

　人の時間に伴う変化の過程を捉えるに際し，人の観察に基づき，時間に伴う変化の特徴を捉えることである。こうした捉え方は「発達段階論」と呼ばれるものである。1980年代頃より，発達現象そのものでなく，その背後にあるシステムの変化に注目するようになり，段階論そのものは衰退してきた部分もある。しかし，実際に人とかかわり，その支援を行うに際しては，発達段階論の知見が有用であることは，変わりないだろう。図1-1，図1-3でも取り上げた主要な発達段階論について触れておこう。

2-1　認知発達の理論

　外界を認知する機能がどのように発生し，それに対応する行動がどのように形成するのかを捉え，一貫した理論化をしたのが，ピアジェ（Piaget, J.）である。手持ちの行動図式（シェマ）により外の世界を取り込み（同化），取り込めない"ずれ"に対して，手持ちの行動図式を修正（調整）していき，再度新たなシェマの定着を図る（均衡化）といった一連の発達の営みの中で，外界の認識そのものが，まとまりをもった複数の段階により捉えられると考えるものである。その段階とは，感覚運動的段階（感覚と運動により外界を認識，表象機能は未形成；0歳〜2歳頃），前操作的段階（表象機能の芽生えはあるが，知覚に基づく判断が優位；2〜7歳頃），具体的操作の段階（具体的事象に論理を適用可能となる；7〜11，12歳頃），形式的操作の段階（抽象的事象に論理を適用可能となる；11，12歳以降）である。

　このような発達段階に関する大理論（グランドセオリー）は，発達研

究全般に大きな影響をもたらした。太田ステージ（太田，永井，1992；太田，永井，武藤，2013）は，ピアジェの発達段階論に基づき，障害児の表象機能の発達を評価し，それを療育の中に活かそうとするものである。

　しかし，ピアジェ以降の立場として，認知発達の領域固有性の主張（個別の領域によって発達は異なり，それは熟達化の過程として捉えることができる，と考える新ピアジェ派などの立場），認知の社会・文化的な制約の重視（ピアジェの発達段階は社会的環境の影響を受けないものではなく，環境により異なると考える），対人的認知の理論としての広がり（社会的認知や心の理論などに関する多様な研究）など，批判的見解や発展的論考へとつながっていくこととなる。

2-2　精神分析の理論

　パーソナリティの発達論としては，精神分析のフロイト（Freud, S.）が挙げられる。リビドー（libido）と呼ばれる生命活動の根源を成す欲動がどのように満たされるかによって後の病理に結びつくようなパーソナリティの特性が見られるようになると考えた。そのようなリビドーの充足は，対象により次の段階を経ていく。すなわち，口唇期（oral stage／満1歳頃まで；母乳を吸うことを通して口唇部分での充足がなされる），肛門期（anal stage／2，3歳頃；排泄のしつけに関連し肛門部分での感覚と連動する），エディプス期（Oedipus stage／4〜6歳頃；自らの性器に自覚が及び，性別の優越性なども出現する），潜伏期（latency stage／学齢期；知的能力が発達するとともにリビドーの影響を受けなくなってくる），性器期（genital stage／思春期以降；理性と感情のバランスのとれた人格形成を進めていくようになる）である。なお，エディプスというのは，ギリシャ神話のエディプス王の悲劇になぞらえ，幼児期の子どもが異性の親に恋愛感情を持ち，その裏返しとしてそのパートナーに対して嫉妬する感情を持つことをいう。この時期を男根期（phallic stage）ともいう。

　フロイトの精神分析論はリビドーという欲動のメカニズムを基盤に据

えていることから心理性的発達論とも言われる。このような精神的エネルギーを想定することは，そのエネルギーがどこに向かうかが問題となる。乳幼児期の親子関係は，対象愛と自己愛の観点から捉えることができるが，対象愛は，対象関係論，愛着理論（6章参照）に発展することとなり，自己愛は自己心理学へと理論化され，これらの理論は，臨床的なアプローチの根幹を成すものでもある。

2-3　心理社会的発達の理論

　フロイトの心理性的発達を下敷きに，生涯にわたる発達を描いたのはエリクソン（Erikson, E. H.）である。フロイトが病理を問題としたのに対し（病理モデル），エリクソンは，生涯にわたって健康な人が出会う通常発達の中での生涯にわたる課題を問題とした。生涯を8つの時期に分けて捉え，人は周囲の社会的関係との相互作用をもとに発達し，その中で，それぞれの時期に特有の解決すべき課題として直面するものがある。それらの課題は極端な2つの状態として示され（○○ 対 △△），これを危機（クライシス crisis）という。人はそうした心理社会的危機と取り組み，それを乗り越えることで，人としての強さ（徳 virtue）を獲得していくと考えた。これら各時期の課題については，図1-1，図1-3，12章，特に図12-2，さらに7章，11章，13章，14章の各章にて改めて説明する。

　なお，エリクソンの課題の訳語については，複数のものが使われており，特に青年期の「アイデンティティ identity」は「同一性」，成人期の「ジェネラティヴィティ generativity」は「世代性」あるいは「生殖性」，老年期の「インテグリティ integrity」は「統合性」とも訳されている。日本語訳だと原義のニュアンスや豊かさを反映しきれていないとの指摘もあり，本書では基本的に英語のカタカナ表記としているが，日本語訳の方が定着しているものもあり，章によってはそれを活かすようにしたことをお断りしておく。

3. 発達を捉える

3-1　発達研究の方法

　発達研究におけるアプローチも他の心理学研究と同様である。しかし，発達という現象そのものが，時間と空間の文脈の中で生ずる変化過程であることを考えると，観察研究の重要性はより大きいと言える。

　発達心理学の研究は，もともと親による日誌研究にその起源をもつ。他のアプローチを用いる際にも，対象者を観察することは，その基礎を成すと言える。特に相手が言語を用いて自らの状態や判断を伝えることが困難な乳幼児，障害児・者である場合，行動的表出が理解の重要な手がかりを提供することになる。また，発達研究では，研究する主体と異なる特性を持つ人や集団が対象となる可能性が高いことから，研究者自身による暗黙の前提や解釈が適切ではなく，自分と異なる"他者"（年齢や理解の状態，経験の文脈の異なる人）としての理解の妥当性を常に反省的にチェックする必要がある。この妥当性の手がかりとなるのは，観察に基づく情報である。

　観察は基本的なアプローチではあるが，観察を通して見るべきものを見るためには，観察者としての"目"を養う必要がある。単に見るのではなく，自分が見るという行為を，もう一人の自分がさらにチェックして見た内容を吟味するような過程が必要である。これをするには，①同じ時間を複数の目で共有する，あるいは②異なる時間に同じ目で見直す，といった方法が有効である。前者は，複数の観察者間で見た内容を共有したり，見方の突き合わせをしたりすることであり，後者は，ビデオカメラなどの記録媒体を用いて状況を再現して振り返って見直すことである。これら ① と ② を合わせて行うことも可能である（記録媒体を用いて，複数で確認し，解釈の交換をする，など）。

　また，観察には，自然的観察法，実験的観察法，参加観察法の3つがある。自然的観察法は，観察対象に作為を加えず，日常文脈の中で生起する行動の意味を捉えようとするものである。実験的観察法は，行動が生起する条件や場面に統制を加え，より厳密に行動に影響する条件を探

ろうとするものである。参加観察法は，科学的・客観的観察とは一線を
画すものであり，当事者として観察者が観察対象と場を共有することに
よって，第三者的に見ている世界とは異なる切り口が提供されると言え
る。その意味で，参加観察法は発見的なアプローチである。

　その他の研究法としては，心理学の研究法と同様に，実験法，調査
法，面接法，検査法がある。

　これらは，大きく質的アプローチと量的アプローチに分けることがで
きるが，両者の特性を統合したアプローチとして混合研究法がクローズ
アップされており，国際混合研究法学会が 2013 年に設立され，2015 年
以降は世界各地での地域会議も開催されている。発達の多義性を捉える
ためには，複眼的見方が必要と言える。

3-2　長期縦断研究

　発達研究では，時間的な変化を長期にわたって追跡する研究が重要で
あり，発達にかかわる環境要因の影響（時代，社会的背景），もともと
の生得的特性の影響を詳細に捉えることができる。同じ集団を，時間を
超えて追跡することは，時間の中での変化を抽出することができるメリ
ットがあるが，研究に時間がかかり，その間に追跡不可能な対象者が出
てくることから，本来は同じ対象者の変化を追っているはずが，調査時
期によって対象者が異なる（減少していく）ことは容易に想像できる。
追跡可能であること自体が特定の要件を備えているグループに限定され
てしまうことも考えられる。同時出生集団（同じ時代，社会的背景等を
共有している年齢グループ）をコホート（cohort）と呼ぶ。実際には，
得られた結果がコホート固有のものなのか，普遍的（異なるコホートで
も言えるもの）なのか，判断することは困難である。

　これらの制約はありつつも，横断研究としての異なる年齢グループを
同時に捉える中ではわからない，時間的変化を捉えられることのできる
長期縦断研究の意義は大きく，いくつかのプロジェクトがなされている。

　全国子ども発達研究（NCDS，イギリス：1958 年から実施。約 1 万
7000 人），ドイツ生活史調査（GLHS，ドイツ：1981 年から実施。約

2100 人），オークランド成長研究（アメリカ：1931 年〜 1964 年。大恐慌時代を生きた子どもたち），ニューヨーク縦断研究（NYLS，アメリカ：1956 年から 30 年間追跡。約 133 名）などがある。

　日本では，あまり大規模なものはないが，愛着に関する北海道大学の乳児縦断研究（陳，1991；三宅，1991），菅原のグループの研究（菅原他，2012），安藤らの双生児のプロジェクト（安藤他，2005）などがある。また，特殊な経験をしたきょうだいの発達支援をしながら追跡したものとして，藤永らのグループの研究（藤永他，1987）がある。

3-3　研究の倫理

　研究を行うに際し，研究者の倫理の問題は極めて重要である。協力者にどのように説明し，どのような協力を求めるのかである。協力を求められた者が，研究者等から事前に研究に関する十分な説明を受け，その研究の意義，目的，方法を理解し，自由意思に基づいて，研究協力を行うに当たっての同意（インフォームド・コンセント informed consent）を行うことである。医療においては，これは①真実を知る権利，②説明を受ける権利，③自由意思による選択の権利，④自己決定権，とされている。この権利を行使するには，判断に必要な情報が提供され，その情報を理解し，選択肢から選んで決めること，決めたことに責任をとる能力があることが前提となる。しかし，このことは，幼い子どもには成立しない。発達研究においても，あるいは子どもの医療においても，理解が十分でない相手に対してもこのことを考慮することの必要性が問われている。大人の場合とは区別してインフォームド・アセント（informed assent）という。アメリカ小児科学会は，医療従事者との信頼関係の中で，①子どもたちが自分の症状について発達段階に適した理解が得られるように支援する，②なされる検査や処置の内容とその結果について子どもに説明する，③子どもの状況理解や反応に影響を与える要素について臨床的に査定する，④提案されたケアについて自発的に子どもが納得しているか否か表現できるよう工夫する，ことが必要であると指摘している。このことは，子どもにかかわる研究や実践においても同様である。

　発達を捉えるためには，今まさに生きて生活している人の内面や認識を，時間や空間を超えて，さまざまな文脈との関連性の中で見ていく必要がある。このことは，一筋縄ではいかず，こちらの知りたいという思いが相手を侵害することもあり得る。そのことを常に念頭におきつつ，人の心の営みに寄り添いながら見ていくことは意義深いと言える。

研究課題

1. さまざまな時代や文化において，人の発達がどのように記述されているか調べてみよう。それらは，現代の日本における発達観と何が異なり，何が共通するだろうか。

2. 自分自身（あるいは身近な人）のこれまでを振り返って，発達的に大きな変化のあった時期はいつなのか。その年齢，環境の要件などの中で，何がその大きな変化にかかわっていたかを考えてみよう。

3. 発達に関する論文（『発達心理学研究』『教育心理学研究』『心理学研究』などの学会誌に掲載されているもの）を1つ選んで読んでみよう。それはどのような研究方法に基づき，何が明らかになったのか，その研究と現実の諸問題がどのように関連するのか，自分なりに考えてみよう。

参考文献

馬場禮子 (2016). 改訂・精神分析的人格理論の基礎―心理療法を始める前に―　岩崎学術出版社

小嶋秀夫・やまだようこ (編著) (2002). 生涯発達心理学　放送大学教育振興会

三宅和夫・高橋惠子 (編著) (2009). 縦断研究の挑戦―発達を理解するために―　金子書房

無藤隆・やまだようこ (編) (1995). 生涯発達心理学とは何か―理論と方法―　講座生涯発達心理学 (1)　金子書房

村井潤一 (編) (1986). 発達の理論をきずく　別冊発達4　ミネルヴァ書房

引用文献

安藤寿康・野中浩一・加藤則子・大木秀一・中嶋良子・橋本栄里子 (2005). 双生児法による乳児・幼児の発育縦断研究 (1) 首都圏ふたごプロジェクトその構想とパイロット調査の評価　慶應義塾大学大学院社会学研究科紀要, *61*, 31-49.

Baltes, P. B., Reese, H. W., & Lipsitt, L. P. (1980). Life-span developmental psychology. *Annual Review of Psychology, 31*, 65-110.

Baltes, R. B. (1987). Theoretical propositions of life-span developmental psychology: On the dynamics between growth and decline. *Developmental Psychology, 23*, 611-626.

Bronfenbrenner, U. (1979). *The ecology of human development.* Harvard University Press. (磯貝芳郎・福富護 (訳) (1996). 人間発達の生態学 (エコロジー) ―発達心理学への挑戦―　川島書店)

陳省仁 (1991). 北大乳児縦断研究について　北海道大学教育学部紀要, *55*, 101-105.

エルダー, G. H. (本田時雄・川浦康至・伊藤裕子・池田政子・田代俊子訳) (1997). 新装版　大恐慌の子どもたち―社会変動と人間発達―　明石書店 (Elder, G. H. (1974). *Children of the great depression: Social change in life experience.* The University of Chicago Press.)

エリクソン, E. H. (仁科弥生訳) (1977/1980). 幼児期と社会1・2　みすず書房 (Erikson, E. H. (1950). *Childhood and society.* Norton.)

エリクソン, E. H. & エリクソン, J. M. (村瀬孝雄・近藤邦夫訳) (2001). ライフサイクル, その完結〈増補版〉みすず書房 (Erikson, E. H. & Erikson, J.

M.（1998）. *The life cycle completed.* Expanded version. New York: W. W. Norton & Company.）

Fischer, K. W., Shaver, P., & Carnchan, P.（1989）. A skill approach to emotional development: From basic- to subordinate-category emotions. In W. Damon （Ed.）, *Child development today and tomorrow*（pp. 107-136）. San Francisco: Jossey-Bass.

藤永保・斎賀久敬・春日喬・内田伸子（1987）. 人間発達と初期環境—初期環境の貧困に基づく発達遅滞児の長期追跡研究— 有斐閣

フロイト, S.（高橋義孝・下坂幸三訳）（1977）. 精神分析入門　新潮文庫

Gould, R. L.（1975）. Adult life stages: Growth toward self tolerance. *Psychiatry Today, 8,* 74-78.

ハヴィガースト, R. J.（荘司雅子訳）（1958）. 人間の発達課題と教育　牧書店 （Havighurst, R. J.（1953）. *Human development and education.* Longmans-Grenn.）

Kegan, R.（1982）. *The evolving self: Problem and process in human development.* Cambridge, MA: Harvard University Press.

Lerner, R. M.（1989）. Developmental contextualism and the life-span view of person-context interaction. In M. H. Bornstein & J. S. Bruner （Eds.）, *Interaction in human development*（pp. 217-239）. L. E. A.

Levinson, D. J.（1977）. The mid-life transition: A period in adult psychosocial development. *Psychiatry, 40,* 99-112.

レビンソン, D.（南博訳）（1992）. ライフサイクルの心理学（上・下）　講談社学術文庫

三宅和夫（編著）（1991）. 乳幼児の人格形成と母子関係　東京大学出版会

岡本夏木（1986）. J. ピアジェ　村井潤一（編）別冊発達4　発達の理論をきずく （pp. 128-161）　ミネルヴァ書房

太田昌孝・永井洋子（編著）（1992）. 自閉症治療の到達点　日本文化科学社

太田昌孝・永井洋子・武藤直子（編）（2013）. StageIV の心の世界を追って—認知発達治療とその実践マニュアル— 日本文化科学社

菅原ますみ（編）（2012）. 子ども期の養育環境と QOL—お茶の水女子大学グローバル COE プログラム：格差センシティブな人間発達科学の創成— 金子書房

2 | 環境の中での発達

荻野美佐子

《学習目標》 人は生得的なシステムに制約されつつ，環境との相互作用の中で発達していく。生得的要因と環境的要因が，発達にどのようにかかわるのかは，発達研究における根本的課題である。脳研究や遺伝子研究など，生理・医学的知見が増えてきていることから，これらを踏まえて，発達という過程を詳細に見ていく視点が必要である。個人差をもたらす発達上の困難，ジェンダー，文化などの観点から，人が育つ環境において，それぞれの多様性にどのように向き合うのか，個を支援する対応のあり方について，考える契機とする。

《キーワード》 遺伝と環境，脳，運動発達，発達障害，アンチバイアス教育，ジェンダー

1. 生得要因と環境要因

1-1 発達に影響する要因

　発達が何に規定されているのかは，「遺伝か環境か」の問題として，古くから発達心理学における大きな課題の一つである。主として知的な能力やパーソナリティについて問われることが多い。しかし，一人の人間が持つ遺伝子は2万個以上あり，両親からランダムに半分ずつを受け取ることから，その組み合わせは膨大である。また，遺伝子のみですべてが決まるわけではなく，どのような環境で育つかにより，その発現の仕方は異なってくる。双生児法は，遺伝か環境か，に対する答えをもたらす重要なアプローチである。

　一卵性双生児は全く同一の遺伝情報を持つのに対し，二卵性双生児は，きょうだいと同様，すなわち平均50％の遺伝情報のみを共有する。一方，卵性の違いに関係なく，双生児は一緒に育てられれば，ほぼ

似たような環境の中で育つ。このため，卵性の違いによって見られる知能やパーソナリティ等の違いは，遺伝による影響を示すことになる。ただし，双生児の育つ環境は，全く同一ではあり得ない。生まれた時の順序によって，双子であっても「兄（姉）」「弟（妹）」として扱うことにより，一方が長子的性格を持つことも考えられる。また，生下時の体重も全く同じということはなく，小さく生まれた子に対して親がより丁寧にかかわる場合もあり得る。また，育ちの過程において当人たち自身が，きょうだいは理系科目が得意だから自分は文系科目で頑張ろう，とするなど，本人の意識の持ち方や行動，周囲のかかわり方による微妙な違いが，周囲の環境との相互作用において，差異を増幅させることにもなり，環境要因によって，異なる個性を獲得していくことになる。こうした意味で，双生児法によって示されるものは，遺伝子が同じ場合に持つ制約の影響である。

　人の発達を規定するものは，遺伝子およびその発現に見られる生物学的要因，特に脳の発達である。ただし，これらはいずれも環境との相互作用に大きく影響を受けるものでもある。

　次に脳の発達および人の行動に大きな影響を与えうる運動機能の発達について見ていく。

1-2　脳の発達

　脳の発達は，極めて早い段階に起こり，5〜6歳で成人の脳重量の約90％に達する（9章参照）。その意味では，就学前の脳の発達は極めて重要と言える。乳幼児期の発達については，9章および10章を参照されたい。

　就学前までに，主たる脳の発達が見られるとは言っても，部位によってそのスピードは異なり，より高次の機能を担う部位の発達ほど，遅くに始まり，長く持続することが知られている。脳の各部位とその主たる機能を図2-1と表2-1に示した。

　頭蓋骨の下には，大脳があり，前頭葉，側頭葉，頭頂葉，後頭葉の4つの部位に分かれている。大脳は，就学前までに急速に発達するが，

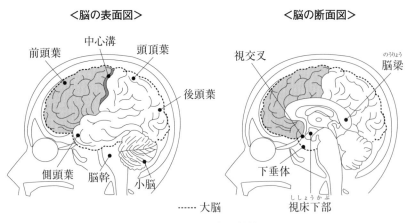

図2-1　脳の部位

外界の認識にかかわる頭頂・側頭連合野は11～12歳，計画・判断・実行にかかわる前頭前野は10歳頃に発達のピークを迎える。ヒトは他の動物に比べて，前頭が大きな割合を占め（脳全体の約3分の1），特に前頭前野（額のちょうど後ろのあたりに位置する）は，人が社会生活を営む上で重要な自他の関係や意図，視線の認知などにかかわる社会脳や行動の制御にかかわる実行機能（executive function）をつかさどる部位とされている。

　前頭前野の神経細胞は，3歳頃までに急速に大きくなり，その後，思春期から青年期まで再度漸増していく。前頭の発達は他に比べてゆっくり進むが，この部位の発達は，人間らしい認知機能の発達に深く関与し，自己抑制や実行機能の発達を説明するものと考えられる。

　ADHD（注意欠如多動性障害）児における自己抑制の未熟や行動抑制の障害（脱抑制），あるいは，自閉症児における時間知覚の不全や事実を分析統合することの困難などが，前頭機能の発達の問題として捉えられることが指摘されている。

　思春期は，脳の機能的発達の大きな転換点である。知能検査に見られる変化としては，ワーキングメモリー，空間的認知能力，推理，計算などが6～10歳の間に急速に変化し，10～12歳での変化は見られにく

表2-1　脳の各部位が担う機能

脳の部位	主　な　機　能
前　頭　葉	中心溝より前方にある広い領域であり，思考，自発性，感情などの中枢的な機能を担う。
側　頭　葉	音の認識，顔の弁別にかかわる。優位半球は言語の理解に関与。内部にある海馬は記憶に関連。
頭　頂　葉	体性感覚（痛さ，冷たさ，温かさ，触れた感じ，振動，関節の角度や位置，押さえられた感じなど）を感知，これらの情報を統合。また，物体間の距離や上下，左右，場所の理解にかかわる。
後　頭　葉	目から入ってきた色，形，動きなどの情報をまとめて，物体の視覚的イメージを作り上げる。
脳　　　幹	大脳皮質で処理された情報を脊髄に伝達し，実際の行動に反映する機能を担う。生命維持機能も含む多様な役割を持つ。
下垂体・視床下部	下垂体はホルモン分泌にかかわる。視床下部はさまざまなホルモンの量を常に監視し，生体が正常に機能するように下垂体に指令を出している。
脳　　　梁	左右の大脳半球をつなぐ交連繊維の束。脳梁繊維の髄鞘化はゆっくり起こり，完全な髄鞘化は思春期頃となる。
視　交　叉	両眼の網膜からの視神経が交叉する部位（これにより左右の視神経が半分ずつ入れ替わる）。
小　　　脳	手足をスムーズに動かしたり，体のバランスをとったりするための筋肉の無意識の動きを制御している。

くなること，てんかんにおける半球切除などでの機能代替が思春期以降は起こりにくいことなどから，思春期を脳の発達における一つの臨界期と捉えることができる。このことは，レネバーグ（Lenneberg, 1967）による言語獲得の臨界期仮説（母語および第二言語の習得が思春期以降はそれまでとは異なる状態になるとの仮説）を，今日の脳科学の進歩からも裏付けていると言える。

　成人期以降の脳は，可塑性が減ずることになり，老化の過程により脳機能を阻害するような要因に多くさらされることになる（成人期以降については，知能と認知の生涯発達として，3章を参照のこと）。

1-3　運動機能の発達

　身体的存在であることは，人間の極めて重要な側面である。外界から
の刺激を受容するに当たっても，移動能力といったマクロな身体運動の
みでなく，そもそも“物が見える”ためにも，眼球運動が必要である
（視覚の情報処理は，時間的に変化する信号を検出することから，固視
微動と呼ばれる細かな眼球の揺れが必要）。

　運動発達については，古くはアメリカの小児科医のゲゼル（Gesell et
al., 1934）が，乳幼児期の子どもの生体活動を詳細に観察し，寝返り，
座位，立位，歩行などが可能となる月齢を捉えた。ここで示された里程
標は，今日の発達検査のもとになっており，統一されたアクションシス
テムとして子どもの運動発達が捉えられることを示した。ゲゼルは成熟
優位説を唱えた人として知られる。すなわち，レディネス（発達の準備
状態）が整っていない学習は効果を持たず，学習という経験が意味を持
つためには発達の適切な時期があることを主張したものである。

　さらに，マクグロウ（McGraw, 1935）は，運動にも2つのタイプの
ものがあり，「はう」「歩く」「つかむ」などの系統発生的な運動は成熟
優位，「泳ぐ」「ローラースケート」などの個体発生的な運動は習熟（学
習）優位であることを示した。つまり，神経系の機能の発達に制約され
る運動とともに，学習の機会が適時期に与えられることによって達成可
能となる運動があることを示したと言える。遺伝と環境のいずれかが関
与するのではなく，遺伝と環境との影響については，時間軸上での両者
の関係の変化を考えなければならない。

　1980年代に入って，テーレンたち（Thelen & Smith, 1994）は，ダ
イナミック・システムズ・アプローチ（Dynamic Systems Approach：
DSA）として，「秒・分といった微視的スケールで観測される進行中の
運動，それより大きなスケールで観測される学習，発達といった様々な
時間スケールの変化が入れ子化され地続きになっており，同じダイナミ
クスの原理が適用」（山本，2014）できるとしている。彼らは乳児のリ
ーチング（手のばし）の発達過程を分析し，個別のミクロな時間経過の
中で起こるシステムとしてのダイナミクスを問題としている。人がその

時々の環境の中で，生体としての運動をどのように形成していくのかを
「システム」という観点から見ようとするものである。そして，このような見方は，運動に限定されるものではなく，学習やその他の発達過程にも適用されるものである。

　運動が持つ発達的意味について，次に見てみよう。

　学校保健統計によると，11歳（小学6年生）の身長，体重の平均値では，現在の子ども世代（2016年・平成28年度）が親世代（1985年・昭和60年度）に比べて高くなり，体格がよくなっていることがわかる。一方，体力，運動能力については，1985年（昭和60年）頃から低下傾向が持続しており，50メートル走やソフトボール投げなどの基礎的な運動能力が育っていないことが問題とされている。ただし，スポーツの分野での能力は高くなっており，大人も子どもも運動する人としない人とに二極化する傾向があると言える。

　子ども時代の身体活動が高齢期における身体の疾患に結びついていることが指摘されている（日本臨床スポーツ医学会・学術委員会，2016）。すなわち，高齢者の四大運動器疾患とされる骨粗鬆症，変形性関節症，変形性脊椎症，サルコペニア（加齢性筋肉減少症）のうち，骨粗鬆症については，子どもの時期（6〜10歳頃）の運動の着地運動やランニングなどにより，骨密度と骨塩量が増加することにより，予防的対応が可能と考えられる。このことから，アメリカ保健社会福祉省のガイドライン（2008）では，「6〜17歳の子どもに対して，1日60分以上の中〜高強度の有酸素運動を毎日（週3日は高強度運動を含める）行うこと，その中に筋力と骨を強化する運動を週3日以上含めることを推奨」としており，同様に，日本学術会議（2011）においても「5歳以上の子どもにおいて，骨や筋肉を強化する運動を含む毎日60分以上の中〜高強度の身体活動を行う」ことを推奨している。

　自分自身の身体をコントロールし，機能を高めることは，自分自身の生涯にわたる生活の自立性を高め，認知機能の発達，自尊心や自己有能感を高めることにもつながると考えられる点で重要である。

2. 発達の個人差と多様性の中での育ち

2-1 発達の困難

　人の発達に個人差があることは当然だが，その最も極端な形として発達の障害がある。

　生涯発達の出発点は，出産時ではなく受胎時である。母親の卵子と父親の精子が出会い，命の始まりがある。ただし，さらにさかのぼれば，女性の卵巣には，その女性の誕生時に既に胎内で卵祖細胞が作られ，減数分裂を開始するが，前期でいったん休止し，その後思春期の排卵周期に減数分裂が再開する。一方，男性がその胎児期に作る精祖細胞が減数分裂を始めるのは，思春期以降となる。いずれにせよ，受精以前にそれぞれの細胞の減数分裂は開始されており，分裂の際に起こる問題が染色体の異常や遺伝子の配列の変異につながることになる。

　月経の遅れやつわりなどの体調の変化から，母親が妊娠に気づく4週〜7週は中枢神経系をはじめとする諸器官の形成期であり，まだ10gにも満たないが，この時期の終わり頃には心臓と脳が作られ，最初の機能を開始するとともに，四肢も形成されてくる。妊娠22週が生育限界例であり，超早産児ではあるが，胎外での生存可能性がでてくる。この頃，体重は500gを超え，大脳皮質の神経細胞もほぼそろい，聴覚野と聴神経が接合することから，外界の聴覚的な刺激に反応することが見られるようになる。胎動も見られ，母親は胎内の子どもの存在を強く感じるようになる。

　出産までの胎内での10か月は，母体も胎児も急激な変化の過程にさらされており，こうした時期は，ウイルス感染や薬物，物理的刺激などの影響を受けやすく，特に母親がまだ妊娠に気づかない妊娠初期は，その影響が大きな変異（障害）に結びつきやすい。

　人の育ちにかかわる重要な情報を多く担っている染色体に異常がある場合は，出産に至らない。しかし，染色体に異常があっても出産可能な場合もある。よく知られているのは，21トリソミー（ダウン症候群）である。この他，18番，13番の異常，21番の転座型，モザイク型，常

染色体の部分モノソミー（5番，4番），性染色体の異常など多様なものがあり，中には生涯，その異常に気づかないままのケースもある（性染色体のトリソミーやテトラソミーの場合など）。その他の遺伝子疾患である先天性代謝異常（フェニールケトン尿症，メープルシロップ尿症など），神経線維腫症，奇形症候群など先天的な異常だけでなく，胎内環境に起因する異常（先天性風疹症候群，妊娠中毒症など），周産期のトラブル（新生児仮死，低酸素脳症，血液型不適応，重症黄疸<ruby>黄疸<rt>おうだん</rt></ruby>など）もある。

　子どもの誕生は，期待した通りに常に進むとは限らない。医学の進歩は，困難な状況を解決するためになされてきたが，人の誕生に関しては，複雑で重い倫理的問題に直面せざるを得ないこともある。

　子どもを望みながら妊娠できない男女への生殖補助医療は，不妊治療としての人工授精を可能としたが，このことは，第三者による卵子提供，精子提供，および代理母（子宮提供）の可能性を開き，血縁親子の意味するものにさまざまなケースが含まれうることとなった（ただし，国によって対応が異なっており，日本では2020年現在，統一見解に至っていない）。

　また，受精卵が無事に育つ可能性を高めようとする過程の中で，命の選別の問題に直面することもある。これは，出生前診断の問題ともかかわるものである。

　出生前診断によって胎児のリスクを判断することがある程度可能となり，トリプルマーカーテスト（妊婦から採取した血液中のたんぱく質を見るスクリーニング検査，非侵襲的だが精度は高くない），あるいは確定診断としての羊水検査（15 〜 18 週，精度は高いが流産のリスクがある）から，2013 年より非侵襲的出生前遺伝学的検査（NIPT：non-invasive prenatal genetic testing，妊婦の血液中の遺伝子解析による非侵襲的で精度の高い検査）が登録施設で開始され，主として高齢出産に伴う染色体異常の不安に対して，リスクが低く判断が可能な状態が作られている。しかし，こうした出生前診断で判断可能なのは，ダウン症に代表される 21 トリソミー（NIPT では 18 トリソミー，13 トリソミーも可能）であり，すべての障害のリスクについて判断できるわけではな

く，また，その精度も確実とは断定できない。そもそも，障害リスクの指摘がなされた後，誕生後の子どもの生の質をよりよくするにはどうしたらよいのか，親をどのように支援するのか，リスクの指摘を受けることが何を意味するのかについて，受診前に十分な説明がなされているかが問題である。

　ダウン症の発生率は人口1000人に1人（0.1％）とされるが，それ以外の発達上の困難もさまざまにある。「見えない障害」とされる「発達障害」は，誕生時には障害が認識されず，その後の成長の過程で困難が目立ってくるものである。「発達障害」とされる知的な遅れはあまりないが認知・行動面での問題を持っている子どもは，学齢期の通常学級でも6.3％と報告され（2002年の文科省調査。2012年調査では6.5％），これらは自閉症スペクトラム障害（ASD），注意欠如多動性障害（ADHD），学習障害（LD）などの障害を含むと考えられた。

　こうした状況を考えると，障害に対する早期からの支援やその生涯にわたる継続的対応，障害があってもその人らしい充実した人生を作っていける力を，どの時期にどのように獲得していくかは，極めて重要な問題と言えよう。

2-2　ジェンダーと発達

　出生後の発達に伴って出現する性の相違は，生物学的解発因子によるいくつかのステップを経て現れる。第1は，性染色体による遺伝的決定である。XY型は男性，XX型は女性に成長する。非典型・異常例もあり，XもしくはY染色体を過剰に持つ場合もある。女性の2つのX染色体の一つを全部もしくは一部が欠けている場合は，ターナー症候群となる。

　第2は，胎児期の性腺分化である。原始生殖腺は精巣にも卵巣にもなり得るが，Y染色体上の男性化を促す遺伝子の働きによって，性腺原器は精巣に分化する。しかし，何らかの事情でこの働きが機能しない場合は，卵巣に分化することになる。

　第3は，性腺（精巣，卵巣）から分泌されるホルモンにより，外性器

が男性型，女性型に分化する。また出生直後のホルモン分泌によって，脳の性差も決定される。

　第4は，第二次性徴による性分化である。乳児期以降思春期までは性ホルモンの分泌が抑制されているが，生理的プログラムによって10歳頃になると，性ホルモンの分泌が活性化され，これに伴って，男女固有の身体的な特徴を発達させていく。

　第5は，認知的に自己の性を捉えるものであり，発達の過程で社会化の一つとして獲得するジェンダーアイデンティティである。出生時の外性器の形態によって，親は子どもの性別を特定し，それに基づいた行動をとるとともに，子どもにも性別にふさわしい行動を求めることが見られる。そうした経験を踏まえ，子どもの性自認がなされ，思春期になって第二次性徴が見られる頃は，それに基づく「自分らしさ」の中核を成すものとして，ジェンダーアイデンティティを形成していくことになる。

　上記の第1から第5の性別は，一貫したものであることが多いが，中にはそれに食い違いがあったり，思春期以降に見られる性的指向が異なる人も存在する。

　性別は，生物的規定性の高いものではあるが，ヒトの場合は社会化の過程と密接にかかわっており，本人の性別に基づく行動特性と周囲が認知する性別とが違う場合，本人の存在の根幹にかかわる部分での揺らぎにつながる極めて深刻な問題ともなる。こうした問題に苦しむセクシャル・マイノリティ（性的少数者）について，LGBT（Lesbian；女性同性愛者，Gay；男性同性愛者，Bisexual；両性愛者，Transgender；性別違和）の語で捉え，ポジティブに受け止めようとする動きとなっている（さらに，LGBTQ として Questioning；性自認や性指向に悩む人も加えることもある）。LGBT に該当する人は約10％というデータがあり（LGBT 総合研究所，2019），左利きの発生率と同率，もしくは多いとも考えられる。

　性別の特性をどのように捉えるのかは，私たちが文化として発展させてきたものの一つである。その表れとしての性差に基づくバイアスは，人間の歴史の中で大きな位置を占めており，旧約聖書におけるアダムの

創造の後にイブの創造がなされ，そのイブは蛇の誘惑を受け入れ，アダムを巻き込む存在として描かれている。その他，古来からの宗教的言説，暗黙の先入観においても，性別に固有の特性を考えることは，私たちの認識に深く刷り込まれており，それが本来的な差異なのかどうか，検討の余地は大いにある。ただし，人が自らの特性をどのように捉えるかが，身近な人とのかかわりの中で強化されたり，そのように自認することが自己の行動に変化をもたらすなどのメカニズムがあることは，心にとどめておく必要があろう。

2-3　多文化を生きる人

　日本の学校で日本語を学ぶ外国籍の子どもたち，海外の学校で現地の言葉を学ぶ日本の子どもたち，これらは移民の子ども，親の海外赴任により異文化に暮らす子ども，日本に帰国すれば帰国子女ということで，それぞれこれまでも研究の対象となってきた。しかし，実際にそれぞれが置かれている状況はもっと複雑であり，このように多様な文化を自己の中に持っている人は，今後も増加していくことが考えられる。そして，これらの子どもの問題は，単に日本語あるいは，特定の言語を獲得するかどうかといった言語教育の枠内にとどまるものではなく，その人の人生全体の中で，自分の経験した言語や文化をどのように統合し，自らのアイデンティティをどのように作っていくのか，の問題である。

　こうした捉え方を，川上（2013）は「移動する子ども」という概念で捉えようとしている。「幼少期から複数言語環境で成長したという記憶と力が成長過程でどのように意味づけられ，個々の生活や生き方につながっていくのかという『移動する子ども』のテーマは，年少者日本語教育研究の新しいステージを切り開くものであるだけではなく，幼少期から老齢期まで続く複数言語教育の大きなテーマになることを示唆している」（川上，2013，序）。

　子ども自身が移動を通して，そこでの経験やそこで得た力をもとに，どのように言語や特定言語を使う自分を捉え，どのようなアイデンティティを形成していくのか，それがその人の後の発達とどのようにつなが

っていくのか，という問題である。

　人が移動する社会において，当事者もだが，周囲も多くの差異を含む多様な人から構成されることになり，多様な人々が共に生きる社会においては，それぞれの人の持つ差異を自然なものとして捉え，差異に対して偏見や固定観念を持たないことが重要となる。

　そうしたことを教育の中で積極的に具現化しようとするのが，アンチバイアス教育である（Derman-Sparks & Atkinson, 1989）。人が持っている差異は，文化的背景のみならず，ジェンダーや障害など多様なものがあり得る。アンチバイアス教育では，異なるものを尊重し，受容し，共感的理解ができること，話し合うこと，クリティカルな思考（適切な基準や根拠に基づく，論理的で偏りのない思考）をすること，そして，社会の中に不公正がある場合はそれを是正する行動を起こすことが期待されるとする（山田，2006）。

　幼児期は，さまざまな知識を獲得する過程において，多くのステレオタイプを持ちやすい。ある保育園での子どもたちの遊びを観察していたところ，男の子 2 人と女の子が人形（ペープサート）を持ち，追いかけっこをしていた。3 人で走っていたところで，一人の男の子が「女は応援するんだよ」と突然言い，言われた女の子は一瞬きょとんとした後，追いかけっこの輪からはずれてペープサートの人形を旗のように振って応援を始めた。なぜ女の子は応援する役割なのか，なぜ男の子が走る側なのか，当事者の子どもたちは相互に違和感なく，それらを受け入れ，そのまま遊びとして成立させてたが，彼らがそのことに疑問を持つ機会は以後もないのだろうか。

　園では「鼻の長い動物は？」の問いに対して期待される答えは「ゾウさん」であり，「首の長い動物は？――キリンさん」「お日さまは何色？――赤」「人の肌は？――肌色」といった固定化した知識をステレオタイプとして獲得していく。以前，日本のクレヨンの中にあった「はだいろ」という色のクレヨンは現在はない。ペールオレンジ（pale orange）などの名称を用いるようになっている。人の肌の色はさまざまにあり，特定の色の固定観念を持つことは妥当ではない，という認識である。ちな

みに，スキントーンとして肌色だけを集めたクレヨンもあり，そこには
14 色が含まれている。人の肌の色は，実際にはそれだけのバリエーシ
ョンがあるのである。

　幼児の態度と自己概念について，アメリカでの調査結果では次の点が
挙げられている（Derman-Sparks ＆ Atkinson, 1989〈山田，2006, p.
107 よりの引用〉）。

① 　子どもたちは，肌の色，髪の特徴，明白な身体的能力，性の形態的
な違いに，生後 1 年目ですでに注目しはじめ，2 年目には，民族，
性，障がいについて興味をもち，4 歳になるまでに，男の子や女の子
としてのふるまい方を知っている。

② 　3 〜 4 歳までに子どもは，自分が何者であるかということについ
て，肯定的あるいは否定的な社会のメッセージを吸収している。自分
より色の黒い人，異なった言語を話す人，障がいのある人に対して幼
児は，不快や嫌悪や恐れを示し，皮膚の色や着ているもので他の子ど
もより自分は優れているというように考えはじめる。皮膚の色，着て
いる服，言語能力ゆえにからかったり，一緒に遊ぶことを拒否したり
する。

③ 　他の人に対するバイアスのかかった偏見のあるメッセージは，幼児
の自己概念の成長を根本的に阻害し，これは，他の人々と効果的，道
徳的に交わる能力の成長を阻害する。2 歳から 9 歳までの時期は，健
全な自己概念や偏見のない態度をつくっていくうえで十分に注意を払
うべき時期であり，そうでないと後になって多様な人々を認め，尊重
し，気持ちよくつき合うことを教えるのは難しくなる。

　多様であることを"自然"に受け入れるためには，周囲の大人たちが
自身の中にあるステレオタイプに自ら気づき，それを常に内省していく
ことが必要となる。

3. 支援する環境

　環境を調整することにより，個々の発達の姿は異なるものとなる。遺

伝子疾患の代表であるダウン症についても，かつては複数の合併症を持ち，長生きできない，知的にも中重度の遅れがあると指摘されてきたが，医療の進歩により，合併症に対しての対応も可能となり，長生きできるようになり，また，出生直後からの発達支援のプログラムを適用することにより，知的な困難を抱えつつも，個性を発揮して演劇やダンス，歌などで活躍している人もいる。

　福祉制度としては，18歳満未満の児童を対象としたものとしては，平成24年の児童福祉法改正により障害児施設・事業の一元化がなされ，障害児通所支援として，児童発達支援，医療型児童発達支援，放課後等デイサービス，保育所等訪問支援の枠組みが整えられた。また，障害児入所支援としては，福祉型障害児入所施設，医療型障害児入所施設の2つの体系が作られた。

　また，18歳以降の成人の支援としては，就職に向けての相談の窓口を設ける，就職に向けての準備・訓練として就労移行支援の場を設ける，職場での定着を図るために職場適応援助者（ジョブコーチ）の派遣，就労継続支援を行う，など当事者への支援に加え，事業者に対しても障害者雇用における優遇措置などにより，障害のある人も自立していけるような仕組み作りがなされているが，実質的な支援はまだ不十分とも言える。

　障害の特性をきちんと理解し，特性に合わせた対応と支援計画を立てていくことが求められる。特に発達障害の対応については，その特性の理解が不可欠である。自閉症（自閉症スペクトラム障害）については，ケーゲル & ラゼブニック（2011），梅永（2010）など，学習障害について，柘植（2002），上野（2007）など，ADHDについて，司馬（2009），斎藤（2016）などが参考になろう。

　「障害者権利条約」（日本では2014年に批准）に基づき，さらに「障害者差別解消法」（2016年施行）により，障害者への合理的配慮が求められるとともに，当事者自身の自己理解を深め，弱みを補う方法や支援要請の仕方を学び，強みを伸ばすことが可能となるようなアプローチが求められる。

　また，発達障害児者は特定のスキルの障害がある一方で，別の特定の得意な能力を持ち，発達の凸凹が問題となることが多い。こうした特性を「2E（twice-exceptional）」と呼び，二重の特別なニーズへのアプローチが必要と考えられる。発達の凸凹は，ある意味すべての人に存在する。それがより極端な場合はギフティッドとして，その力を活かすべき対応が必要でありながら，むしろ疎外されているケースもある。個に応じた適切な環境の調整が大きな課題である。

🔋 研究課題

1．障害を持つ当事者が書いた手記を読み，障害の特性に起因する困難の内容としてどのようなことがあるのか，整理しよう。

2．多文化・多言語の中で育っている人の事例について，具体的に取り上げ，その人のアイデンティティがどのように形成されているのかを考えてみよう。

3．発達の困難に直面している人を支援するために，どのようなシステムが社会に用意されているのか，あるいは必要とする支援は何かを具体的に挙げてみよう。

参考文献

山田千明（編）（2006）．多文化に生きる子どもたち―乳幼児期からの異文化間教育―　明石書店
山下成司（2011）．発達障害　母たちの奮闘記　平凡社新書

引用文献

Derman-Sparks, I. & Atkinson, B.（1989）. *Anti-bias curriculum: Tools for empowering young children.* New York, NY: National Association for the Education of Young Children.

Gesell, A., Thompson, H. & Amatruda, C. S.（1934）. *Infant behabior: Its genesis and growth.* New York: McGraw-Hill.（新井清三郎（訳）（1982）. 小児の発達と行動　福村出版）

川上郁雄（編）（2013）.「移動する子ども」という記憶と力―ことばとアイデンティティ―　くろしお出版

ケーゲル，L. K. & ラゼブニック，C.（八坂ありさ訳）（2011）. 自閉症を克服する〈思春期編〉　NHK出版

Lenneberg, E. H.（1967）. *Biological foundations of language.* New York: John Wiley & Sons.（佐藤方哉・神尾昭雄（訳）（1974）. 言語の生物学的基礎　大修館書店）

ＬＧＢＴ総合研究所（2019）. ＬＧＢＴ意識行動調査2019（http://www.lgbtri.co.jp）

McGraw, M. B.（1935）. *Growth: A study of Johnny and Jimmy.* New York: D. Appleton-Century.

齊藤万比古（編）（2016）. 注意欠如・多動症−ADHD−の診断・治療ガイドライン　第4版　じほう

司馬理英子（監修）（2009）. ADHD注意欠陥・多動性障害の本　主婦の友社

Thelen, E. & Smith, L. B.（1994）. *A dynamic systems approach to the development of cognition and action.* Cambridge, MA; MIT Press.

柘植雅義（2002）. 学習障害（LD）―理解とサポートのために―　中公新書

上野一彦（監修）（2007）. LD（学習障害）のすべてがわかる本　講談社

梅永雄二（監修）（2010）. よくわかる大人のアスペルガー症候群　主婦の友社

Webb, J. T., Amend, E. R., & Beljan, P.（2016）. *Misdiagnosis and dual diagnoses of gifted children and adults: ADHD, Bipolar, OCD, Asperger's, Depression, and other disorders.* Great Potential Press.（角谷詩織・榊原洋一（監訳）小保方晶子・山本隆一郎・井上久祥・知久麻衣（訳）（2019）. ギフティッド―その誤診と重複診断：心理・医療・教育の現場から―　北大路書房）

山田千明（編）（2006）. 多文化に生きる子どもたち　明石書店

山本尚樹（2014）. 運動発達研究の理論的基礎と課題―Gesell, McGraw, Thelen, 三者の比較検討から―　発達心理学研究, *25*, 183-198.

3 | 知能と認知の生涯発達

小野寺敦志

《学習目標》 知的な能力の発達，外界を捉える認知の発達について，生涯発達の観点から捉える。知能や認知機能が加齢とともにどのように変化するのか。それが私たちの社会生活や日常生活にどう影響するのか。さらに，これらの影響を少しでも小さくし，高齢者が安全，安心に暮らすにはどのような支援が必要かについて検討する。

《キーワード》 知能の生涯発達，脳機能の発達と老化，認知的加齢，ワーキングメモリー，生活機能

1. 知能検査から見る知能の生涯発達

知能の捉え方は，知能検査の特性に合わせ多様である。本項では，知能の発達を，知能検査や認知機能検査を通して捉えてみたい。

知能研究の嚆矢は，フランスの心理学者ビネー（Binet, A.）と医師シモン（Simon, T.）によるビネー法と言ってよいであろう（田中教育研究所，2003）。ビネーは，知能の捉え方に精神年齢を設定し，精神年齢によって子どもの知能レベルを表現した。その後開発されたウェクスラー式知能検査は，知能指数（Intelligence Quotient：IQ）を用いて，知能の程度を明らかにしようとし，幼児用，子ども用，大人用の3つの知能検査を作成している。

1-1 子どもの知能の発達：ビネー式知能検査から見る知能

19世紀末から20世紀初頭にかけてフランスで活躍した心理学者のビネーによるビネー法は，就学時にその子どもにあった学習を提供するために，子どもの知能を評価することを目的とした。そのため，その子ど

もが生活年齢に応じた知能を有しているかどうかを「精神年齢」によって評価する検査法を考案した。ビネーは，年齢に応じた設問を設定し，その回答結果から「精神年齢」を算出した。たとえば，10歳の生活年齢の子どもが，ビネー法による精神年齢が10歳と測定されれば，年齢相応の知能を有しているということになる。ビネー自身は，精神年齢を「知的水準」と表現し，ビネーによる最後の版である1911年版では，基底年齢をもとに精神年齢の算出方法を明確にした（田中教育研究所，2003）。

　ビネー法の知能は「通常『一般知能』を測定しているといわれる。つまり，知能を各因子に分かれた個々別々の能力の寄せ集めと考えるのではなく，1つの統一体として捉えているのである。言い換えるならば，記憶力，弁別力，推理力などさまざまな能力の基礎となる精神機能が存在し，それが一般知能であると考えられる」（同上：pp.40-41）と説明される。ビネー法の知的水準(精神年齢)は，その年齢段階で解答できる多様な能力の集合から捉えようとしたものであり，年齢ごとに変化する問題内容は子どもの知的側面の発達過程を具体的に示していると言える。

　2019年時点，田中ビネー知能検査Vがその最新版となる。この検査から捉えられる知能の発達は，成人まで測定可能であるが，2歳から13歳が評価の中心となる。この年齢まで精神年齢が算出できる。14歳以降は，偏差知能指数（DIQ）の算出となる。大川らによる田中ビネー知能検査Vの年齢ごとの問題の構造を表3-1に示した（大川ら，2003）。

　表中に示されている ★ は重複する問題であり，年齢によって課題通過と判断する正答数が異なる。たとえば，「語彙（物）」は1歳と2歳に，「語彙（絵）」は1歳，2歳，3歳，4歳に設定されている。具体的な事物を見ての事物の理解から，発達に伴い二次元の絵を見ての理解に移行している。そして年齢とともに語彙が増加していく。一方で，1歳の「犬さがし」の課題に見る通り，この頃から物の保存が身についていることがわかる。数の概念について見ると，3歳から数概念の個数の課題が加わり，4歳では1対1対応の数の概念が加わる。6歳から数の比較，8歳で数的思考が加わる。つまり個数の理解，対比の理解，概念的

表3-1　田中ビネー知能検査Ⅴ——年齢ごとの問題の構造

（大川一郎・中村淳子・野原理恵・芹澤奈菜美，2003，p.30）

	番号	問題名		番号	問題名		番号	下位検査名		
1歳級	1	チップ差し★11	6歳級	49	絵の不合理（A）★44	成人級	A01	抽象語		
	2	犬さがし		50	曜日					
	3	身体各部の指示（客体）		51	ひし形模写		A06	概念の共通点		
	4	語彙（物）★14		52	理解（問題場面への対応）					
	5	積木つみ		53	数の比較★58		A08	文の構成		
	6	名称による物の指示★12		54	打数数え					
	7	簡単な指図に従う★19	7歳級	55	関係類推		A10	ことわざの解釈		
	8	3種の型のはめこみ		56	記憶によるひもとおし					
	9	用途による物の指示★21		57	共通点（A）		A15	概念の区別		
	10	語彙（絵）★24, 25, 37		58	数の比較★53					
	11	チップ差し★1		59	頭文字の同じ単語		A03	積木の立体構成		
	12	名称による物の指示★6		60	話の不合理（A）					
2歳級	13	動物の見分け	8歳級	61	短文の復唱（B）		A13	マトリックス		
	14	語彙（物）★4		62	語順の並べ換え（A）					
	15	大きさの比較		63	数的思考（A）		A11	語の記憶		
	16	2語文の復唱		64	短文作り					
	17	色分け		65	垂直と水平の推理		A14	場面の記憶		
	18	身体各部の指示（主体）		66	共通点（B）					
	19	簡単な指図に従う★7	9歳級	67	絵の解釈（A）		A16	数の順唱		
	20	縦の線を引く		68	数的思考（B）					
	21	用途による物の指示★9		69	差異点と共通点		A17	数の逆唱		
	22	トンネル作り		70	図形の記憶（A）					
	23	絵の組み合わせ		71	話の不合理（B）		A02	関係推理	（順番）	
	24	語彙（絵）★10, 25, 37		72	単語の列挙		A04		（時間）	
3歳級	25	語彙（絵）★10, 24, 37	10歳級	73	絵の解釈（B）		A05		（ネットワーク）	
	26	小鳥の絵の完成		74	話の記憶（A）		A07		（種目）	
	27	短文の復唱（A）		75	ボールさがし		A09	数量の	（工夫）	
	28	属性による物の指示		76	数的思考（C）文の完成		A12	推理	（木の伸び）	
	29	位置の記憶		77	文の完成					
	30	数概念（2個）		78	積木の数（A）					
	31	物の定義	11歳級	79	語の意味★85					
	32	絵の異同弁別		80	形と位置の推理★90					
	33	理解（基本的生活習慣）		81	話の記憶（B）					
	34	円を描く		82	数的思考（D）					
	35	反対類推（A）		83	木偏・人偏のつく漢字					
	36	数概念（3個）		84	話の不合理（C）					
4歳級	37	語彙（絵）★10, 24, 25	12歳級	85	語の意味★79					
	38	順序の記憶		86	分類					
	39	理解（身体機能）		87	数的思考（E）					
	40	数概念（1対1の対応）		88	図形の記憶（B）					
	41	長方形の組み合わせ		89	語順の並べ換え（B）					
	42	反対類推（B）		90	形と位置の推理★80					
5歳級	43	数概念（10個まで）	13歳級	91	共通点（C）					
	44	絵の不合理（A）★49		92	暗号					
	45	三角形模写		93	方角					
	46	絵の欠所発見		94	積木の数（B）					
	47	模倣によるひもとおし		95	話の不合理（D）					
	48	左右の弁別		96	三段論法					

な数の扱いへと発達していくことが示される。各年代の下位検査課題を通して，子どもの知能の発達を具体的に捉えることができると言える。

　田中ビネー知能検査Ⅴは「1 ～ 13 歳級の問題については，『当該年齢の通過率が約 55 ～ 75 ％内であること』を原則的な合格基準とした。これは，『各年齢級の問題は，その当該年齢であれば "半数以上" が正答（合格）できるものであること』というビネーの考え方に基づい」ている（大川ら，2003）。つまり，各年齢の検査内容は，子どもの発達に即し，一定の幅をもたせている。

　14 歳以上は DIQ による評価となり，それは表 3 - 1 の右側に番号 A01 ～ 17 に示されている通りである。「抽象語」「概念の共通点」「文の構成」「ことわざの解釈」「概念の区別」は結晶性知能に属し，「積木の立体構成」「マトリックス」は流動性知能に属する。「語の記憶」「場面の記憶」「数の順唱」「数の逆唱」は記憶領域に属し，「関係推理」「数量の推理」は論理推理領域に属する。

1 - 2　子どもの知能の発達：ピアジェの認知発達と PASS 理論による発達

　成長に伴う田中ビネー知能検査Ⅴの年齢に伴う下位検査内容は，ピアジェ（Piaget, J.）による認知発達の考え方に重なるものと言える。

　ピアジェの知能の発達段階について，訳者の中垣（2007）は，「ピアジェの段階基準に基づいた統一的な段階区分が可能」であると述べ，発達段階を説明している。「ピアジェの発達段階として一般に普及している 4 段階区分（感覚運動期，前操作期，具体的操作期，形式的操作期）に従った段階分け」がそれである。最初の感覚運動期は 2 歳ぐらいまであり「感覚運動的知能というのは，狭義の言語に先立つ知能的適応のことで，広義には知覚そのもの，知覚活動，習慣，感覚運動的学習を含んでいる」時期である。次の発達段階は 2，3 歳児から 11，12 歳児までを含んでいる。その中の前操作期は 2，3 歳児から 4 歳頃が該当し，象徴遊びや質的同一性が可能となり，もう一つの具体的操作期は 7，8 歳頃から 11，12 歳頃が該当し，系列化や量的保存概念，整数の加減乗除，三山課題，水平性や鉛直性が可能になる時期である。3 つ目の発達段階

は11歳から15歳頃を含む。その形式的操作期は「操作が具体的なものから解放されて，思考は形式と内容とを分離できるよう」になる。形式的操作の準備期は11，12歳頃からで，割合・確率の基本的量化，組み合わせなどが可能になる。形式的操作の組織化の時期は14，15歳以降で，仮説演繹推論，諸法則の帰納などが可能になる時期である。

　次に取り上げるPASS理論は，ダス（Das, J. P.）らが「ロシアの神経心理学者ルリア（Luria, A. R.）の臨床的，実験的研究を発展させ，認知能力という観点から知能を概念化することを提案した」ものである（岡崎，2017）。岡崎によれば，図3-1の第1から第3機能単位は「脳における高次精神機能が機能的単位として局在する」ものである。第1機能単位は「注意と覚醒を制御」し，第2機能単位は「外界からの情報の符号化と貯蔵に関係する」。第3機能単位はプランニングと称されるように「目的的行動や問題解決をどのように行うかを計画し，調整し，制御する」ものであり，これらは「相互に関連しながら全体的に機能す

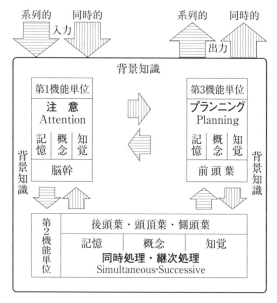

図3-1　知能のPASS理論（岡崎慎治，2017，p. 119。
原典はDas, Nagliei & Kirby, 1994）

る」と指摘される。さらに，第2機能単位は情報の符号化を担い，それは「同時処理」と「継次処理」の2つのタイプに分けられる。脳機能との関連については，第1機能単位の注意の概念は「注意の持続性と選択性に焦点を当てたものであり」，第3機能単位のプランニングの概念は「高次機能を包括的にとらえるもので，実行機能や遂行機能，メタ認知，ワーキングメモリーといった前頭葉機能の概念に非常に近いもの」である。

　DN-CAS（Das Naglieri Cognitive Assessment System）は PASS 理論のプランニング，注意，同時処理，継次処理から，子どもの年齢に応じた認知的特徴を捉えるものである。DN-CAS の PASS 尺度は平均100，1標準偏差が15となる標準得点で示される。平均内であれば年齢相応の認知機能の発達を示していると言える（ナグリエリ，2010：表3-2参照）。DN-CAS では PASS 理論の「プランニング」「注意」「同時処理」「継次処理」を PASS 尺度と呼び，下位検査から導き出される PASS 尺度のプロフィールから，子どもの認知的特徴を捉える。

表3-2　DN-CAS の PASS 尺度と下位検査の構造
（ナグリエリ，2010，p. 26 より一部改変）

全検査尺度

プランニング	注意
＊数の対探し	＊表出の制御
＊文字の変換	＊数字探し
系列つなぎ	形と名前

同時処理	継次処理
＊図形の推理	＊単語の記憶
＊関係の理解	＊文の記憶
図形の記憶	発語の速さ（5-7歳）/
	統語の理解（8-17歳）

注）アスタリスク（＊）は簡易実施で実施する下位検査を示す。

52

1-3　子どもから大人の知能の発達：
ウェクスラー式知能検査から見る知能

　ウェクスラー（Wechsler, D）による知能の定義は「機械的に定義すれば，自分の環境に対して，目的的に行動し，合理的に思考し，効果的に処理する個々の能力の集合的または全体的な（aggregate or global capacity）もの」（ウェクスラー，1972, p. 9）である。この中の「集合的または全体的」とは「完全に独立しているのではないが，質的に異なるいくつかの要素または能力によって構成されている」とウェクスラーは指摘する一方で，「単なる合計と同等のものではない」とも指摘している。このようにウェクスラーは，知能を総合的なものと捉えていた。この点はビネーの知能の考え方と類似していると言えよう。

　ウェクスラー式知能検査は，表3-3に示す通り，2歳6か月から7歳3か月までの幼児と児童を対象としたWPPSI-Ⅲ（ウィプシィ）（日本版第3版），5歳から16歳11か月の児童生徒を対象としたWISC-Ⅳ（ウィスク）（日本版第4版），16歳から90歳11か月までの，思春期から成人，高齢者を対象としたWAIS-Ⅳ（ウェイス）（日本版第4版）から構成されている。各検査の指標を見ていくと，WPPSIの4歳以前は，言葉の理解や知識といった言語理解指標と語い総合得点と，積木模様などの視覚情報処理といった知覚推理指標が中心であり，処理速度は4歳以降から取り入れられている。さらにワーキングメモリー指標が導入されるのはWISCからであり，これは5歳以降の知能を示す指標と言える。検査によるこれら指標の下位検査の違いは，発達に伴う各指標の質的な違いということができる。ウェクスラー式知能検査は，数歳単位に年齢を区切ったDIQを使用しているため，その年代ごとのIQ算出となる。そのため年代間のIQ値を比較する際には，DIQの特性を踏まえて理解する必要がある。

1-4　知能を支える理論：CHC理論を中心に

　CHC理論とは「Cattellとその弟子のHornの理論と，Carrollによる階層因子分析のメタ分析をまとめた理論」である（繁桝・リー，2013）。
　キャッテル（Cattell, R. B.）とホーン（Horn, J. L.）によるGf-Gc理

表 3-3　ウェクスラー式知能検査の合成得点内容の比較
（ウェクスラー，D，1972，2010，2017，2018 をもとに作成）

日本版 WPPSI-III（Wechsler Preschool and Primary Scale of Intelligence）

合成得点	下位検査項目
全検査知能（FSIQ）	
2 歳 6 か月〜3 歳 11 か月	
言語理解指標（VCI）	ことばの理解，知識
知覚推理指標（PRI）	積木模様，組合せ
語い総合得点（GLC）	絵の名前，ことばの理解
4 歳 0 か月〜7 歳 3 か月	
言語理解指標（VCI）	知識，単語，語の理解
知覚推理指標（PRI）	積木模様，行列推理，絵の概念
処理速度指標（PSI）	符号
語い総合得点（GLC）	ことばの理解，絵の名前

日本版 WISC-IV（Wechsler Intelligence Scale for Children）

合成得点	下位検査項目
全検査知能（FSIQ）	
言語理解指標（VCI）	類似，単語，理解
知覚推理指標（PRI）	積木模様，絵の概念，行列推理
ワーキングメモリー指標（WMI）	数唱，語音整列
処理速度指標（PSI）	符号，記号探し

日本版 WAIS-IV（Wechsler Adult Intelligence Scale）

合成得点	下位検査項目
全検査知能（FSIQ）	
言語理解指標（VCI）	類似，単語，知識
知覚推理指標（PRI）	積木模様，行列推理，パズル
ワーキングメモリー指標（WMI）	数唱，算数
処理速度指標（PSI）	記号探し，符号

注）FSIQ：Full Scale Intelligence Quotient,
　　VCI：Verbal Comprehension Index,　PRI：Perceptual Reasoning Index
　　WMI：Working Memory Index,　PSI：Processing Speed Index
　　GLC：General Language Conposite

論は，流動性知能（fluid intelligence：Gf）と結晶性知能（crystallized intelligence：Gc）からなる。流動性知能は，記憶・計算・図形・推理など，いわゆる「頭の回転の速さ」にかかわる問題によって測定されるもので，結晶性知能は単語理解・一般的知識などに関する問題によって測定されるものである（三好・服部，2010）。ホーンは，これをさらに8つの能力因子に分けて説明している（同上）。キャロル（Carroll, J. B.）の理論は，460以上の知能検査の因子分析結果をもとに3層理論を発展させた。その第1層目は約70項目からなる特殊な能力因子であり，第2層目はホーンの能力因子とおおよそ一致した8つの広範な知能因子が置かれ，第3層目には，スピアマン（Spearman, C.）と同じく，一般因子gが置かれている（同上）。一般因子gはすべての能力に共通する知的因子である。CHC理論は，最新のウェクスラー式知能検査の理論的根拠として用いられている。

2. 知能と認知機能の加齢

　前項では知能検査を概観し，知能の発達を主に示した。乳幼児から成人へ成長するに従い，ヒトの知能や認知機能は図示化すると右肩上がりの線となる。一方，成人から高齢者に向かう加齢から知能や認知機能を捉えると，老化に伴う右肩下がりの図が想像される。本項では，成人後の加齢に伴う知能と認知機能の変化ならびに記憶の変化を中心に述べていく。

2-1　知能と認知機能の加齢による変化

　知能や認知機能の加齢変化の調査には，横断法と縦断法に加え，この2つの特徴を合わせた系列法がある（長田，2002）。

　カウフマン（Kaufman, A. S.）とホーンが，カウフマン青年期成人期知能検査（KAIT）を用いて，流動性知能と結晶性知能の加齢の特徴を示したものが，図3-2である（Kaufman & Horn, 1996）。これは横断法によるもので，年齢は17歳から94歳までの1500人のデータに基づいている。推移に違いはあるものの，両者とも年齢が上がるにつれて右

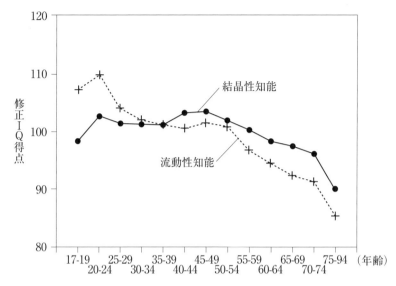

図3-2　流動性知能と結晶性知能の加齢による変化
(Kaufman & Horn, 1996, p.107)

肩下がりに下降を示し，加齢の影響が示されている。

　なお横断法は，年齢群間の出生の時代背景の相違などのコホートの影響を受けるため，年齢群間の相違が加齢の変化だけを反映しているとは言えない。一方，縦断法の場合は，同一集団を長期間追跡することから，同じ調査内容の繰り返しによる学習効果や調査協力者の脱落による影響が指摘される（長田，2002）。

　系列法は，複数の年齢群を設定し，各年齢群を複数年追跡し，その結果を用いることで，横断法によるコホートの影響と縦断法による学習効果と調査協力者の脱落の影響を考慮した研究法である（同上）。この系列法を用いたシャイエ（Schaie, K. W.）による知能の加齢変化を示したものが図3-3である。1956年から1991年までを6つの時期に分け，それぞれ7年間追跡調査を実施した。その6つの期間の7年間のデータを集計し加齢の変化として示している。図3-3に示される認知機能検査は，言葉の意味，視空間のオリエンテーション，推論，数唱，言語の流暢性である。図中の通り39～60歳では，検査内容によっては横ば

56

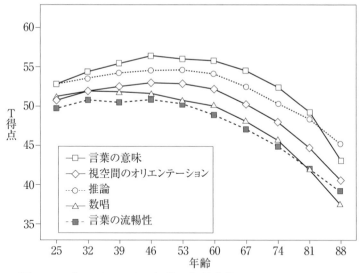

図3-3　シャイエによる知能の加齢変化（Schaie, 1994, p.306）

い状態を示し，それ以降は，加齢に伴い右下がりとなっている。その中で流動性知能に該当する数唱，言葉の流暢性は46歳頃から低下を示しており，比較的早い段階で加齢の影響を受けている。

　カウフマンとホーンによる図3-2とシャイエによる図3-3を比較すると，前者の横断法の曲線の低下の度合いが大きく，後者の系列法の曲線の低下が緩やかであることがわかる。

2-2　加齢に伴う記憶の低下

　先の流動性知能の数唱，言語の流暢性は，記憶のうちの作動記憶が特に関係すると言える。記憶のうち，作動記憶（working memory）は加齢の影響を受けやすく，作動記憶の低下に脳の前頭前野が関与しているとされる（苧阪満里子，2015）。

　作動記憶は，バドリー（Baddeley, A.）により提唱された。作動記憶は，「認知課題の遂行中に一時的に必要となる記憶の機能やメカニズム，または，それらを支えているシステムを指す」（三宅・齊藤，2001）ものである。具体的な例としては，WAIS-Ⅳの数唱や算数である。数

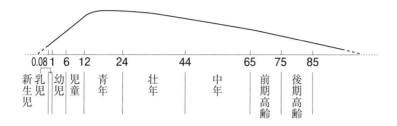

**図3-4　発達（加齢）の年齢区分（下）と前頭葉の働きの盛衰を
模式的に示す（上）**（苧阪，2015，p. xi）

唱の逆唱は，数字を覚えてそれを逆の順番に置き換えて回答する。算数
は，文章問題を耳で聞き，問題を覚えておきながら，問題に応じて加減
乗除の作業を行う。

　バドリーは，作動記憶について，聴覚からの音韻的情報の保持と処理
を行う音韻ループと，視覚的情報の保持と処理を行う視空間的スケッチ
パッドを置き，それらの働きを制御する中央実行系からなるシステムモ
デルを提示した。近年は，中央実行系の下位システムとなるエピソード
バッファを加えている。エピソードバッファは音韻ループと視空間的ス
ケッチパッドからの情報を統合して保持する機能である（三宅・齊藤，
2001）。

　加齢と脳の前頭葉の働きの関係について，苧阪直行（2015）は図3-
4にその盛衰を示した。図中の新生児，乳児について「生誕後28日以
内を新生児，29日から12ヶ月未満を乳児」としている。苧阪（2015）
は「新生児では実行系機能が不全であるために自己は準備状態である
が，青年期におけるPFC（前頭前野）の成熟と実行系機能の開花でピ
ークに達した自己認識のはたらきは，やがて高齢期に向かいそのはたら
きを徐々に低下させてゆく」と述べている。さらに「内外側のPFCに
加えて，頭頂葉・側頭葉・後頭葉の社会脳関連領域の発達は生誕後，5
〜6歳まで驚くべき進展を見せるとともにその後も加速し，20歳前後
でピークに達し，その後中年期で活動を維持しつつ，高齢期に向かい
徐々に構造的・機能的な衰退がはじまる」と説明している。

58

　加齢と作動記憶の関係について，苧阪満里子（2015）は高齢者の作動記憶課題におけるエラーの特徴を，記憶すべき単語に注意を向けることができないこと，つまり記憶の低下というより注意制御が低下することであると指摘している。この注意制御は作動記憶の中央実行系の働きである。さらに脳の前頭前野との関係について，作動記憶課題実施中に若年者で認められる前頭前野の活動領域が，高齢者の場合は認められなかったと指摘している。つまり高齢者の脳機能は，その活動領域が果たす，作動記憶課題における二重課題の持つコンフリクトへの感受性が低下し，注意を制御する機能の低下を引き起こしたと考えられている。

3. 加齢を考慮した生活のあり方を考える

　知能，認知機能は加齢の影響を受けることを述べてきた。加齢に伴い低下するものは，認知機能だけはなく，身体機能も低下する。心身両方の機能低下は，高齢者の生活全般に影響を与える。このように書くと，加齢を重ねることの否定的な面だけが強調されてしまうが，加齢の肯定的な面もある。ここでは，高齢者が安全，安心に暮らすための支援についてと，知能検査だけでは測れない「知恵」について述べていく。

3-1　老化と生活機能

　知能や認知機能は，人が生活するための能力の側面を示すものと言える。その中で，実行機能が重要である。実行機能とは「目標に向けて自らの思考と行動をコントロールするための汎用的な認知情報処理プロセス」（前原，2015）である。子どもの発達で取り上げられる「心の理論」について，老化の影響が指摘されている。心の理論の老化に，実行機能と作動記憶の関係が指摘されている。具体的には，心の理論が老化するということは，他者とのコミュニケーション場面などで，相手の心理的状態を推し量ることがうまくできずに，自分の心理的状態で判断してしまいやすくなることを指す。つまり，日常的な表現をすれば，思いこみや勘違いをしやすくなり，相手の立場に考慮した言動が取りづらくなる。周囲からすれば，年を取って頑固になった，すぐに怒りやすくなっ

た，という言動につながると言える。支援に際しては，心の理論の老化が関係している可能性を考慮し，状況の説明を補足し，高齢者が誤解しないように，必要な情報を提供することが必要である。

　高齢者の生活面に目を向けると，外出時の移動が課題となる。公共交通機関が発達した都市部は，足腰がしっかりとし歩行に支障がなければ，移動に苦労することはない。一方，公共交通機関が減少し，移動の中心が自家用車となっている地方部は，近年話題になっている高齢者と自動車運転の課題が指摘される。

　平成30（2018）年の警察庁による高齢者講習における実車指導時の運転行動を年代別に比較した調査の結果，認知機能の低下しているおそれがない者の75歳未満，75歳から80歳未満，80歳以上の3群比較を行っている。その結果，運転機能に関する「段差乗り上げ」，記憶力・判断力に関する機能では「進路変更」で，さらに「注意配分・複数作業」で，年齢が上がるにつれて指導率（指導時の注意・指摘される率）が増加していた。つまり年齢が増すにつれて，上記の運転機能や記憶力・判断力などの機能が低下していることが指摘される。特に3つ目の「注意配分・複数作業」は，先の作動記憶の項で指摘した，注意の制御，二重課題の持つコンフリクトへの感受性の低下が関連していると言える。高齢者と自動車運転の支援は，移動支援がその本質である。ゆえに，自動運転技術が開発されることが理想である。また，運転の危険が増した場合，運転免許返還を高齢者自身からなされることが望ましい。しかし心理学的な理由として，高齢者の自尊心や有能感，高齢者への偏見への反発，「まだ年ではない」と考えている主観的年齢の若さといった特徴が，運転を辞めない理由として指摘される（佐藤・島内，2011）。移動支援といった環境調整に加え，このような高齢者の心理的側面にも配慮した支援が必要と言える。

3-2　加齢と知恵

　知恵は，現在の知能検査では測りきれない側面を持つものである。また，知恵をどのように捉えるか，これは多様な考え方がある。高山

（2009）は，知恵の捉え方を素朴理論，心理学理論それぞれから検討する中で，発達の観点について，知恵は青年期から形成されるが，青年期ではまだ成人のように経験を一般化するような経験が少ない可能性を指摘している。また，知恵を「機能的側面」と「構造的側面」の2面から検討した春日・佐藤（2018）は，知恵の発達と加齢変化について，知恵の定義の仕方で異なることを前提としつつ「ライフイベントの経験と，その経験に対する態度が，知恵の発達を説明する際に重要な意味をもつ」と指摘している。つまり経験を積むという生涯発達的側面が関与する可能性が示唆される。

　なお，春日・佐藤（2018）らは，知恵が加齢に伴う認知機能の低下に影響される要素があることも指摘しつつ，知恵が高齢期に高まる側面の一つと理解されてきたことも，知恵と加齢の関係を捉える上で無視すべきものではないと指摘し，今後のさらなる研究の必要性を指摘している。

研究課題

1．知能検査のいずれかを取り上げて検査内容を調べ，発達と関連を自分で確認してみよう。

2．老化が作動記憶に与える影響を，高齢者の生活にどのように反映されるか確認してみよう。

3．「知恵」に示されるような，知能・認知機能に関する加齢の肯定的な側面を確認してみよう。

参考文献

西村純一 (2018). 成人発達とエイジングの心理学　ナカニシヤ出版

サトウタツヤ・高砂美樹 (2003). 流れを読む心理学史—世界と日本の心理学—　有斐閣アルマ

引用文献

春日彩花・佐藤眞一・Takahashi Masami (2018). 知恵は発達するか—成人後期における知恵の機能的側面と構造的側面の検討—　心理学評論, *61*, 384-403.

Kaufman, A. S. & Horn, J. L. (1996). Age Changes on Tests of Fluid and Crystallized Ability for Women and Men on the Kaufman Adolescent and Adult Intelligence Test (KAIT) at Ages 17-94 Years. *Archives of Clinical Neuropsychology, 11*, 97-121.

警察庁 (2019). 平成 30 年度警察庁事業「高齢運転者交通事故防止対策に関する提言」の具体化に向けた調査研究に係る　高齢者の特性等に応じたきめ細かな対策の強化に向けた運転免許制度の在り方等に関する調査研究　調査研究報告書

前原由喜夫 (2015). 心の理論の生涯発達における実行機能の役割　心理学評論, *58*, 93-109.

三宅晶・齊藤智 (2001). 作動記憶研究の現状と展開　心理学研究, *72*, 336-350.

三好一英・服部環 (2010). 海外における知能研究と CHC 理論　筑波大学心理学研究, *40*, 1-7.

ナグリエリ, J. A.（前川久男・中山健・岡崎真治訳）(2010). エッセンシャルズ DN-CAS による心理アセスメント　日本文化科学社

大川一郎・中村淳子・野原理恵・芹澤奈菜美 (2003). 田中ビネー知能検査Ｖの開発 1—1 歳級〜13 歳級の検査問題を中心として—　立命館人間科学研究, *6*, 25-42.

岡崎慎治 (2017). 知能の PASS 理論に基づく認知アセスメント　認知神経科学, *19*, 118-124.

苧阪満里子 (2015). 加齢とワーキングメモリ　苧阪直行（編）社会脳シリーズ 8　成長し衰退する脳—神経発達学と神経加齢学—（pp.247-271）　新曜社

苧阪直行 (2015). 社会脳シリーズ 8　成長し衰退する脳—神経発達学と神経加齢学—〈序〉　新曜社

長田久雄（2002）．加齢に関する心理学的研究について　理学療法科学，*17*，135-140．

ピアジェ，J.（中垣啓訳）（2007）．ピアジェに学ぶ認知発達の科学　北大路書房

佐藤眞一・島内晶（2011）．高齢者の自動車運転の背景としての心理特性　IATSS review，*35*，203-212．

Schaie, K.W. (1994). The Course of Adult Intellectual Development. *American Psychologist, 49,* 304-313.

繁桝算男，ショーン・リー（2013）．CHC 理論と日本版 WISC-Ⅳの因子構造―標準化データによる認知構造の統計学的分析―　日本版 WISC-Ⅳテクニカルレポート＃8　日本文化科学社

高山緑（2009）．知恵―認知過程と感情過程の統合―　心理学評論，*52*，343-358．

田中教育研究所（2003）．田中ビネー知能検査Ⅴ理論マニュアル　田研出版株式会社

ウェクスラー，D.（茂木茂八・安富利光・福原真知子訳）（1972）．成人知能の測定と評価―知能の本質の診断―　日本文化科学社

ウェクスラー，D.（日本版 WISC-Ⅳ刊行委員会訳編）（2010）．日本版 WISC-Ⅳ理論・解釈マニュアル　日本文化科学社

ウェクスラー，D.（日本版 WPPSI-Ⅲ刊行委員会訳編）（2017）．日本 WPPSI-Ⅲ理論・解釈マニュアル　日本文化科学社

ウェクスラー，D.（日本版 WAIS-Ⅳ刊行委員会訳編）（2018）．WAIS-Ⅳ理論・解釈マニュアル　日本文化科学社

4 │ 言語とコミュニケーションの生涯発達

荻野美佐子

《学習目標》 言葉を使い，他者とかかわっていくことは，私たちにとって極めて重要な課題である。コミュニケーションの過程は，言語のみではなく，非言語的なものも含まれる。これらの総体として，誰かに何かを伝えることがコミュニケーションの営みであり，これがどのように獲得されるのか，また，生涯においてどのように発達するのかについて学ぶ。

《キーワード》 言語発達，表象機能，前言語的コミュニケーション，内言，ノンバーバルコミュニケーション，ナラティブ

1. 言語の獲得とは

1-1 言語発達の初期過程

言語はヒトに固有の能力であり，他の動物には見られない。その機能としては，他者とのコミュニケーションの機能，思考機能，行動調整機能の3つがある。ただし，これらの機能は，他の手段でも達成可能であり，たとえば，コミュニケーションは言葉がなくても成立する。言語が他の手段と決定的に異なるのは，それが持つ表象機能（representational function）である。現前にないものを想起する力であり，これによって不在を表現することができる。「アイス」と言われて冷蔵庫の中のアイスクリームを思い浮かべたり，「アイス」と言うことによってそれを要求したりすることができる。子どもが「ない！」と言っておもちゃ箱の中のおもちゃを必死に探すことができるのは，頭の中に探している対象のおもちゃの像を思い浮かべているからである。

生まれた時には言葉のない（乳児 infant とは 'not speak' という意味である）存在が，個人差はあるが3年ほどの間にかなり複雑な文を話

せるようになる。

　就学年齢までの言語発達は，表4−1のようにまとめられる。

　言語が見られる前の時期（生後1年ほどの間）は，前言語期と呼ばれるが，この時期，言語獲得の土台となる重要な発達過程が進行する。それに基づき，およそ生後1年頃に初めの言葉が見られるようになる。これを初語というが，構音の未熟もあり，はっきり「言語」と特定できるとは限らない。子どもの発声を言語と解釈するか，喃語と解釈するかは，身近にいる解釈者である大人に依存する。子どもの発声を言語と解釈した場合は，その声を取り上げてフィードバックすることが頻繁に見られることになる。子どもが「マンマ」のような発声をした場合，喃語ではなく「ごはん」の意味の「マンマ」と捉えれば，「マンマ？　マンマほしいの？」「マンマ，もうすぐだから待っててね」など，言語で返すようになることで，子どもは自分の発した声に似た「マンマ」の音を，直後により鮮明な形で聞くことになる。こうしたやりとりが，言語としての音声および意味の獲得を促すことになる。

　単語レベルの発声が安定して見られるようになると，それは単に単語としてではなく，文レベルの内容を含んでいると捉えられ，一度に1語しか発せられなくても文相当である，という意味で「一語文」ともいう。「ワンワン」としか言うことができなくとも，そこには「ワンワンイタ！」「ワンワン　オッキイ」「ワンワン　イッチャッタ」「ミテ　ワンワン」など，文と同様の内容が含まれていると考えられる。

　獲得した単語数が50語を超える頃，語と語をつなげて文を作ることができるようになり，語をどのような順序で並べるかについてのルール（文法）を持つようになってくる。

　3歳を過ぎると，文法的には複雑な言葉を使用することができるようになる。生まれたばかりの弟とおばあちゃんちに遊びにおいで，と言ったのに対し「マーちゃん（弟）まだ歩けないから，来られないじゃない。車だって運転できないし，マーちゃんが運転したら，アッチムイテホイだからぶつかっちゃうじゃない」と姉（3歳9か月）が言うことが見られた。赤ん坊の弟に車の運転をしてもらってくることは，誰も想定

表 4 - 1　就学年齢までの言語発達

おおよその年齢	主な時期区分	表出 発声	表出 産出語数	表出 構音	理　解
誕生	前言語的発声	産声・泣き声			声への反応
6か月		非叫喚音			声や音の定位
9か月	コミュニケーションの基礎	喃語（規準喃語）原言語			三項関係の成立
1歳	言語獲得期	初語・一語発話	1 ～ 3 語		決まった表現への反応
1歳半		二語発話			指示に反応・物の名前の理解
2歳		多語発話　語彙爆発	200 語～ 300 語	マ・パ・バ行	身体部位の理解・概念形成
3歳	メタ言語期		600 語～ 1000 語	ナ・ワ行	文法の理解・自分の名前の理解
4歳			1000 語～ 1600 語	タ・ダ行・ヤ行	
5歳				カ・ガ行	文字などへの関心と理解
6歳			2000 語～ 3000 語	シャ・ジャ行 サ・ザ行・ラ行	比喩の理解・理解語約 6000 語

していないが，それを考えるという認知の未熟にもかかわらず，話している文には，「○○（だ）から」（理由），「○○したら」（仮定法）が見られ，可能態およびその否定形（来られない），および「まだ○○ない」の表現などが的確に使えている。「よそ見する」などの特定語彙が未獲得であるため，自分の知っている「アッチムイテホイ」といった表現を用いており，伝えたい内容は適切に伝わる言葉になっている。

　言語発達は個人差が大きく，1歳過ぎ頃から一気におしゃべりになる子どももあれば，3歳頃になっても言語が見られない場合もある。ただし，3歳頃を過ぎても全く言葉が見られない，ごっこ遊びなどのイメージを使った遊びが見られないといった場合は，言語や表象機能（イメージやシンボルを使うこと）に関する何らかの問題があると考え，慎重に対応する必要がある。

　獲得語彙は，2歳の中頃より一気に増加し，2歳から3歳頃は年間で300語，もしくはそれ以上の語彙を新たに獲得するようになる。モノには名前があること，言葉を使って人とかかわることができること，などを認識することが，語彙の急速な獲得の土台になっていると言える。急激に語彙が増えることを「語彙爆発」と呼ぶ。このようにして就学頃には，発話語彙は約2000語，理解語彙は6000語となり，日常的な会話ではほとんど不自由しなくなる。その後も語彙の獲得は生涯にわたって持続する。『広辞苑』の収録語数は約25万語という。もちろん，その語のすべてを知っているわけではないし，『広辞苑』に収録されていない語でも知っている語もあり，各自がその生涯にどれだけの語彙を持つようになるのかは正確には把握しきれない。

　幼児期にある程度の言語獲得が進むと，自らの言語活動をメタ的に捉え，「りんご」というのは「り」「ん」「ご」の音から成る，自分のことを男の子は「ボク」「オレ」というものだ，など言語活動それ自体を意識するようになってくる。このような意識化は，文字の獲得と相まって，書き言葉の習得につながることになる。

　就学前までの言語獲得において，重要な変化は3つあり，一つは，無言語の状態から単語レベルの言語が使えるようになること，もう一つは

単語しか言えなかったのが，単語と単語をつなげて文レベルの言語が使えるようになること，3つ目は，自分の言語活動をチェックしたりモニターして修正するなど言語活動への意識化が進むことである。障害のある子どもの場合，これらのいずれかでつまずき，その先の過程に進めずにいることが大きな問題としてある。

1-2　言語の獲得の土台

　言語獲得の前提になるのは，言語に特化した脳の発達，構音器官の発達，認知の発達，他者に伝えようとするコミュニケーションの動機づけである。

　言語をつかさどるのは，主に大脳のブローカ領（前言語皮質）とウェルニッケ領（後言語皮質）である。発話の産出にかかわるのは，ブローカ領であることから，ブローカ領に障害が生ずると（脳梗塞や脳血管障害などにより）言葉を発することが困難となる。一方，ウェルニッケ領は耳からの情報を理解する役割を果たすことから，この部位の障害は，言語の理解の障害につながる。高齢者に見られる失語の症状は，話すことの困難がイメージされやすいが，流暢性失語と呼ばれる，発語そのものは可能でありながら意味のある言葉にならず，他者の言葉の理解も困難でコミュニケーションの成立が難しいケースもある。

　大脳の左半球優位には，生後5か月頃，8か月頃，幼児期，思春期といくつかの状態が見られ，機能代替が可能である臨界期は思春期であることを指摘したレネバーグの研究（Lenneberg, 1967）から，母語の獲得および第二言語の獲得において，思春期までにそれがなされるかどうかが極めて重要な意味を持つとされる。しかし，この臨界期説には異論もある。

　乳児の口は，哺乳のために乳首を巻き取るような動きと形状をしていることから，口腔内で自由に舌を動かして，さまざまな音を発することがうまくできない。したがって，生後1年目の前半は，口腔部の微細な調整による多様な音を出すことが難しい。しかし，半年を過ぎると，喃語としてあらゆる言語に含まれるさまざまな音を出すことができるよう

になる。日本人は巻舌の［r］の音をうまく出すことができないが（日本語には［r］と［l］の区別がほとんどない），日本語児の喃語にはこのような音も含まれていることがある。規準喃語と呼ばれる子音母音の反復的な音声（マンマン）などは生後半年から1年頃に顕著に見られ，あたかも声での一人遊びをしながら構音の練習をしているようにもみえる。これらの喃語は，聴覚的フィードバックが得られない聴覚障害児にも初期には見られる。しかし，健聴児が母語の音に次第に近い音を出すようになるのに対し，聴覚障害児は，急速に喃語が見られなくなってしまう。

　構音器官の発達は，幼児期から児童期の前半までになされるが，顔面筋，舌の運動，口唇の動きの微細な調整は，なかなかうまくできず，幼児期や児童期初期には，サ行音やラ行音の発音がうまくできない子どもも見られる（たとえば「オサカナ」が「オチャカナ」になる，「ラッパ」が「ダッパ」になる，など）。

　口腔の構造から，音声としての言葉を発するのが難しい1歳前後であっても，認知的には言語の基礎が既に作られている。このため，音声ではなく，身ぶりを使ったコミュニケーションが先行して成立する。

　前言語的コミュニケーションの発達は，生後3か月頃の二項関係の成立（第一次相互主体性　primary intersubjectivity）と8〜9か月頃の三項関係の成立（第二次相互主体性　secondary intersubjectivity）が重要な意味を持つ。前者は，子どもがお母さんの顔を見て微笑する，声を出し合う，物を触るなどの自分と他者，自分とモノといった二項が結びつく状態であり，後者は，それらの二項が相互に連関し，自己 ― 他者 ― モノの三項が有機的に結びつく状態である。

　母親がおもちゃを差し出した時に，母親の顔を見て笑っている，あるいは，おもちゃを注目する，といった行動は二項関係であり，おもちゃを差し出している母親の手を見た後に母親の顔を見るなど，差し出す主体である母親の存在，相手が渡そうとする対象物としてのモノ，そして認識主体の自分といった三項が結びつき，このような認識の端緒が見られるのが三項関係の成立である。これは，コミュニケーションの基本構造である。すなわち伝達主体としての自分，「誰かに」（伝達対象），「何

かを」（伝達内容）伝えることであり，言語獲得の基盤を成すものである（母親が指さしているイヌと母親によって発せられている「ワンワン」の音声を結合する，などの事物名称獲得につながる）。また，意図性の認知とも深く結びつくものである（母親はイヌへの注視を求めている，など）。前言語期は，言語はまだ見られないが，その後の言語獲得の基礎を成す重要な時期である。自閉症児には，三項関係の成立の困難が見られ，これが言語の獲得困難に結びつくとの指摘もある。

1-3　言葉を育てる

　子どもはわずか3年程度の間に，母語をかなり自在に使うことができるようになる。3歳児の認知能力はまだ不十分であり，保存の不成立に見られるように，見た目が変わると大きさや量なども変化した，と認知してしまうことが見られる。また，靴ひもを結ぶなど，複雑な操作ができない。その一方で，言語については，3歳児は有能であり，「おばあちゃんいないから泣いちゃった」のように2つの文を結合したり，理由の接続関係で結んだりなども可能である。

　このように，言語の獲得が極めて短期間になされることから，個別の言語ルールを一つずつ学習しているとは考えられない。さらに，入力刺激の貧困性（大人が話す言葉が常に正しい文法でなくても，子どもは正しい文と非文の区別ができるようになる。「困ったね，そんなことして」と言われても，「そんなことをしては困る」は正しいが「ことして困る，そんな」は正しくないと判断できるようになる）に基づき，人には生得的で普遍的な言語獲得装置(LAD：Language Acquisition Device)が備わっていると考えられている(Chomsky, 1965；Pinker, 1994)。確かに，すべての言語に普遍的な言語のシステムを構築する生得的な言語産出装置は想定できるが，その一方で，言語獲得期にある子どもに対する言葉かけには特別な特徴がある，ということも重要である。こうした環境からの言語獲得を支援するシステムを言語獲得支援システム(LASS：Language Acquisition Support System) という (Bruner, 1983)。

　親やまわりの大人が子どもに話しかける時に，相手が理解しやすく，

反応を得やすい言葉をあまり意識せずに選択し，そのことが，子どもの言語の獲得を促進すると考えるもので，このような周囲の働きかけを「足場がけ（scaffolding）」という。母親の言葉かけはマザリーズ（motherese　母親語），あるいは対乳児（幼児）言語（IDS：Infant Directed Speech, CDS：Child Directed Speech）と呼ばれ，大人に話すよりも甲高い声，誇張した音，短い文，簡単な語彙など，子どもにかかわろうとすることや相手の反応を得ようとすることが，子どもの言語発達の状態に合わせた調整をすることとなり，そのことが子どもの言語発達を促すと考えられる（微細調整仮説 fine-tuning hypothesis：Snow, 1989, 1995)。

　このような言語発達研究からの知見を，積極的に言語療育に取り入れたものとして，INREAL（INter REActive Learning and communication）アプローチがある（Weiss, 1981；竹田・里見, 1994)。どんなに重い障害を持つ子どもも，コミュニケーションのモティベーションを持つと考え，コミュニケーションがうまくいかない場合は子どもの側の問題と捉えるのではなく，子どもたちにかかわる大人（親や療育者など）の側の問題として捉えていこうとするものである。すなわち，コミュニケーションは双方的なものであることから，まずは大人が子どもと適切なコミュニケーションを構築できているのかを考えて，大人の側のありようを修正することで，子どものコミュニケーション能力を育てようとするものである。

　言葉は，言葉を通して相手とかかわることで，互いの感情，考え，意図を共有し，そのような日常的やりとりの積み重ねの中で育っていくものと言える。

2. コミュニケーションの発達

2-1　内言と外言

　コミュニケーションとは，他者に何かを伝え，他者からのメッセージを受け止める力である。コミュニケーションの能力とは，①自分の意志や気持ちを他者に伝達できる能力，②他者の意志や気持ちを理解できる

能力，③これらの能力を用いて他者と自分の関係を何からの意味で広め深める能力，である（安西，2005）。

　コミュニケーションは，人の生活にとって重要なものだが，幼児期の子どもの場合，他者に伝わらなくても気にせずに集団の中でひとり言を発していることがよく見られる。これを集団内独語（ひとり言）という。

　ピアジェ（Piaget, J.）は，子どもの自己中心性の概念を出した中で，幼児期の子どもは相手と共有できない自己中心的言語をその特徴とすることから，幼児期の独語は幼児の自己中心性の現れとした（社会化された言語への過渡期に現れるもの）。これに対し，ヴィゴツキー（Vygotsky, L. S.）は，もともと言語は社会的なもの，つまり，コミュニケーションの機能がその中核を成すものであり，幼児に見られる独語は，言語が思考の機能を果たすに際し，その移行状況として現れるものだとした（ピアジェ vs ヴィゴツキー論争）（ヴィゴツキー，2001）。課題の難度を増した時に独語が増えることから，ヴィゴツキーは，独語は思考のための言語，すなわち，外言化された内言だと結論づけ，これにピアジェも賛同した。

　この論争で示されているのは，言葉によって私たちが何をしているのかであり，また，言葉を用いることが私たち自身のあり方にどのような変化を与えるのか，である。思考のための言語は自分自身とのコミュニケーション，すなわち，自己内対話（内省的コミュニケーション）として発展していくものであり，内言を豊かに育てることが，より深い認知や思考，さらには自己理解にもつながっていくと考えられる。

2-2　言語と非言語との関連

　他者へのメッセージの伝達や他者からのメッセージの理解は，言語のみが担うわけではない。言葉では伝えられないものを，ノンバーバルコミュニケーション（NVC　非言語的コミュニケーション）によって伝えており，ノンバーバルコミュニケーションの依存度は，60 ～ 90 ％とする報告もある（Mehrabian, 1981）。NVC とは，身体的行動（視線や身ぶりなど），空間的行動（相手との距離の持ち方など），時間的行動

（短く終わらせるなど），音声的特性（語調，声の大きさなど）によって相手に伝えられるものである。

　また，これらは意図的に相手に何かを伝えるのみでなく，相手からのこれらのメッセージを解釈する受け手側の関与も極めて大きい。したがって，まだ，コミュニケーションの意図が不明確な新生児でも，視線が合って（合ったようにみえて）ニッコリした（単なる微笑反射）だけで，それを受け止めた側が，生まれたばかりの赤ちゃんが自分を認識し，自分に笑いかけてくれた，と解釈することも成り立つ。したがって，言語以前の時期には，解釈者に依存したコミュニケーションが成立し，解釈者の存在によってコミュニケーションとして機能するようになってくると言える（荻野，1997）。

　身体の動きによって表される NVC の次元には，①表象（エンブレム），②イラストレーター，③感情表出，④レギュレーター，⑤アダプター，の５つがあり（Ekman & Friesen, 1969），意識的にコントロールできる程度が異なる。表象は，言語と同等の機能を持つ身ぶりであり，個別の単語に翻訳可能である。このため，文化によって同じ身ぶりでも異なった意味を持つことがある。イラストレーターは，発話に伴って用いられる身ぶりであるものの，表象ほど意識的ではない（例：「こんなに大きな魚を釣ったよ（と両手を広げる）」など）。学習によって獲得する部分も大きいと考えられ，視覚障害児には，このような身ぶりが出現しにくい。感情表出は，主に表情によって示されるものである。

　レギュレーターやアダプターは，意識的にコントロールされにくいことから，それを手がかりに相手の感情の理解がなされることも多い。レギュレーターは，会話の最中に相手に視線を向けたり，うなずいたり，などによって，相手との会話の調整をしていると考えられる。自分が話している時には相手の目を見て，話者の交代を合図する時には相手の口元に視線を移す，などである。こうした調整が相互に共有されないと，非常に話しにくく感じたり，相手が自分の話を聞いていないのでは，などのずれが生ずる。学習によって獲得する部分もあり，日本人は相手の話の最中にうなずく行動をよく行い，相手がうなずいてくれないと聞い

ているのか心配になる。しかし，相手の話の終了までうなずくことをせ
ず，うなずきが相手の話への賛同を示す文化圏の人との会話では，うな
ずきという合図のずれがコミュニケーション上の支障になる可能性もあ
る。このため，異なる文化圏で育った人同士の会話において，このよう
なずれを意識していないと，相互に理解するのが難しく感じることもで
てくる。

　アダプターは，自己の身体接触や物をいじる行動で，情動のコントロ
ールなどの多様な機能を果たしていると考えられ，意識的でないことか
ら，言葉の裏の意図や性格特性がそこに反映されると考えられる。した
がって，カウンセリングなどの場では，相手の感情などを解釈する重要
な手がかりになる。大人になるにつれて，こうした表出は抑制され，適
度に統制されるようになってくるが，子どもの場合は，感情が直接的に
身体的行動として表れやすい。

2-3　母語と第二言語習得

　子どもは，自分の環境の中にある言葉を自然に獲得し，発達上の障害
などの困難を持たなければ，母語の習得は難くなされる過程と考えが
ちだが，本当にそうだろうか。親の言語，周囲の言語環境等の組み合わ
せの中でさまざまな状態が生じうる。

　自分の言語，親の言語，家庭，学校，コミュニティなどの環境の言語
がすべて同一の言語である場合は，モノリンガルであり，そこに大きな
混乱はない。しかし，国際結婚の中で生まれた子どもなどの場合は，両
親の母語が異なり，家庭の言語が2つの言語の併用であったり，周囲の
環境言語もそのいずれかの場合もあれば，それらと異なる言語である場
合もある。また，海外赴任に伴って異なる言語環境で過ごすケース，移
民などにより世代間での言語のずれが生ずるケースなどもある。これら
はバイリンガル（二言語併用）あるいはマルチリンガル（多言語併用）
となる。

　バイリンガルと一口に言ってもさまざまな状態があり，第一言語（母
語）と第二言語の関係により，ドミナントバイリンガル（第一言語が優

位），バランスバイリンガル（どちらも同程度に可能）がある。また，バイリンガルにはポジティブなイメージがあり，2つの言語を駆使し自在にあやつれる存在と考えがちだが，母語と同じように2つの言語を獲得するのは，条件が整っている場合に初めて可能な状態である。たいていは，セミリンガル（あるいはダブルリミテッド）として，どちらの言語も十分に使えない場合の方が多く，複数の言語環境の中で育つ子どもの言語補償は極めて大きな問題である。

　言語獲得期にある子どもに複数の言語環境を用意すれば，自然にバイリンガルになる，と考えるのは安易である。言葉は単なるラベルではなく，「川」が近所の小川のイメージと連動する人と，'river' と聞いて向こう岸が見えない滔々（とうとう）と水をたたえた状態をイメージする人では，その言葉を介して得るものは異なると考えられる。そうした意味で，言葉というのは，個々の表現ごとに連動したイメージがあり，さらに私たちの思考や自己の捉え方，人と人との関係のありようなどとも深くかかわりあうものである。一人の個人の中に二重三重の異なる言語システムが全く同等の状態で存在することはあり得ない。母語という言語の核が作られることによって，それを土台に別の言語の獲得が可能になるのだろう。

　一般に，国際結婚などによって両親の言語が異なるファミリーバイリンガルにおいては，「一人が一つの言語 one-person-one-language」の環境が，子どもには混乱が少ないことが指摘されている（Romaine, 1999 など）。特に言語獲得期の子どもの場合，子どもの不明瞭な音声をどのように解釈し意味づけるのかの周囲の対応が，子どもにとっては言語獲得の重要な要素となる。その時に，「何を言っているのか」が曖昧（あいまい）なだけでなく，「どの言語で話しているのか」も曖昧な場合，親子のコミュニケーションにおいて複雑な齟齬（そご）が生じ，双方がうまくトピックを共有できないことも考えられる。

　基本的に，子どもはどんなに幼くても，人の区別は成立しやすい（人見知りが生ずるのは，人を区別しているためである）。区別された人と，特定の言語体系が結びついて，父親には「イヌ（ワンワン）」と言い，

母親には‘dog（bowwow）’と区別した言語を用いたコミュニケーションをすることによって，それぞれとの一対一の関係の中での獲得が促進されやすいと考える。

　しかし，幼児期以降は，家族内の関係にとどまらず，子どもを取り巻く多様な環境の中でのコミュニケーションがなされる。言葉は，単にコミュニケーションの手段であるだけでなく，言語・文化的アイデンティティの現れであり，言葉を通して言語・文化的アイデンティティが形成されるものであることも考えておくべきだろう。

3. 書くこと・語ることの発達

3-1　書くことの発達

　文字の獲得がそのまま書き言葉の獲得になるわけではない。言葉には，発達初期に主に家庭で獲得される「一次的ことば」と，児童期に学校生活を通して獲得されていく「二次的ことば」がある（岡本，1985：図4-1参照　＊岡本は「ことば」と表記しているので，「一次的ことば」「二次的ことば」とするが，それ以外は「言葉」とする）。

　一次的ことばとは，具体的現実場面の中で，状況の文脈を手がかりに，少数の親しい特定者との一対一の会話形式のやりとりによって成立

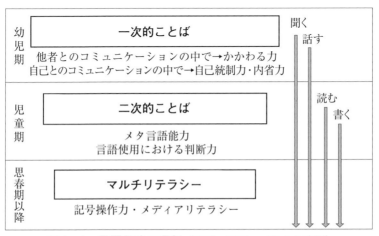

図4-1　言語発達の過程（荻野，2008，p.29 より改編）

するものであり，いわゆる話し言葉がこれに当たる。「うわあ！　ワンワン」だけでも，犬を目の前にして，親に発した言葉であれば理解可能である。

　二次的ことばは，現実を離れた場面で，言葉の文脈のみで，不特定の一般者に対する一方向的自己設計的な言葉である。「昨日，散歩に行った時に，犬が飛び出してきたので，びっくりしました」といった表現であれば，その状況を共有しない他者にも理解可能であり，学校場面のような集団状況での発表などでは，このような一般他者を想定して，何をどのように伝えるかをあらかじめ頭の中で設計することが必要となる。二次的ことばの獲得は，書き言葉の獲得を支えるものであり，二次的ことばに文字が付与されたのが，書き言葉である。

　文字の獲得は，就学直前から就学にかけて急速になされる。特に日本語のように，音韻と文字との一対一対応が明確な言語は，50音の体系と文字が結びつくと，平仮名としての獲得は，名前の文字に始まり，他の文字にすぐに広がっていく。音韻分解（例：「りんご」は「り・ん・ご」の3音節から成るなど）ができることは，しりとり遊びができることでもあり，このような遊びを通して，文字獲得の基礎づくりがなされるとも言える。

　ただし，日本語の場合，平仮名だけでなく，カタカナ，漢字などの複数の文字体系があり，特に漢字は個別に覚えるほかない。小学校の学年別漢字配当表(2020年の『新小学校学習指導要領』での改定)では，1年生80字，2年生160字，3年生200字，4年生202字，5年生193字，6年生191字で，合計1026字である。また通常，新聞などで用いられ，社会生活での漢字使用の目安とされる常用漢字は，現在（2010年内閣告示），2136字（4388音訓［2352音・2036訓］）とされる。文字の構成も偏（へん）と旁（つくり）などの部分から成り立ち，その読みについても，一つの文字が文脈によって異なる場合もあり（例：「時間割（じ・かん・わり）」だが，「〜の時（とき）」「時計（と・けい）」などのように），個々の漢字による個別性が高いことから，漢字の習得に大きな困難を持つ子どもや大人がある。ワープロなどの普及は，こうした困

難に対する道具的支援の手立てになるかもしれない。

　書字の困難については，漢字のように画数が多いことが難しさになる場合もあれば，手がかりの少ない平仮名やカタカナでつまずくケースもある。このような読み書きの困難はディスレクシアと呼ばれ，学習障害（LD）に含まれるが，アルファベット文化圏でのディスレクシアと漢字文化圏でのディスレクシアでは，その困難の様相が異なる。

　母語における日常生活の読み書きができることを識字といい，初等教育を終えた年齢（一般には15歳）以上の年齢の人口に対するその割合を識字率（literacy rate）という。179の世界の国のうち，識字率が90％を超えるのは日本の99％を含め，約100か国であるが，50％を下回る国が10か国以上あり，戦火の中にあり教育を受ける機会が極めて限られている国においては，20％台である。識字率は教育指数とも深く関連し，また，QOL（Quality of Life＝生活の質）の指標ともなる。

　読み書きができることは，その人の世界を広げ，深めていく上で極めて重要であり，そのような環境からの働きかけや，環境との有効な相互作用がなされていることの表れである。また，人が人らしい生き方をする上で，大きな意味を持っていると言える（茂呂，1988など参照）。

　さらに今日では，さまざまなメディアの発達により，マルチリテラシーの獲得が課題となる。「読むこと」「書くこと」といったリテラシーがマルチな状態であること，つまり，書き言葉にとどまらず，図記号，数表現，音声なども含んだコミュニケーションに用いられるすべてのシンボルを使いこなしていくこと，それらを総合的に理解し使用することが必要となっている。

　携帯電話，ウェブ，SNSなど多様な形で展開するツールについて，対面的個人的コミュニケーションか，一対多の不特定のコミュニケーションかといった二分法では割り切れず，これらのツールでの匿名性の持つ意味や，ブログなどで個人情報を開示することの危険などの理解を深め，適切に使うためにどのような学習が必要なのかを整理していかなければならない。

3-2　語用論的発達

　言語を獲得し，さまざまなことを語ることができるようになったり，言葉を意識したりすることができるようになるとともに，言葉を"どのように使うのか"，すなわち，話し手が伝えたいと思っている意味をどのように伝えるのか，それをどのように理解するのか，が問題となる。このような言語の使い方を問題とするのを「語用論 pragmatics」という。皮肉（例：掃除してない部屋を見て「きれいだねー」）や比喩（例：「雪のように白い」），間接要求（例：消しゴムを貸してもらいたい時に「消しゴム使ってない？」と聞く）などがこれに当たる（松井，2013 など参照）。

　自閉症児が他者との関係の中で難しいことの一つとして，こうした語用論の発達の困難がある。言葉を字義通りに理解してしまうなどから，相手の意図の理解がうまくできないことがある。「消しゴム使ってない？」というのを，単なる疑問文と考えて，「使ってないよ」と答えるのみで，相手の貸してほしい気持ちに応ずることができなかったりする。

　発達に障害を持つ人ばかりでなく，適切な場で適切に言葉を使うことは，人が生涯をかけて獲得すべき能力でもある。敬語の使用や状況に応じてのトピックの選択，ユーモアなどは，どの人にとっても決して容易ではない課題である。

3-3　自己を物語る

　文が話せるようになった子どもは，文をつないで話をするようになる。その内容は，自分の過去の経験，空想の話，誰かを主人公とした起こりうる物語などである。形式としては，一人での語りもあれば，他者とのやりとりでつなぐ話，物語構造を持った語りなどの多様性がある。このような語りを，ナラティブという。物語行為（narrative act）とは，出来事を特定の視点から位置づけて再構成することであり，その特定の視点とは，文化の枠組みを反映するものであり，同時に語り手個人のありようを反映するものでもある。このような語りを分析することは，社会や文化の枠組みを明らかにし，語り手の自己やアイデンティテ

ィの理解にもつながるものである。

　年齢が幼く，事象の一般表象が成立する前は，経験の一般的側面について語ることが多く見られ，事象の一般的側面が成立してくると，それとずれのある新奇な側面について語るようになる。つまり，幼い子どもは，食事のルーティン的側面を繰り返し遊びの中で再現したり，親に報告することが見られる。このような一般的出来事の表象（GER：General Event Representation）（Nelson, 1989）に関連した個々のエピソードは，初期にはGERを補強する役割を果たすが，GERが発達していくと，それによって捉えられないものが個別のエピソードとして記憶に蓄えられるようになる。コップをもって「ゴクゴク」と飲むまねをしていた子どもが，やがてお母さんがコップのジュースをこぼした失敗などを面白がって語るようになる。

　語りは言語を用いるどの年齢のどのような人にも重要な意味を持ち，特に高齢者においては，ライフストーリーとして，自身の人生をどのように語るのかが注目される（14章，15章参照）。語る相手との関係性や相互性，何に注目してどのような意味づけをしていくのか，自己のどのような側面とのかかわりを問題とするのか，また，語りという行為を通して，自分の経験に対するどのような新たな意味づけが作られていくのか，などが問われる（人生転機の語りに関する野村（2005）など参照）。

　そして，これらの語りが，高齢者に対して肯定的な影響をもたらすことから，認知症高齢者に対する回想法や，介護予防として地域回想法が行われるなどの試みがある（黒川，2005）。また，祖父母と孫の回想法の適用から世代間を超えての相互性に着目するなどもある。

　エリクソンが指摘する老年期の課題である「インテグリティ　対　嫌悪と絶望」は，このような語りを通して，未解決の課題への再意味づけをしたり，葛藤を乗り越えることにもなるが，改めて自己の人生における苦痛に直面することにより，大きな絶望ともなりかねず，このような回想を誰と共にできるのか，聞き手がどのような存在としてあり得るのかは，極めて重要である。

研究課題

1. 身近にいる親子の会話を観察し，許可を得て記録してみよう。何を
   トピックにし，どのような展開がなされているのか，子どもの年齢
   によって異なるのかを，見てみよう。

2. 書字に困難を持つ子どもについて，平仮名，カタカナ，漢字，アル
   ファベットなどの文字体系により，どのような困難が生ずる可能性
   があるのか，考えてみよう。

3. 自分の祖父母世代の人が，自分と同じ年齢の頃にどのような体験を
   したのか，語ってもらおう。今の自分と突き合わせて，何が共通す
   るのか，あるいは異なるのか，考えてみよう。また，語ることを通
   して，双方の意識に何か変化があったか考えてみよう。

参考文献

バックレイ，B.（丸野俊一監訳）（2004）．0歳～5歳児までのコミュニケーション
　　スキルの発達と診断　北大路書房（Buckley, B.（2003）. *Children's
　　communication skills: From birth to five years.* Routledge.）

今井むつみ・針生悦子（2014）．言葉をおぼえるしくみ—母語から外国語まで—
　　ちくま学芸文庫

大伴潔・林安紀子・橋本創一（編著）（2018）．アセスメントにもとづく学齢期の言
　　語発達支援—LCSAを活用した指導の展開　学苑社

大伴潔・林安紀子・橋本創一（編著）（2019）．言語・コミュニケーション発達の理
　　解と支援—LCスケールを活用したアプローチ—　学苑社

引用文献

安西祐一郎（2005）．語力と教育　大津由紀雄（編著）　小学校での英語教育は必要ない！（pp. 248-260）　慶應義塾大学出版会

Bruner, J. S.（1983）. The acquisition of pragmatic commitments. In R. Golinkoff, （Ed.）, *The Transition from Prelinguistic to Linguistic Communication*（pp. 27-42）. Hillsdale, NJ: Lawrence Erlbaum Associates.

Bruner, J. S.（1985）. *Child's talk: Learning to use language*. W.W. Norton & Company.

文化庁　常用漢字表　平成 22 年

Chomsky, N.（1965）. *Aspects of the Theory of Syntax*. MIT Press.

Ekman, P. & Friesen, W. V.（1969）. The repertoire of nonverbal behavior: Categories, origins, usage, and coding. *Semiotica, 1*, 49-98.

黒川由紀子（2005）．回想法—高齢者の心理療法—　誠信書房

Lenneberg, E.（1967）. *Biological foundations of language*. New York: John Wiley & Sons.

松井智子（2013）．子どものうそ，大人の皮肉—ことばのオモテとウラがわかるには—　岩波書店

Mehrabian, A.（1972）. *Nonverbal communication*. Aldine-Atherton, Chicago, Illinois.

Mehrabian, A.（1981）. *Silent messages: Implicit communication of emotions and attitudes*（2nd ed.）. Wadsworth, Belmont, California.

文部科学省（2017）．小学校学習指導要領（平成 29 年告示）　学年別漢字配当表，（pp.42-45）

茂呂雄二（1988）．なぜ人は書くのか　認知科学選書 16　東京大学出版会

Nelson, K.（1989）. *Narratives from the crib*. Harvard University Press.

野村晴夫（2005）．構造的一貫性に着目したナラティヴ分析—高齢者の人生転機の語りに基づく方法論的検討—　発達心理学研究, *16*, 109-121.

荻野美佐子（1997）．コミュニケーションの発達　井上健治・久保ゆかり（編）　子どもの社会的発達（pp.185-204）　東京大学出版会

荻野美佐子（2008）．言葉の力はどのように発達していくのか　児童心理, *62*, 1179-1184.

岡本夏木（1985）．ことばと発達　岩波新書

ピンカー, S.（椋田直子訳）（1995）．言語を生みだす本能（上・下）　日本放送出版協会（Pinker, S.（1994）. *The language instinct: How the mind creates language*. New York: William Morrow & Co.）

Romaine, S. (1999). Bilingual language development. In M. Barrett (Ed.) *The development of language* (pp. 251-276). Sussex, UK: Psychology Press.

新村出 (2018). 広辞苑〈第7版〉 岩波書店

Snow, C. E. (1989). Understanding social interaction and language acquisition: Sentences are not enough. In M. H. Bornstein & J. S. Bruner (Eds.), *Interaction in human development* (pp. 83-103). Hillsdale, NJ: Erlbaum.

Snow, C. E. (1995). Issues in the study of input: Finetuning, universality, individual and developmental differences, and necessary causes. In P. Fletcher & B. MacWhinney (Eds.), *Handbook of child language* (pp. 179-193). Oxford, UK: Blackwell Reference.

竹田契一・里見恵子 (1994). インリアル・アプローチ―子どもとの豊かなコミュニケーションを築く― 日本文化科学社

ヴィゴツキー, L. S. (柴田義松訳) (2001). 新訳版 思考と言語 新読書社

Weiss, R. S. (1981). INREAL intervention for language handicapped and bilingual children. *Journal of the Division for Early Childhood. 4*, 40-45.

5 | 情動の生涯発達

平林秀美

《学習目標》 人の精神生活の根幹を成す情動の発達を，生涯発達の観点から捉える。自己の情動の発達では，生得的と考えられる基本情動や情動と認知のかかわり，社会・文化の中で獲得していくと考えられるディスプレイルールについて学ぶ。他者の情動理解の発達では，他者とかかわる上で欠かせない表情の理解および気持ちの理解について知識を得る。また，いくつかの重要な感情について取り上げ，その発達過程を見ていく。

《キーワード》 情動表出，基本情動，自己意識情動，情動と認知，情動制御，ディスプレイルール，社会的参照，心の理論，悲嘆，妬み，アンガーマネジメント

1. 自己の情動の発達

1-1 子どもの情動表出

　子どもの情動表出は，いつ頃からどのように発達するのだろうか。乳児を観察すると，比較的早い時期から笑ったり泣いたり怒ったりして，さまざまな情動を表出していることがわかる。

　個別情動理論（discrete emotion theory）の立場では，人にはいくつかの情動が生得的に備わっており，それは文化を越えて普遍的であると考える。情動の種類として，「喜び」「悲しみ」「怒り」「恐れ」「驚き」「嫌悪」「興味」があり，それらを基本情動（basic emotions）と呼ぶ（Izard, 1991）。基本情動は，非常に幼い子どもや先天的に目が不自由な子どもにも見られることから，生得的であるとされる（Eibl-Eibesfeldt, 1973）。各基本情動は，表情，主観的情感（feeling），生理・神経科学的反応，状況がセットになっている（Izard & Malatesta, 1987）。また，

基本情動は比較文化的研究などから，文化を越えて普遍的であると考えられる（Ekman, 1982）。

　それに対して，構成主義あるいはダイナミック・システムズ・アプローチの立場では，乳児の情動は早期には分化しておらず，子どもの成熟や社会化によって徐々に分化していくと考える（Lewis, 1993；Sroufe, 1996；Camras & Witherington, 2005）。

　ルイス（Lewis, 2016）によると，誕生から生後6か月頃までに，初期の行為パターンによって分類される一次的情動（primary emotions）が発達する。関与あるいは接近の行為パターンは喜び・怒り・興味の情動を生じさせ，外界との積極的な関与をやめることや回避の行動パターンは嫌悪・悲しみを生じさせる。接近と回避の行為パターンが結びついた結果，恐怖が生じる。1歳後半頃になると，認知能力の発達と自己意識あるいは自己関連行動の出現によって，自己意識情動（self-conscious emotions）が生じる。自己意識情動には，「てれ（embarrassment）」「羨み／妬み（envy / jealousy）」「共感（empathy）」が含まれる。さらに，2歳半から3歳頃になると，基準に対して自分の行動を評価する力

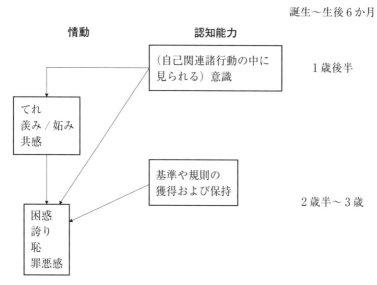

図5－1　自己意識情動に関連する認知能力（Lewis, 2016）

が発達する。基準には，親や教師の承認あるいは称賛などの外的なもの
や，子どもが自分自身の基準を発達させる内的なものがある。自分の行
動を基準と比べる能力によって，「誇り（pride）」「恥（shame）」「罪悪
感（guilt）」などの自己意識評価情動（self-conscious evaluate
emotions）が生じる（図5-1参照）。

1-2　情動と認知

どのような種類の情動が生じるかは，人の思考や信念といった認知的
要素に大きく依存する。つまり，出来事をどのように捉えるのか，その
出来事と自己との関連について主観的に評価することによって，生起す
る情動が異なる。このように，出来事の「認知評価（cognitive
appraisal）」が情動に先行するプロセスを，認知的評価理論と呼ぶ
（Roseman & Smith, 2001）。

ラザルス（Lazarus, 1991）の認知評価理論では，情動の生起にかか
わる評価のプロセスは，第一次評価（primary appraisal）と第二次評
価（secondary appraisal）の2段階からなる。第一次評価は個人の主観
的幸福感と関連し，「自分の目標との関連性」，「自分の目標と一致して
いるか，それとも不一致か」，「自我関与のタイプ（自分にとってどのよ
うな意味があるのか）」が評価される。第二次評価は対処の選択と関連
し，「責任の所在（何に〈誰に〉責任があるのか）」，「対処可能性（この
状況にどれだけうまく対処できそうか）」，「将来の予測（自分はこの先
どうなりそうか）」が評価される。ラザルスは，認知的評価そのものが
情動を生起させると考える。

情動と認知との関連の一つに，気分一致効果（mood-congruent
recall）がある（Blaney, 1986）。気分一致効果とは，ある情動が生起し
ている時には，その情動と一致する記憶を想起しやすいことである。た
とえば，嫌な出来事を経験してネガティブな情動を感じている時には，
過去にネガティブな経験をした時の記憶を思い出すことが多い。そのた
め，さらにネガティブな情動を生起することがある。

情動の強さと記憶には，複雑な関連がある。強い情動によって記憶が

86

鮮明になるフラッシュバルブ記憶（flashbulb memory）がある。フラッシュバルブ記憶とは，衝撃的な出来事を知った時の自分の状況の記憶が，まるでカメラのフラッシュをたかれたかのように，鮮明に記憶に残ることである（Brown & Kulik, 1977）。一方，強い情動のために記憶の想起がうまくいかない場合もある。非常に強いストレスとなる出来事が原因で起こる解離性健忘（dissociative amnesia）では，自伝的記憶（autobiographical memory）の想起ができなくなってしまう。自伝的記憶とは，自分と密接にかかわる出来事の記憶である。

1-3　情動制御の発達

　子どもは，自己の情動をそのまま表出することが多い。乳児期には養育者によって情動が調整され，幼児期になると子ども自身で情動を調整することを覚える。情動制御（emotion regulation）は，自分の心的状態を変化させようとする活動の一つであり，情動を抑制することや表出する（強調する）ことなどを含んでいる。

　幼児期の子どもは，社会的表示規則（ディスプレイルール）の理解が進み，社会的文脈や文化に合わせた情動制御を行うようになる。社会的表示規則とは，文化や社会の慣習と結びついたものであり，ある場面ではどのような情動を表出すべきか，あるいは表出すべきではないかのルールのことである（Saarni, 1984）。たとえば，「他者からプレゼントをもらったら，それが期待はずれの物であったとしても喜ぶべきだ」などである。コール（Cole, P. M.）の研究によると，期待はずれのプレゼントをもらった場面では，4歳児でも，他者の前ではネガティブな情動を抑制し，ポジティブな情動を表出することが観察されている（Cole, 1986）。

　児童期の子どもは，同じ状況でも相手によって自分の情動を表出したり制御したり変化させていることが見受けられる。小学生を対象に，怒り・悲しみ・苦痛を感じた時に情動を表出するかどうかを検討した研究によると，子どもは母親や父親に対して情動を表出し，仲間（友人）に対して情動を制御することが明らかになった（Zeman & Garber,

1996）。子どもは，母親や父親が仲間（友人）よりも情動表出を理解して受容してくれると考えていた。また，子どもが仲間（友人）に対して情動表出を制御する理由として，情動を表出するとネガティブな対人的相互作用が予測されることが挙げられた。

　子どもは，成長するにつれて，さまざまな情動制御の方略をとるようになる。情動制御の方略としては，自己の情動を「抑制」することが多いが，過度な抑制は心身の負担となる。情動の「抑制」以外の方略として，「ネガティブ情動の表出・発散」，「ディストラクション」，「再評価」などがある（木村，2006）。「ネガティブ情動の表出・発散」は，自分の強いネガティブな情動を他者へ開示する（他者に語る）ことである。「ディストラクション」は，ネガティブな情動やそれを引き起こしている出来事から別の物事へ注意を移すことである。たとえば，テレビを見る，買い物に出かけるなどの気晴らしをすることである。「再評価」は，ネガティブな出来事や状況に対して，何らかの意味を見出すことやポジティブな解釈を加えることである。この「再評価」を行うためには，認知機能の発達が必要となる。

　情動制御の発達には，実行機能（3章，10章，11章，12章参照）・気質（生まれつきの子どもの個性）などの子ども自身の要因，養育者・教師・仲間などの子どもとかかわる人々の要因，子どもを取り巻く社会・文化の要因が関連している。

　次に，青年期以降の情動制御の発達について見ていく。青年期は，情動の感受性にかかわる脳の部位（扁桃体や腹側線条体などの大脳辺縁系）は成熟していくが，制御にかかわる脳の部位（前頭皮質）は遅れて成熟する。情動の発生とその制御のバランスがよくないために，情動の制御が効きにくいと予想される（Somerville, 2016）。10歳から19歳までの青年と19歳から65歳までの成人期を比較した研究（Bailen et al., 2019）によると，15歳から18歳までの青年は頻繁にポジティブな強い情動とネガティブな強い情動の両方を経験していることや，情動が不安定であることがわかっている。以上のことから，青年期の情動制御は難しいと考えられる。

　成人期から高齢期にかけての情動および情動制御についての研究（Nakagawa et al., 2017）では，日本人の30歳，50歳，70歳を対象に調査を実施した。調査の結果より，高齢期は成人期前期に比べてネガティブな情動経験は低いこと，ポジティブな情動経験には年齢による違いがないことがわかった。また，高齢期には情動制御の方略として認知的再評価を使用することによって，ポジティブな情動を多く経験することが示された。なお，高齢期には情動制御の方略として表出抑制も使用することが増えるが，情動経験（ポジティブな情動とネガティブな情動の両方とも）には影響しなかった。高齢期は，成人期よりも情動制御を上手に行い，ポジティブな情動を経験していることが明らかになった。

2. 他者の情動理解の発達

　情動の機能として，自己の情動を相手に伝え，他者の情動を読み取って理解する「信号（シグナル）」としての役割がある。この節では，私たちが日常生活で人と接する時に欠かせない，他者の情動理解の発達について見ていく。

2-1　他者の表情の理解

　子どもは，いつ頃から他者の情動に気づくのだろうか。生まれてまもない新生児でも，他の新生児の泣き声を聞くと，それにつられて泣き出すことがある。これは情動伝染（emotional contagion）と呼ばれ，子どもには生得的に他者の情動への感受性が備わっていると考えられる。

　情動の理解の際には，他者の表情や音声を手がかりにする。子どもが他者の表情を認知できるようになるのは，生後 7 か月頃である（Phillips et al., 1990）。他者の表情を理解していることがわかる例として，スティル・フェイスの実験的観察が挙げられる（Tronick et al., 1978）。スティル・フェイスの実験では，養育者に依頼して，子どもといつも通りのやりとりをした後に，子どもからの発声や働きかけがあっても，養育者は応答せずに無表情のじっとしたままの顔（スティル・フェイス）でいてもらう。子どもは，養育者の表情の違いに気づき，無表

情の養育者に対して積極的に働きかけをする。それにもかかわらず，養育者が無表情を続けると，子どもは悲しみや苦痛で泣き出す様子が見られる。

　生後8か月以降になると，子どもは他者の情動を理解し，それを利用する。子どもが新奇で曖昧な状況や対象に直面した場合，養育者などの他者の表情や声のトーンなどの手がかりに基づいて自分の行動を決めることがあり，キャンポス（Campos, J. J.）らは，これを社会的参照（social referencing）と呼び，初めて見るおもちゃや視覚的断崖による実験などにより観察した（Klinnert, 1984；Sorce et al., 1985）。視覚的断崖とは，断崖があり落下するように見えるが，実際には強化ガラスがあるので安全な装置である（図5-2参照）。この装置を使って，乳児が断崖の向こう側にあるおもちゃの方へ移動するかどうかを，養育者の表情を変化させて調べた。養育者が笑顔や興味の表情を示すと，約7割の乳児が移動した。しかし，養育者が恐怖・怒り・悲しみの表情を示すと，断崖の向こう側へ移動する乳児は少なかった（Sorce et al., 1985）。この実験からも，乳児が他者の表情とその意味を理解し，情動を信号として利用していることがわかる。

2-2　他者の気持ちの理解

　他者の気持ちを理解する際には，子どもは表出的手がかり，状況的手がかり，内的特性などを利用する（Denham, 1986）。表出的手がかりには，表情，音声，しぐさなどがあり，2，3歳の子どもでも「嬉しい」「悲しい」「怒っている」「怖い」表情図を見て，それに応じた感情語をラベル付けできる。

　状況的手がかりの利用とは，他者がおかれている状況とそれに応じた特定の情動を結びつけ，他者の情動を推論することである。3～4歳頃までには，自分がその状況におかれた場合を想像し，他者の情動を理解することができる。パペットを使ってさまざまな状況を提示し，子どもに主人公の気持ちを考えさせる研究から，子どもは状況を手がかりに他者の情動を推論できることがわかる。

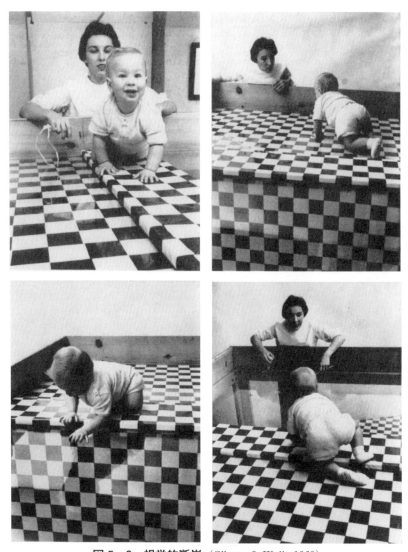

図 5-2　視覚的断崖 （Gibson & Walk, 1960）

　内的特性の利用とは，他者のパーソナリティや好みなどを手がかり
に，他者の情動を推論することである。5歳頃までに，自分の内的特性
と他者の内的特性が異なる場合でも，他者の内的特性を考慮して他者の
情動を理解することができる。あらかじめ，子どもの内的特性について
調べておき，その後子どもの内的特性とは異なる内的特性を持った主人
公の気持ちを考えさせる研究から，子どもは同じ状況でも内的特性によ
って異なる情動を持つことを理解し，内的特性に則した情動を推論でき
ることがわかる（松永，2005）。

2-3　心の理論の発達

　他者の情動理解の発達には，人のこころ全般の理解がかかわってく
る。自己および他者の欲求・情動・意図・信念・思考などといった心の
存在や働きについての理解のことを，心の理論（theory of mind）と呼
ぶ。心の理論が獲得されれば，人の行動を予測することが可能となる
（10章参照）。

　心の理論の理解の始まりは，子どもが日常会話で自分や他者の心の状
態を示す言葉を使うことからわかる。2歳頃から「欲しい」「したい」
などの欲求や願望を表す言葉を使い，3歳頃から「思っている」「知っ
ている」などの知識・信念・思考を表す言葉を使うようになる。

　4歳頃になると，人は事実とは異なる誤った信念を持つ場合があり，
それに基づいて行動することを理解するようになる。これを誤信念
（false belief）と呼び，物の移動の誤信念課題および中身の誤信念課題
によって調べることができる。

　物の移動の誤信念課題としては，サリーとアン課題（Baron-Cohen,
Leslie, & Frith, 1985：図5-3参照）などがある。主人公（サリー）が
ビー玉をカゴに入れ，外出している間に，他者（アン）がビー玉を箱に
移してしまう。主人公（サリー）が帰ってきてビー玉を探す際に，カゴ
と箱のどちらを探すのかを，子どもに問う課題である。欧米の研究結果
から，3歳頃ではまだ他者の誤信念を理解できず「箱の中を探す」と回
答する子どもが多いが，4歳以降になると「カゴの中を探す」と回答し

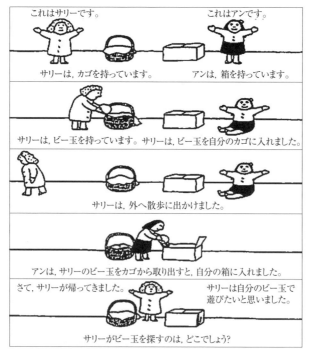

これはサリーです。　　　　　　　　　これはアンです。

サリーは，カゴを持っています。　　　アンは，箱を持っています。

サリーは，ビー玉を持っています。サリーは，ビー玉を自分のカゴに入れました。

サリーは，外へ散歩に出かけました。

アンは，サリーのビー玉をカゴから取り出すと，自分の箱に入れました。

さて，サリーが帰ってきました。　　　　サリーは自分のビー玉で
　　　　　　　　　　　　　　　　　　　遊びたいと思いました。

サリーがビー玉を探すのは，どこでしょう？

図5-3　サリーとアンの課題（Baron-Cohen, Leslie, & Frith, 1985）

て，主人公の考えていることを正しく回答できるようになる。

　中身の誤信念課題としては，スマーティ課題（Perner et al., 1987）
などがある。スマーティという名前のチョコレートの箱を子どもに提示
し，「この箱の中には何が入っていると思うか」を尋ねる。その後，箱
を開けて，中に予想と違う物（えんぴつ）が入っているのを見せる。そ
して，「友だちは箱の中に何が入っていると思うか」を尋ねる課題であ
る。3歳頃では，自分の視点と友だちの視点の混同が見られ，友だちも
「えんぴつが入っている」と思うと回答する。4歳以降になると，友だ
ちは箱の中身を見ていないので，（実際にはえんぴつが入っているけれ
ども）チョコレートが入っていると思っていると回答できるようになる。

　心の理論課題には，誤信念課題に加えて，異なる欲求・異なる信念・
知識の入手・本当の情動と見かけの情動の違いなども含めて調べるもの

表5-1　心の理論課題（Wellman & Liu, 2004）

異なる欲求：	2人の人（子どもと他の人）が同じ物について異なる欲求をもつことを，子どもは判断する。
異なる信念：	子どもがどちらの信念が正しくどちらが誤っているかを知らない時，2人の人（子どもと他の人）が同じ物について異なる信念をもつことを，子どもは判断する。
知職の入手：	子どもは箱の中に何が入っているかを見ていて，箱の中に何があるかを見ていない他の人の知識を判断する（はい‐いいえ）。
中身の誤信念：	子どもが容器の中に何が入っているか知っている時，特有の容器の中に何が入っているのかについての他の人の誤信念を判断する。
顕在的な誤信念：人の誤信念についてどのように調べるかを，子どもは判断する。
情動の信念：	人が誤った信念をどのように感じるかを，子どもは判断する。
本当と見かけの情動：人がある情動を感じていても，異なる情動を示すことを，子どもは判断する。

（Wellman & Liu, 2004：表5-1参照）や，児童期の他者理解の発達を調べるための二次的誤信念課題もある（Perner & Wimmer, 1985）。

　二次的誤信念課題では，物語の登場人物が2人出てきて，「Aさんは『Bさんがアイスクリーム屋は公園にいると思っている』と思っている」ことを理解できるかどうかを調べる。ここでは，登場人物Aさんの視点とBさんの視点を考慮して，他者の誤信念を理解する必要があり，6歳から9歳頃に正答できるようになる。

3. さまざまな情動の発達

3-1　悲嘆

　悲しみ（sad）と悲嘆（grief）と悲哀（mourning）の違いについて，見ていく。悲しみは基本情動の一つであるが，悲嘆はより広いより精緻化した構造を持ち，抑うつに似ている（Bonanno, Goorin, & Coifman,

2008)。悲しみと悲嘆の違いは，次の通りである。(Bonanno et al., 2008；Lazarus, 1991)。悲しみの持続時間は数秒から数時間であるが，悲嘆の持続時間は数週間から数年に及ぶ。愛する人の死は悲しみと最も関連するが，悲嘆はより広い範囲のネガティブな情動と関連する（怒り・軽蔑・敵意・恐怖・罪悪感など）。悲しみは心理的・身体的状態をすぐに変化させ維持する短期的コーピング反応をとるが，悲嘆は情動の混乱の持続を改善するための長期的コーピング反応をとる。

　悲嘆と悲哀の違いについて，ウォーデン（Worden, J. W.）は，対象喪失に対する反応を悲嘆，対象喪失後に生じる心理的過程を悲哀としている（Worden, 1982）。また悲哀とは，愛着の対象喪失によって起こる一連の心理過程で経験される落胆や絶望の情緒体験をいう（Bowlby, 1980）。

　次に，悲嘆反応について見ていく。喪失に伴う正常な悲嘆反応として，涙を流す・泣く・怒るなどの情動表出をすること，のどが渇く・息苦しい・疲れやすい・頭痛・吐き気・食欲不振・体重減少などの身体的反応や，人との接触を避ける・億劫がるなどの社会的反応が見られる（平山，1997；黒田・小島，1986）。病的な悲嘆反応として，悲しみや怒りなどの情動を表出せず，重篤な睡眠障害などの身体症状がでる場合が見られる（平山，1991）。

　近親者の死に直面した直後の子どもの悲嘆反応として，ショックと否認(死という事実をかたくなに信じようとしない態度)，狼狽と抗議，アパシーと呆然自失の状態，(何事もなかったかのように)通常の活動を続けようとする態度,のいずれかが生じる(Wass & Corr, 1984；Dyregrov, 1990)。時間の経過とともに，徐々に他の反応へ移行していく。

　次に，悲哀の過程について見ていく。ボウルビィ（Bowlby, 1980）は，近親者を失った時の成人の観察から，対象喪失に引き続くモーニング（mourning）として，4つの段階があることを明らかにした。

①情動危機の段階：対象喪失の数時間から1週間ほど持続する無感覚の段階で，その後急に苦痛・怒りを起こすことがある。また，興奮したり，パニックになったり，無力感でいっぱいになったりする。

②抗議（protest）─ 保持の段階：失った人を思い，探し求める段階
　で，数か月から数年続く。対象喪失の現実を認めることができないた
　め，愛着対象からの分離に不安を示したり，失った対象を取り戻そう
　としたりする。
③断念 ─ 絶望の段階：愛着対象が永久に戻ってこないという現実を認
　める段階で，断念によって本格的な対象喪失が体験され，悲嘆反応が
　生じる。激しい絶望と失意が伴い，引きこもり・抑うつ・無気力の状
　態になることもある。
④離脱 ─ 再建の段階：愛着・執着していた対象から心が離れ，自由に
　なる段階である。自分の立ち直りと再建の努力が始まり，新しい対象
　の発見と結合へと向かう。

3-2　妬み

　妬み（envy）とは，他者が自分よりも何らかの点で有利な状況にあ
ると知ることによって生じる不快感情である（澤田，2006）。他者と自
分とを比べ，他者が優れている領域が自分にとっても重要であることが
妬みを感じる要因となる（澤田，2010）。
　妬みの発達について見ていくと，先に述べたように1歳後半以降に自
己意識情動の一つとして，妬みの表出が見られる（Lewis, 1993）。児童
期では，小学2年生の時点で「うらやましい」という言葉を使って，過
去の経験を想起することが可能になる（澤田，2006）。また，小学生に
自分よりも優れた他者との比較を通じて経験する気持ちを自由に記述し
てもらうと，「他者への嫉妬（妬み）」（21.5％）が多い（外山，1999）。
妬みを感じた後に子どもが選ぶ対処行動は，相手に追いつこうと努力す
る「建設的解決」，別のことをして気を紛らわせる「意図的回避」，相手
の悪口を言いふらす，物に八つ当たりするなどの「破壊的関与」の3つ
がある（澤田・新井，2002）。
　青年期では，中学生および大学生を対象とした研究から，自尊心が高
いと妬みを抑制する働きがあることが明らかにされている（澤田，
2008）。また，青年期になると，獲得可能性（それを手にすることがで

きるか）と領域重要度（それが自分にとって重要なのか）といった認知的判断に基づいて、妬みが選択的に経験されるようになる（澤田, 2010）。

　成人期では、自分が重要とみなす領域で、妬みの経験が高まる。妬みを減らす対処として、「自己依拠」（できるだけ感情を表さず、他人に援助を求めない）、「自己補強」（自分が持つ別のポジティブな面に目を向ける）、「選択的無視」（妬みの対象となっている重要なものから、あえて目を背ける）がある。「自己補強」を選択できる場合は、抑うつを低める効果がある（Salovey & Rodin, 1988）。

3-3　アンガーマネジメント

　怒りは基本情動のうちの一つであり、生後6か月頃までに発達する情動である。表出される怒りの平均的なレベルは、乳児期初期は比較的低く、乳児期後期や1歳頃になると増加し、歩行開始期（トドラー期）から幼児期にかけて減少する。そして、表出される怒りの平均的なレベルは、児童期にかけては変化がなく、思春期・青年期には再び増加する（Dollar & Calkins, 2019）。

　怒りの表出の変化には、認知能力の発達や、フラストレーションを感じる場面に対して自分の要求を伝えることができること、自己制御機能が関連していると考えられる（Dollar & Calkins, 2019）。怒りの表出には個人差が大きいものの、近年では怒りをコントロールすることを小学生全体に教えるプログラムも開発されている。

　アンガーマネジメントの例として、稲田・寺坂・下田（2019）は、すべての児童を対象としたプログラムを開発した。稲田ら（2019）のアンガーマネジメント・プログラムの『いかりやわらかレッスン』は、小学3年生以上を対象として、小学校の授業5回分（1回45分）を想定して開発されており、教材として児童用のワークブックが作成されている。プログラムの「第1回：感情の理解」では、自分のいろいろな気持ちに気づくことや、気持ちと顔の表情のつながりについて気づくためのワークを行う。「第2回：怒り感情の理解とモニタリング」では、自分の怒

りの気持ちに気づくためのワークを行う。「第3回：怒りのコントロール」では，自分の怒りの気持ちをコントロールするためのワークを行う。「第4回：敵意的帰属の修正」では，他者が原因で自分に怒りの気持ちが生じた時に，別の考え方を見つけるワークを行う。「第5回：アサーティブ・コミュニケーション」では，自分の気持ちや考えを相手にうまく伝えるワークを行う。生じた怒りをコントロールすることを学ぶだけではなく，怒りの原因を他者と捉えて他者に敵意を持つことをやめたり，自分の気持ちを他者にうまく伝えることも含まれている。怒りそのものが生じる可能性を低めたり，怒りの表出ではなく言葉で情動を伝えることができると考えらえる。

🔋 研究課題

1．乳児の表情を10分間観察し，どのような情動が表出されたか記録してみよう。

2．日常生活の中で，自分がどのような情動表出の方略をとるのかを書き出し，木村（2006）の方略と比較してみよう。

3．日本で実施された心の理論の発達研究を調べ，海外の研究結果と比較してみよう。

参考文献

藤田和生（編）（2007）．感情科学　京都大学学術出版会

松井豊（編）（1997）．悲嘆の心理　サイエンス社

高橋惠子・河合優年・仲真紀子（編著）（2007）．感情の心理学　放送大学教育振興会

上淵寿（編著）（2008）．感情と動機づけの発達心理学　ナカニシヤ出版

渡辺弥生（2019）．感情の正体―発達心理学で気持ちをマネジメントする―　ちくま新書

引用文献

Bailen, N. H., Green, L. M., & Thompson, R. J. (2019). Understanding emotion in adolescents: A review of emotional frequency, intensity, instability, and clarity. *Emotion Review, 11,* 63-73.

Baron-Cohen, S., Leslie, A. M., & Frith, U. (1985). Does the autistic child have a "theory of mind"? *Cognition, 21,* 37-46.

Blaney, P. H. (1986). Affect and memory: A review. *Psychological Bulletin, 99,* 229-246.

Bonanno, G. A., Goorin, L., & Coifman, K. G. (2008). Sadness and grief. In M. Lewis, J. M. Haviland-Jones, & L. F. Barrett (Eds), *Handbook of emotions.* third edition (pp.797-810). New York: The Guilford Press.

Bowlby, J. (1980). *Attachment and loss: vol.3. Loss: Sadness and depression.* New York: Basic books. (黒田実郎・吉田恒子・横浜恵三子（訳）（1991）．新版　母子関係の理論Ⅲ：対象喪失　岩崎学術出版社)

Brown, R. & Kulik, J. (1977). Flashbulb memories. *Cognition, 5,* 73-99.

Camras, L. A. & Witherington, D. C. (2005). Dynamical systems approaches to emotional development. *Developmental Review, 25,* 328-350.

Cole, P. M. (1986). Children's spontaneous control of facial expression. *Child Development, 57,* 1309-1321.

Denham, S. A. (1986). Social cognition, prosocial behavior, and emotion in preschoolers: Contextual validation. *Child Development, 57,* 194-201.

Dollar, J. M. & Calkins, S. D. (2019). The development of anger. In V. LoBue, K. Perez-Edgar, & K. A. Buss (Eds), *Handbook of emotional development* （pp.199-225）. Switzerland: Springer.

Dyregrov, A.（1990）. *Grief in children: A handbook for adults*. London: Jessica Kingsley Publishers.

Eibl-Eibesfeldt, I.（1973）. The expressive behavior of the deaf-and-blind born. In M. von Cranach & I. Vine（Eds.）, *Social Communication and movement*（pp.163-194）. London, CA: Academic Press

Ekman, P.（Ed.）（1982）. *Emotion in the human face*. second edition. Cambridge: Cambridge University Press.

Gibson, E. J. & Walk, R. D.（1960）. The "visual cliff", *Scientific American, 202（4）*, 64-71.

平山正実（1991）. 死生学とはなにか　日本評論社

平山正実（1997）. 死別体験者の悲嘆について　松井豊（編）　悲嘆の心理（pp. 85-112）　サイエンス社

稲田尚子・寺坂明子・下田芳幸（2019）. 小学生に対するアンガーマネジメント・プログラムの開発―1次的支援教育としての『いかりやわらかレッスン』とその実施可能性に関する実態調査―　帝京大学心理学紀要, *23*, 15-25.

Izard, C. E.（1991）. *The psychology of emotions*. New York: Plenum Press.（荘厳舜哉（監訳）（1996）. 感情心理学　ナカニシヤ出版）

Izard, C. E. & Malatesta, C. Z.（1987）. Perspectives of emotion development I: Differential emotions theory of early emotional development. In J. D. Osofsky（Ed.）, *Handbook of infant development*（pp.494-554）. New York: John Wiley & Sons.

木村晴（2006）. 感情の制御　北村英哉・木村晴（編）　感情研究の新展開（pp.193-210）　ナカニシヤ出版

Klinnert, M. D.（1984）. The regulation of infant behavior by maternal facial expression. *Infant behavior and development, 7*, 447-465.

黒田裕子・小島操子（1986）. 喪失感覚と悲嘆　看護 Mook, *17*, 83-88.

Lazarus, R. S.（1991）. *Emotion and adaptation*. Oxford: Oxford University Press.

Lewis, M.（1993）. The emergence of human emotions. In M. Lewis, & J. M. Haviland（Eds）, *Handbook of emotions*（pp.223-235）. New York: The Guilford Press.

Lewis, M.（2016）. The emergence of human emotions. In L. F. Barrett, M. Lewis, & J. M. Haviland-Jones（Eds）, *Handbook of emotions*. Fourth edition（pp.272-292）. New York: The Guilford Press.

松永あけみ（2005）. 幼児期における他者の内的特性理解の発達　風間書房

Nakagawa, T., Gondo, Y., Ishioka, Y., & Masui, Y. (2017). Age, emotion regulation, and affect in adulthood: The mediating role of cognitive reappraisal. *Japanese Psychological Research, 59*, 301-308.

Perner, J. & Wimmer, H. (1985). "John thinks that Mary thinks that…" attribution of second-order beliefs by 5- to 10-year old children, *Journal of Experimental Child Psychology, 39*, 437-471.

Perner, J., Leekam, S. R., & Wimmer, H. (1987). Three-year-olds' difficulty with false belief: The case for a conceptual deficit. *British Journal of Developmental Psychology, 5*, 125-137.

Phillips, R. D., Wagner, S. H., Fells, C. A., & Lynch, M. (1990). Do infants recognize emotion in facial expressions？：Categorical and "metaphorical" evidence. *Infant Behavior and Development, 13*, 71-84.

Roseman, I. J. & Smith, C. A. (2001). Appraisal theory: Overview, assumptions, varieties, controversies. In K. R. Scherer, A. Schorr, & T. Johnstone (Eds.), *Appraisal processes in emotion: theory, methods, research* (pp.3-19). Oxford： Oxford University Press.

Saarni, C. (1984). An observational study of children's attempts to monitor their expressive behavior. *Child Development, 55*, 1504-1513.

Salovey, P. & Rodin, J. (1988). Coping with envy and jealousy. *Journal of Social and Clinical Psychology, 7*, 15-33.

澤田匡人 (2006). 子どもの妬み感情とその対処―感情心理学からのアプローチ― 新曜社

澤田匡人 (2008). シャーデンフロイデの喚起に及ぼす妬み感情と特性要因の影響 感情心理学研究, *16*, 36-48.

澤田匡人 (2010). 妬みの発達 心理学評論, *53*, 110-123.

澤田匡人・新井邦二郎 (2002). 妬みの対処方略選択に及ぼす，妬み傾向，領域重要度，および獲得可能性の影響 教育心理学研究, *50*, 246-256.

Somerville, L. H. (2016). Emotional development in adolescence. In L. F. Barrett, M. Lewis, J. M. Haviland-Jones (eds.), *Handbook of emotions*. Fourth edition. (pp. 350-365). New York：The Guilford Press.

Sorce, J. F., Emde, R. N., Campos, J. J., & Klinnert, M. D. (1985). Maternal emotional signaling: Its effect on the visual cliff behavior of 1-year-olds. *Developmental psychology, 21*, 195-200.

Sroufe, L. A. (1996). *Emotional development: The organization of emotional life in the early years*. Cambridge: Cambridge University Press.

外山美樹（1999）．児童における社会的比較の様態　筑波大学発達臨床心理学研究，*11*, 69-75.

Tronick, E., Als, H., Adamson, L., Wise, S., & Brazelton, T. B.（1978）. The infant's response to entrapment between contradictory messages in face-to-face interaction. *Journal of the American Academy of Child Psychiatry, 17*, 1-13.

Wass, H. & Corr, C. A.（Eds.）（1984）. *Childhood and death.* Washington: Hemisphere Publishing Corporation.

Wellman, H. M. & Liu, D.（2004）. Scaling of theory-of-mind tasks. *Child development, 75*, 523-541.

Worden, J. W.（1982）. *Grief counseling and grief therapy.* New York：Springer.

Zeman, J. & Garber, J.（1996）. Display rules for anger, sadness, and pain: It depends on who is watching. *Child development, 67*, 957-973.

6 | 人間関係の生涯発達

荻野美佐子

《**学習目標**》 人は誕生から死までの生涯にわたり，何らかの関係性の中で育つ。人間関係に関するアタッチメント理論を中心に，アタッチメントの形成，親子関係の困難，身近な他者との関係の中での人の発達を概観する。また，社会的ネットワーク理論の観点から，親子関係にとどまらない，より広がりを持った他者との関係や，人を支える人間関係のネットワークについて考える。
《**キーワード**》 アタッチメント，安全基地，親子関係，虐待，友人関係，社会的ネットワーク

1. 親子関係の発達

1-1 親子関係の成立とアタッチメント理論

　親子とは，どのような関係なのだろうか。ヒトが未熟な状態で生まれ（生理的早産，9章参照），他者に依存した状態でその生を始めることはとても重要な意味を持つ。他者に依存することで，他者との関係が発生するからである。親子とは，こうした生存に必要な基本的な関係である。

　親子関係は，主に1950年代頃までは，精神分析理論（フロイト）と学習理論により説明されてきた。フロイト（Freud, S.）によれば，哺乳による口唇的充足がその出発点として位置づけられる。また，学習理論では，飢え，渇き，生理的不快を除きたいという基本的欲求充足の際に，常に母親の姿が伴うことから，二次的に（学習により）母親を求めるようになるとされた。

　これらの古典的親子関係の捉え方に対し，動物研究における知見か

ら，「安全基地」と「インプリンティング」の概念が注目され，これら
を統合したのがボウルビィによるアタッチメント理論である。安全基地
とは，ハーロウ（Harlow, 1958）によるアカゲザルの代理母親の実験か
ら導かれたものである。子ザルが恐怖を感じる場面で布製の代理母親に
しがみつくことから，「接触慰安説」を唱え，安心のよりどころという
安全基地（secure base）の重要性を指摘した。また，インプリンティ
ングとは，動物行動学者のローレンツ（Lorenz, 1952）が発見したもの
である。大型水禽類のヒナが孵化後に初めて目にした特定の対象（解発
刺激）に対して，接近を維持しようとする強い傾性を持ち，このような
親としての刷り込み（インプリンティング，または刻印づけ）が生ずる
のは孵化後の一定期間に限定されること（臨界期），その後の変更がで
きないこと（非可逆性），また，危険が高く追いかけるのが大変である
ほど接近の維持をより強く求めること（追尾努力）が指摘されている。

　1960年代に，精神分析の流れを汲み，学習理論にも精通していたボ
ウルビィ（Bowlby, J.）は，WHO（世界保健機関）からの依頼による
ホスピタリズム（施設病）や非行少年等の研究（Bowlby, 1951）を踏ま
えて，アタッチメント理論（愛着理論）にまとめた（1969, 1973, 1980
＊これらはボウルビィの三部作として知られる）。

　アタッチメント（attachment）とは，個体が他の個体にアタッチす
る（くっつく）ことであり，「個体がある危機的状況に接し，あるいは
また，そうした危機を予知し，恐れや不安の情動が強く喚起された時
に，特定の他個体を通して，主観的な安全の感覚（felt security）を回
復・維持しようとする傾性」とされる（数井・遠藤，2007, p.4）。そし
て，このようなアタッチメント関係は，乳幼児期の経験として重要なも
のであり，後の人格形成にも影響をもたらすと考えられた。そうしたこ
とから，アタッチメント理論は，単に乳幼児期に子が親を求めるといっ
た関係性にとどまらず，人の生涯にわたる基盤となるものとして位置づ
けられ，臨床的にも重要な概念とされている。

　不安が強い時などに，特定の他者に対して接近を維持しようとするこ
と，そうした安全のよりどころ（安全基地）となる他者がいることが人

の育ちにとって大きな意味を持ち，安全基地があるからこそ，外の世界への探索行動をすることができると考えられる。この場合の接近とは，物理的接近（実際に近くにいようとする，身体を接触されるなど）だけではなく，心理的接近（あるいは，表象的接近，その人のことを心にとどめるなど）も含まれ，発達の状態によっても変化していく。

虐待を受けている子どもが，接近によって暴力を振るわれたりしてもなお，その親にくっつこうとするのは，より大きな不安の中で何とか安心・安全の感覚の回復を求めること，それが得にくい状況であればあるほど，より強く求めることが見られる（追尾努力），という生きるために生物が持っている基本的システムと理解できるだろう。

1-2　アタッチメントの個人差

他者への接近傾向は，どのような文化に育つ子どもにも同様の行動的表現として見られること，そして，その行動は養育者との関係の質の個人差として観察可能であることから，ボウルビィの弟子のエインズワース（Ainsworth, M.）は，"ストレンジ・シチュエーション法（SSP：Strange Situation Procedure）を考案した。養育者に対する接近および分離に対する抵抗が，行動として最も強く表れる1歳頃の子どもを対象とし，マイルドなストレス下（新奇な場面で見知らぬ人と対面する）で養育者との分離 ― 再会をする手続きを通して，子どもの行動上の差異を見ようとするものである。

SSP の場面設定と手続き（8つのエピソードから構成）は，図6-1の通りである。

2回の分離と再会の手続きの中で，分離時に苦痛（distress）を示すか，再会に当たってスムーズな再会ができるかの観点から，最初は A タイプ，B タイプ，C タイプの3つ（後に D タイプが加わり4つのタイプ）に分類された。それぞれのタイプの特徴は，表6-1（p.106参照）の通りである。

アタッチメント対象が機能している場合は，危機の際に逃げ込み，保護を求める避難場所になるとともに，個体の情動が落ち着き安心の状態

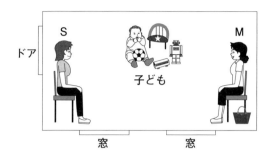

エピソード1	M(母)・子・観察者	(30秒)	観察者がMと子を実験室に案内して去る
2	M・子	(3分)	Mは子が探索するのを見守る(必要なら2分後に遊びに誘う)
3	S(ストレンジャー)・M・子	(3分)	Sが入室,1分目:Sは沈黙,2分目:SはMと会話,3分目:Sは子に近づく,3分後Mはさり気なく去る
4	S・子	(3分以内)	1回目の分離。Sは子の行動に合わせる
5	M・子	(3分以上)	1回目の再会。Mが入室し,子に挨拶または慰めて遊びを再開させる。Sは退室する
6	子のみ	(3分以内)	2回目の分離。Mは「バイバイ」と言って去る
7	S・子	(3分以内)	分離の継続。Sが入室し子の行動に合わせる
8	M・子	(3分)	2回目の再会。Mが入室し,子に挨拶して抱き上げる。その間にSはさり気なく去る

図6-1 ストレンジ・シチュエーション法(SSP)の場面設定と手続き
(Ainsworth et al., 1978(2015)に基づき作図・作表)

になれば外界に積極的に出て行くための「安全基地」として機能するようになる。その意味で,タイプBはアタッチメントが安定して成立していると言える。これに対し,AタイプとCタイプはいずれも不安定なアタッチメントと言える。

ただし,これらの3つのタイプは,いずれも特定の養育環境に対する特異的な抵抗方略とみることができ,その意味では組織化され,それなりに機能していると考えられるのに対し,1990年代以降問題視されるようになったDタイプは,主観的安全の確保という目的に合致した行

表6-1　SSP（ストレンジ・シチュエーション法）によるアタッチメントの
　　　　分類と特徴

Aタイプ （不安定／回避型）	分離の際に泣いたりなどの不安を示すことが少なく，再会時にも嬉しそうにしない。親の在不在に影響されず，親を安全基地として用いていることが見られにくい。「自分は拒否される存在である」というモデルを形成。
Bタイプ （安定愛着型）	分離の際に泣いて後追いをしたりなど不安を示し，親が不在だと探索行動が抑制される。しかし，再会すると機嫌が直り，遊びの再開が見られる。親が安全基地として機能している。「自分は受容される存在である」「他者は自分が困った時には助けてくれる」というモデルを形成。
Cタイプ （不安定／抵抗型のちにアンビバレント型）	親との分離に強い不安を示し，再会後に接近や接触を求めるが，機嫌がなかなか直らない。探索への回復が見られにくく，親をたたく，押しやるなどの怒り行動が見られる。「自分はいつ見捨てられるかわからない」「他者はいつ自分の前からいなくなるかわからない」というモデルを形成。
Dタイプ （無秩序・無方向型）	当初はA・B・Cの3分類のみであったが，これらに該当しない「分類不能」の子どもが少数ながらいることから注目された。接近と回避の混在した読み取りが困難な行動が見られ，行動がフリーズするなど，親への感情を直接表出すること自体が見られにくい。高率で被虐児が見つかることから，親子関係におけるより深刻な問題を抱えていると考えられるようになった。

　動になっておらず，養育者からの虐待のリスクやその後の発達過程における病理的状態の指摘など，深刻な問題と結びついている可能性がある。

　このような個人差はなぜ生ずるのだろうか。一つには，養育者側の要因がある。養育者が子どもの発する信号に対して適切に感知・解釈し，適切な行動を適切なタイミングで返すかどうかの養育者の「敏感性」がある。養育者側の反応は，子どもによる表出とも連動するものである。したがって，もう一方の子ども側の要因としては，生まれながらの気質（temperament）や障害などに起因する，意図の読み取りの困難や表出の困難などが挙げられる。気質は，新しい刺激に対する接近 — 回避

や，表出の強さ，生活リズムの周期性などの生まれながらに持ち，長期にわたって一貫する個別の特性であり，9の特性が指摘されている（Thomas, Chess, & Birch 1968, 1970）。これらの組み合わせにより，環境に慣れやすく扱いやすい子ども（育てやすい子：easy child），環境に慣れにくく扱いにくい子ども（気難しい子：difficult child），慣れるのに時間がかかるが慣れれば適応していく子ども（立ち上がりの遅い子：slow-to-warm-up child）およびこれらのいずれでもない子ども，の4つのタイプが考えられている。これらの双方の特性が相互に影響を与えつつ，アタッチメントの質にかかわると言える。

1-3　アタッチメントの生涯発達

　乳児期からの養育者との日常的かかわりは，子どもの記憶構造に取り込まれ，さらにそこに自己と他者の関係モデルとして機能するようになってくる。ボウルビィ（Bowlby, 1969）は，このような自己や他者および関係性一般に対して個人が抱く主観的確信やイメージを，アタッチメントシステム「内的作業モデル（IWM：Internal Working Model）」と呼んだ（久保田，1995）。これを踏まえて，メイン（Main, M.）は，成人アタッチメント面接（AAI：Adult Attachment Interview）のツールを開発し，これにより，AAIによる大人の心の状態と，SSPによる子どもの行動の関連性を問題とすることができるようになった（Main & Goldwyn, 1984）。AAIは1時間ほどの半構造化面接であり，「何を（what）語るか」ではなく，「どのように（how）語るか」，すなわち，親との関係に関する記憶に働きかける中で情緒的反応を引き起こし，その語りの一貫性や整合性などを見るものである。SSPにおける4タイプに相当する4つのタイプがある（表6-2参照）。

　SSPにおける安定型（Bタイプ）はAAIにおける自律型に，回避型（Aタイプ）は拒絶／脱愛着型に，抵抗／アンビバレント型（Cタイプ）はとらわれ型に，無秩序型（Dタイプ）は未解決型と，それぞれ高い一貫性が見られるとされる（Main & Solomon, 1990）。これは単に幼少期の親との関係が，必然的に成人後の親との関係を予測するといったも

表6-2 AAI（アダルト・アタッチメント・インタビュー）によるアタッチ
メントの分類と特徴

拒絶／脱愛着型 （Ds：dismissing）	軽視型ともいう。親を理想化して語ったりするが，それを裏付ける実際の例を挙げることができず，記憶は限定的であり，情緒的な反応が乏しい。
安定－自律型 （F：autonomous）	混乱や矛盾のない一貫した語りを示し，ネガティブな記憶であっても自分なりに意味づけて捉えることができ，内省する能力を示すような語りが見られる。
とらわれ型 （E：preoccupied）	語りは概して長く，詳細な記述に満ちているが，内省は不足している。親とのネガティブな記憶を想起するとその時の感情にとらわれてしまい，強い怒りや混乱を示したりする。
未解決型 （U：unresolved）	語りに一貫性が見られず，虐待やトラウマの経験を語るが理由づけに乏しく，時に奇妙な考えを示す。語りを合理的に理解することが困難であり，未解決の喪失やトラウマが際立つ。

のではない。幼少期の体験そのものが意味を持つわけではなく，それをメンタライズし，体験を内省する能力，すなわち内省的自己機能が発達上の連続性を媒介するものと考えられる。したがって，幼少期に不安定な親との関係を形成していたとしても，他の人間関係の中で親とのポジティブな表象を形成することにより，安定型になる成人が存在することが指摘され，これは「獲得安定型 earned secure」と呼ばれている（Pearson et al., 1994）。

　青年期・成人期のアタッチメントについては，親友や恋愛，配偶関係などにおける対人関係の持ち方を通して，個々人のパーソナリティや自己を捉えるといった観点からタイプ分けがなされている。アタッチメント・スタイル質問紙によってなされたハザンとシェーバー（Hazan & Shaver, 1987）による3タイプ分類（日本版は詫摩・戸田，1988）では，SSPに対応させて，安定型，回避型，アンビバレント型が用いられた。これは後に，内的作業モデルが自己と他者についての表象モデルによって形成されていくことから，自己モデルと他者モデルの二次元に

表6-3　成人アタッチメントの４タイプモデル（Bartholomew & Horowitz,
1991より作表）

		自己のモデル（関係への不安）	
		ポジティブ（低）	ネガティブ（高）
他者のモデル （親密性から の回避）	ポジティブ （低）	安定型（Secure） 自尊心が高く，他者への 基本的な信頼感を持ち， 親密性，自律性も高い。	とらわれ型（Preoccupied） 過度に他者に依存的で自 尊心も低い。その一方， 他者を過大評価し，他者 の承認を求めようとする。
	ネガティブ （高）	拒否型（Dismissing） 他者との関係よりも自己の 独立や自律性を確保するこ とを求める。他者との関係 は重要とは考えない。	恐怖型（Fearful） 自尊心が低く，自己概念 も未熟。他者にも距離を 置き，拒否的。不信感も 強い。

ついて，それぞれ肯定的か否定的かの組み合わせから成る４タイプ分類
が示されることになった（Bartholomew & Horowitz, 1991：表6-3参
照）。自己と他者の双方にポジティブなモデルを持つ安定型（関係への
不安が低く，回避も低い），他者にはポジティブだが自己にはネガティ
ブなとらわれ型，自己にはポジティブだが他者にはネガティブな拒否
型，自己も他者もネガティブで関係への不安も親密性への回避も高い恐
怖型の４タイプである。これらはいずれも，回避と不安といった二次元
構造に集約でき，こうした観点から，成人期以降の病理と対人関係の持
ち方との関連性が検討されている（金政，2005など）。

1-4　親子関係の困難と介入的対応

　親子関係の困難として，虐待は極めて大きな社会的問題である。「被
殴打児症候群（Battered Child Syndrome）」（Kempe et al., 1962）とし
て注目され，1983年にはアメリカで「子どもの心理的虐待に関する国
際会議」が開催され，対応が検討されている。日本でも2000年に「児
童虐待の防止等に関する法律（児童虐待防止法）」が制定されるなどの
中，児童相談所での相談対応件数は，1990年頃は1000件程度であった
のが，2000年には１万7000件，2010年には６万件近くとなり，2015

年には 10 万を超え，その後も増加の一途である。当初は心理的虐待と
ネグレクトが多くを占めていたが，2010 年頃より心理的虐待が増えて
いる。また，性的虐待は数としては少ないが，子どもの心身への深刻度
は極めて大きいものである。また，近年は一見虐待と見えないようであ
りながら，教育熱心さが教育虐待となるケースも指摘されている。

　子どもの心と身体の健全な成長・発達を阻害する養育をすべて含む呼
称として「マルトリートメント」が用いられることもあり，行為そのも
のが不適切であることを問題視している。

　脳画像の研究から，小児期のマルトリートメントが脳への深刻な変化
を与えることが指摘されている（友田・藤澤，2018）。厳格な体罰によ
る前頭前野の萎縮，性的マルトリートメントや両親の家庭内暴力
（DV）の目撃は視覚野の萎縮，暴言マルトリートメントは聴覚野の肥
大などが確認されている。これらは脳が傷つくことから自分を守ろうと
する防衛反応と考えられている。また，虐待はこうした脳への影響を通
して，発達の障害にもなり得る（杉山，2007）。

　虐待が生ずる背景は多様であり，一つの単純な要因のみで説明するこ
とは難しい。しかし，整理すると次のような問題が関与していると考え
ることができる。

①親子を取り巻く周囲の状況：経済的な貧困，ストレスに満ちた日常，
　時間的な余裕のなさ，サポートを得にくい周囲の人間関係，など。

②親側の要因：親の DV（ドメスティックバイオレンス），親自身の被
　虐待体験，精神疾患，ボンディング障害（乳児への情緒的応答性の遅
　延や希薄，および病的な怒り）など。

③子ども側の要因：気質（生理的リズムが不規則，気分的に不機嫌，新
　しい経験や刺激への回避傾向の強さなど，気質の 3 タイプのうちの気
　難しい子〈difficult child〉），発達障害などの見えにくい障害など。

　こうした親子関係の困難を抱える人たちに対しては，親子双方をホー
ルドし，安心できる安全基地の提供が極めて重要と言える。

　愛着関係がうまく形成されない場合，「愛着障害」として何らかの対

応が必要な状態と認識される。ただし，アメリカ精神医学会から出された「DSM-5（精神障害の診断と統計マニュアル第5版）」（2013，日本版は2014）では，心的外傷およびストレス因関連障害群に分類され，9か月以上の年齢で5歳以前からその症状があるものとして，反応性アタッチメント障害と脱抑制型対人交流障害の2つが示されている。前者は，特定の他者を安全基地として安心のよりどころとすることが見られず，情動的な表出も最小限にしか見せないものである。後者は，非抑制的で無差別な愛着を示すもので，初対面の人に対しても馴れ馴れしい行動を見せるものである。一見すると社交性があるように思えるが，特定の重要な他者が成立しておらず，その場限りの自己利益的関係でしかない。これらの障害は，虐待や養育者が頻繁に代わる環境などで育つ中で，愛着の対象が成立していない危険な状態を示すものである。

　愛着対象の突然の喪失（親との死別）や親の病理による子どもの不安定なアタッチメントなども子どもの発達上の諸問題につながる危険はあるが，愛着関係が何らかの形で形成されているケースと，安全基地を持つ経験がなく育っているケースとでは，問題の質が異なると考えられる（Zeanah & Boris, 2000；Zeanah et al., 2000）。

　また，発達障害によって，親との関係がうまく築けないといったケースもあり，これらと愛着障害との見分けは非常に難しい。

　関係形成の困難を持つ子どもたちにどのようにかかわったらよいのだろうか。現段階では，明確な答えはないものの，アタッチメント理論を用いた治療や介入の試みがいくつかなされている。それらの一つは，乳幼児 − 親心理療法（Infant-Parent Psychotherapy）（Lieberman, 1991；Lieberman & Zeanah, 1999）と呼ばれるものである。これは，現在の親と子どもの間の困難と，発達早期の親との関係における情緒的経験の記憶とを往復することにより，現在に過去の未解決の葛藤が混入していることを認識し，理解することに重点を置くものである。

　安定したアタッチメント形成に係る親側の要因に焦点を当てたいくつかの研究からは，治療・介入に際しての示唆が得られるであろう。そうした知見を簡潔にまとめてみよう。

　安定したアタッチメントを形成するのは，親の敏感さ（sensitivity）であるとの指摘もあったが，単に親が子どもの信号に敏感に反応するかどうかではなく，子どもの視点から物事を見ることができるかどうかが重要と考えられた。こうした観点から，子どもの社会情緒的発達に深く関連する親の特性として，次の4つが挙げられている（篠原，2015）。

①内省機能（reflective function；Fonagy et al, 2002など）：自他の行動理解を心的状態に基づいて解釈する能力（メンタライジング能力）

②洞察性（insightfulness；Oppenheim & Koren-Karie, 2002など）：子どもが持つ心的世界に対して，文脈や状況情報も取り入れつつ，親自身とは異なり，情緒的にも多様な側面を持つことを柔軟に受け入れること

③心を気遣う傾向（mind-mindedness；Meins, 1997など）：幼い子どもであっても心を持った一人の人間とみなしてかかわること

④情緒的利用可能性（emotional availability；Mahler et al., 1975；Bretherton, 2000など）：子どもの探索行動を支える支援的で温かい態度をもって，そこに居ること，すなわち子どもにとっていつでも「利用可能」という感覚を持てる状態で在ること

　このような親の特性は，子どもとの関係を良好に保つに当たってのヒントとなるだろう。

2. 社会的ネットワークの広がり

2-1　漸成説（ぜんせい）とソーシャル・ネットワーク理論

　ボウルビィのアタッチメント理論は，母子関係という特定の関係を土台にその後の個人の発達のありようが影響を受ける，という意味で，「漸成説 epigenesis」と呼ばれる。そこでは，子どもは母親という特定の一人の人間との関係（モノトロピー monotropy）が優位で，これがうまく形成されていないと，その後の関係形成もうまくいかない，と考えるものである。後には若干論調が変わってきているところもあるが，基本的には，発達初期の特定の人との愛着関係が，その後の発達におい

て重要な意味を持つと考えるものである。

　これに対して，乳児であっても複数の人との関係を取り結ぶことができ，そうした社会的ネットワークの網の目に支えられて子どもが育っていくとする考え方がある。これは，ソーシャル・ネットワーク理論としてルイス（Lewis, M.）と高橋が整理している（ルイス・高橋，2007）。アタッチメント理論が，親子という非対称的な関係に重きを置くのに対して，互恵的関係(他者と感情や経験を共有する関係)も含む多様な関係が存在し，母親の存在はあくまでも重要な対象の一人であって，他の対象も心理的機能や社会的役割は異なるものの，それらが重層的に存在することによって個々人が支えられ，発達していくものと考えられている。

　ソーシャル・ネットワークの視点から見た3つのモデルを取り上げておこう。

①コンボイ・モデル（Convoy model；Kahn & Antonucci, 1980）

②ソーシャル・ネットワーク・モデル（Social network model；Lewis, 1987）

③愛情の関係モデル（Affective relationships model；高橋，1973；Takahashi, 1990）

　コンボイとは，護衛艦のことである。生涯にわたる愛着関係は，少数で比較的安定し，受動的サポート，自己肯定，直接的援助を通して，的確にサポートの交換を行うように機能すると考える。ソーシャル・ネットワークは階層を成しており，本人を中心に位置づけた三重の同心円の図版を用いて，それぞれの円にどのような対象が入るかによって測定される。成人や児童についてのデータが得られており，コンボイの変化は個人や状況の要因の入り混じった複雑な共行動の結果であることが示されている。たとえば，児童を対象とした研究では，最も内側の円には母親が含まれることが最も多かったが，父親，きょうだい，祖父母，他の家族，友達などを挙げる者も見られ，適応の状態は，コンボイの内側の人数ではなく，多様性とかかわることが示された（Franco & Levitt, 1998，など）。

　ソーシャル・ネットワーク・モデルでは，異なる人間（母，父，仲間
など）が異なる社会的要求や機能（保護，育児，養育，遊び，探索／学
習，親和など）を充足させるマトリックスとして図式化できると考える
ものである。対象と機能が結びついて，後の社会‐情動的機能の異なる
側面に影響する同時的で多様な人間関係の中で人は発達すると考える。
ここでは，母子関係と同様に，あるいはそれ以上に仲間との関係が重要
であると考え，両者の影響の相違に着目する。

　こうしたソーシャル・ネットワークの捉え方をより発展させ，整備し
たのが愛情の関係モデルである。愛情の関係とは「重要な他者と情動的
な交渉をしたいという要求を充足させる人間関係」と定義され，情動的
支えを求める要求，情動や経験を共有したいという要求，他者を養護し
たいという要求，の３つの要求が含まれるとされる。愛情の関係を測定
するために，中学生から高齢者までを対象とした自己報告式の質問票で
ある「愛情の関係尺度（Affective Relationships Scale：ARS）」が作ら
れている。また，他者とのさまざまな交渉場面を図版にした絵画愛情関
係テスト（Picture Affective Relationship Test：PART）により，質問
紙による回答が困難な対象（幼児，小学生，超高齢者）にも適用するこ
とで，生涯にわたる関係を捉えることが可能となっている。

　ソーシャル・ネットワーク理論は，アタッチメント理論とソーシャ
ル・サポート研究を結びつけたものとも言える。ここでは，個人の人間
関係の枠組みを次のように捉えている。すなわち人間関係の枠組みに
は，複数の重要な対象が含まれていること，階層構造を成していること，個人差があること，変容する可能性を持つこと，である。

🔋 研究課題

1．養育者との分離場面で示す子どもの行動を観察してみよう。どの年齢でどのような反応が出てくるのか，反応の指標としての表情，発声，行動全体の様子を丁寧に見てみよう。

2．虐待事例の報告を読み，どのような要因がかかわっているのか，検討してみよう。介入できたとしたら，どの段階でどのようなことがあり得たのか，考えてみよう。

3．親子を支援する社会的ネットワークとして機能するものは何か，さまざまな観点から考えてみよう。

参考文献

ボウルビィ，J．（作田勉監訳）（1981）．ボウルビィ母子関係入門　星和書店

数井みゆき・遠藤利彦（編著）（2005）．アタッチメント―生涯にわたる絆―　ミネルヴァ書房

北川恵・工藤晋平（編著）（2017）．アタッチメントに基づく評価と支援　誠信書房

ルイス，M．・高橋惠子（編）高橋惠子（監訳）（2007）．愛着からソーシャル・ネットワークへ―発達心理学の新展開―　新曜社

Music, G. (2011). *Nurturing natures; Attachment and children's emotional, sociocultural and brain development.* Psychology Press.（鵜飼奈津子（監訳）（2016）．子どものこころの発達を支えるもの　誠信書房）

荻野美佐子（1992）．親子・社会的関係の発達　高橋道子（編）　新・児童心理学講座　第2巻　胎児・乳児期の発達（pp.213-269）　金子書房

引用文献

Ainsworth, M. D., Blehar, M., Waters, E., & Wall, S. (1978). *Patterns of attachment: A psychological study of the Strange Situation.* Hillsdale, NJ: Lawrence Erlbaum. (2015 Psychology Press より再版)

American Psychiatric Association (2013). *Diagnostic and Statistical Manual of Mental Disorders, Fifth Edition (DSM-5).* (日本精神神経学会 (監) (2014). 日本版 DSM-5 精神疾患の診断・統計マニュアル 医学書院)

Bartholomew, K. & Horowitz, L. (1991). Attachment styles among young adults: A test of a four category model. *Journal of Personality and Social Psychology, 61,* 226-244.

Bretherton, I. (2000). Emotional availability: An attachment perspective. *Attachment & Human Development, 2,* 233-241.

Bowlby, J. (1951). *Maternal care and mental health.* Geneva: WHO.

Bowlby, J. (1969/1982). *Attachment and loss, vol.1: Attachment.* New York: Basic Books. (黒田実郎・大羽蓁・岡田洋子・黒田聖一 (訳) (1991). 新版 母子関係の理論Ⅰ:愛着行動 岩崎学術出版社)

Bowlby, J. (1973). *Attachment and loss, vol.2: Separation.* New York: Basic Books. (黒田実郎・岡田洋子・吉田恒子 (訳) (1991). 新版 母子関係の理論Ⅱ:分離不安 岩崎学術出版社)

Bowlby, J. (1980). *Attachment and loss, vol.3: Loss.* New York: Basic Books. (黒田実郎・吉田恒子・横浜恵三子 (訳) (1991). 新版 母子関係の理論Ⅲ:対象喪失 岩崎学術出版社)

遠藤利彦 (2007). アタッチメント理論とその実証研究を俯瞰する 数井みゆき・遠藤利彦 (編著) アタッチメントと臨床領域 (pp. 1-58) ミネルヴァ書房

Fonagy, P., Gergely, G., Jurist, E., & Target, M. (2002). *Affect regulation, mentalization, and the development of the self.* Other Press.

Franco, N. & Levitt, M. J. (1998). The social ecology of middle childhood: Family support, friendship quality, and self-esteem. *Family Relations, 47,* 315-321.

Harlow, H. F. (1958). The nature of love. *American Psychologist, 13,* 673-685.

Hazan, C. & Shaver, P. R. (1987). Romantic love conceptualized as an attachment process. *Journal of Personality and Social Psychology, 52,* 511-524.

Kahn, R. L. & Antonucci, T. C. (1980). Convoys over the life course: Attachment, roles, and social support. In P. B. Baltes, & O. G. Brim (Eds.), *Life-span development and behavior, vol.3* (pp.253-286). CA: San Diego Academic Press.

（遠藤利彦・河合千恵子（訳）（1993）．生涯にわたる「コンボイ」―愛着・役
割・社会的支え― 東 洋・柏木惠子・高橋惠子（編・監訳）生涯発達の心理
学・第2巻　気質・自己・パーソナリティ（pp.33-70）　新曜社

金政祐司（2005）．愛されることは愛することよりも重要か？―愛すること，愛さ
れることへの欲求と精神的健康，青年期の愛着スタイルとの関連―　対人社会
心理学研究，5, 31-38.

Kempe, C. H., Silverman, F. N., Steele, B. F., Droegemueller, W., & Silver, H. K.
(1962). The battered child syndrome. *Journal of the American Medical
Association, 181,* 17-24.

久保田まり（1995）．アタッチメントの研究―内的ワーキング・モデルの形成と発
達― 川島書店

Lewis, M. (1987). Social development in infancy and early childhood. In J. Osofsky
(Ed.) *Handbook of Infanct Development.* 2nd ed. (pp.419-493). New York:
Wiley.

ルイス，M.・高橋惠子（編）高橋惠子（監訳）（2007）．愛着からソーシャル・ネ
ットワークへ―発達心理学の新展開― 新曜社

Lieberman, A. F. (1991). Attachment theory and infant-parent psychotherapy:
Some conceptual, clinical and research considerations. In D. Cicchetti & S.
Toth(Eds.) *Rochester symposium on developmental psychopathology, vol.3:
Models and integrations* (pp.261-287), NJ: Earlbaum.

Lieberman, A, F. & Zeanah,C.H. (1999). Contributions of attachment theory to
infant-parent psychotherapy and other interventions with infants and young
children. In J. Cassidy & P. R. Shaver (Eds.) *Handbook of attachment: Theory,
research, and clinical applications* (pp.555-574). New York: Guilford Press.

Lorenz, K. (1952). *King Solomon's ring.* New York: Crowell. （日高敏隆（訳）
(1987). ソロモンの指環―動物行動学入門― 改訂版　早川書房）

Mahler, M. S., Pine, F., & Bergman, A. (1975). *The psychological birth of the
human infant.* New York: Basic Books. （高橋雅士・織田正美・浜畑紀（訳）
(1981). 乳幼児の心理的誕生―母子共生と個体化― 黎明書房　＊2000年に
25周年記念版が出されている）

Main, M. & Goldwyn, R. (1984). *Adult attachment scoring and classification system.*
Unpublished manuscript. University of California, Berkeley.

Main, M. & Solomon, J. (1990). Procedures for identifying infants as disorganized/
disoriented during the Ainsworth Strange Situation. In M. T. Greenberg, D.
Cicchetti, & E. M. Cummings (Eds.) *Attachment in the preschool years*

(pp.121-160). Chicago: University of Chicago Press.

Meins, E. (1997). *Security of attachment and the social development of cognition.* East Sussex, UK: Psychology Press.

Oppenheim, D. & Koren-Karie, N. (2002). Mothers' insightfulness regarding their children's internal world: The capacity underlying secure child-mother relationships. *Infant Mental Health Journal, 23,* 593-605.

Pearson, J. L., Cohn, D. A., Cowan, P. A., & Cowan, C. P. (1994). Earned-and continuous-security in adult attachment: Relation to depressive symptomatology and parenting style. *Development and Psychopathology, 6,* 359-373.

篠原郁子 (2015). Sensitivity の派生概念と子どもの社会的発達―アタッチメント研究からの展望― 心理学評論, *58,* 506-529.

杉山登志郎 (2007). 子ども虐待という第四の発達障害 学研プラス

高橋惠子 (1973). 女子青年における依存の発達 児童心理学の進歩, *12,* 255-275.

Takahashi, K. (1990). Affective relationships and their lifelong development., In P. B. Baltes, D. L. Featherman, & R. M. Lernaer (Eds.) *Life-span Development and Behavior, vol.10* (pp.1-27). Hillsdale, NJ: Ealbaum.

詫摩武俊・戸田弘二 (1988). 愛着理論からみた青年の対人態度―成人版愛着スタイル尺度作成の試み― 東京都立大学人文学報, *196,* 1-16.

Thomas, A., Chess, S., & Birch, H. G. (1968). *Temperament and behavior disorders in children.* New York University Press.

Thomas, A., Chess, S., & Birch, H. G. (1970). The origin of personality. *Scientific American, 223,* 102-109.

友田明美・藤澤玲子 (2018). 虐待が脳を変える―脳科学者からのメッセージ― 新曜社

Zeanah, C. H. & Boris, N. W. (2000). Disturbances and disorders of attachment in early childhool, In C. H. Zeanah (Ed.) *Handbook of infant mental health.* 2nd ed. (pp.353-368). New York: Guilford Press.

Zeanah, C. H., Boris, N. W., & Lieberman, A. F. (2000). Attachment disorders of infancy. In A. J. Sameroff, M. Lewis, & S. M. Miller (Eds.) *Handbook of developmental psychopathology.* 2nd ed. (pp.293-307). New York: Kluwer Academic/ Plenum Publishers.

7 │ 自己の生涯発達

│ 平林秀美

《**学習目標**》　人が自分自身の存在をどのように捉えて理解していくのかを，生涯発達の観点から見ていく。時間の中で自己を位置づけ，他者との関係の中で自分を捉えつつ，自己のアイデンティティをどのように形成していくのかについて考える。また，自尊心および自己制御の発達についても見ていく。
《**キーワード**》　自己意識，時間的拡張自己，自己理解，自尊心（自尊感情），自己の価値づけ，アイデンティティ，自己制御

1. 自己意識の発達

1-1　自己の諸側面
　自己には，「主我（I）」と「客我（Me）」の2つの側面があると考えられている（James, 1892）。主我（I）は，行動や思考の主体としての自己である。客我（Me）は，自分の行動や思考を客観的に捉える時の対象（客体）としての自己である。
　また，自己には「生態学的自己（ecological self）」「対人的自己（interpersonal self）」「概念的自己（conceptual self）」「時間的拡張自己（temporally extended self）」「私的自己（private self）」があり，子どもの発達に伴って現れる（Neisser, 1995）。乳児期の初期には，生態学的自己と対人的自己が現れる。生態学的自己は，物理的環境の中で行動する際に視覚や聴覚などからの情報によって知覚される自己のことである。対人的自己は，人との感情的な交流（音声，アイコンタクト，身体接触）やコミュニケーションによって特定される自己のことである。1歳以降に概念的自己が現れる。概念的自己（自己概念）は，自分自身の性質についての言語的情報に基づいた，個人の心的表象のことである。

概念的自己を持つようになった後，3歳までに時間的拡張自己が現れる。時間的拡張自己は，過去・現在・未来の時間軸上の自己のことであり，エピソード記憶や人の時間を超えた連続性の理解や個人のライフストーリーによって形成される。時間的拡張自己を持つようになった後，自分の意識経験（思考，夢，経験の解釈）は自分だけのもので，他者はアクセスしないことに気づき，私的自己が現れる。

1-2　自己の知覚
●自己知覚の始まり

　乳児は早くから，自己と環境とを混同することなく，他と区別される自己の感覚を持っている。たとえば，自分の手で自分の顔を触った時，触る感覚と触られる感覚という二重感覚が自分の中で同時に起こる。ところが，自分以外のものに触れた時には触る感覚のみが起こり，二重感覚は生じない。この二重感覚を通して，乳児は自己と他のものを区別している（Rochat, 2001）。これが身体的自己（physical self）の芽生えである。

●発動主体としての自己

　生後4〜5か月頃には，ハンド・リガード（自分の手を目の前にかざし，手を動かしてさまざまに変化させながら見つめる）が生じる。「この手は自分のものである」と感じ，さらには「この手を動かしているのは自分である」と感じることによって，行動全般をつかさどる発動主体としての自己（self as agent）の感覚を持つようになる。

　生後6か月頃までには，物と人との違いを認識し，人とのやりとりを通して，相手から応答を得るために働きかける自己，相手から求められて応答する自己という感覚が形成される。他者との関係の中で，他者の行動に影響を及ぼしうる発動主体としての自己の感覚が成立する。

●客体としての自己

　発動主体としての自己の感覚よりも後に，客体としての自己が現れる。客体としての自己は，自己を対象化して認識することであり，自己理解，自己概念ともいう。客体としての自己の知覚には，生後9か月頃

の共同注意（他者の視線や指さした先を見て，子どもと他者が同じもの
に注目すること）や，1歳頃の言葉の出現が関連している。

　また，1歳2か月頃から2歳頃にかけて，自分の名前を呼ばれたら返
事ができるようになり，自分の持ち物と他者の持ち物を区別できるよう
になる（植村，1979）。自己と他者の区別が進むことによって，客体と
しての自己の理解も深まる。

● **鏡映像の自己認知**

　1歳6か月頃から2歳頃にかけて，鏡映像の自己認知ができるように
なる。生後9か月から24か月の子どもの鼻に口紅で印を付けた後に，
鏡を見せた（Lewis & Brooks-Gunn, 1979；マークテスト，ルージュテ
スト）。赤くなった鼻を触れば，鏡に映っているのは自分だとわかって
いることになる。鏡に映っているのが自分だとわかっていない子ども
は，自分の鼻を触らず，鏡に映っているのが別の子どもだと思い，笑い
かけたり，鏡の中の他の子どもの鼻を触ったりする。生後15か月から
24か月の子どもは自己認識し，自分の赤い鼻を触った。

● **時間的拡張自己**

　子どもは，過去・現在・未来の時間の流れの中で，自己を認識できる
ようになる。同一の出来事に複数の時間的視点（過去・現在・未来）が
あることを子どもが理解することで，時間的な広がりをもった自己を表
象できるようになる（木下，2008）。この時間的拡張自己の出現は，自
己の連続性として研究されている。2歳から4歳の子どもがゲームで遊
んでいるところをビデオで録画し，研究者が子どもの頭にステッカーを
置く。録画されたビデオを3分後に子どもに見せると，4歳の子どもは
ステッカーを取り除くことができた。つまり，4歳頃から子どもは自己
の連続性を認識することが明らかになった（Povinelli et al., 1996；10
章参照）。

1-3　自己理解の発達

　幼児期後期になると，子どもは自分のことをどのように理解している
のかを言葉で話すことができるようになる。デーモン（Damon, W.）と

客体としての自己

発達段階	全体の組織化原理	身体的自己	活動的自己	社会的自己	心理的自己
4. 青年期後期	体系的信念と計画	意志に基づく選択あるいは個人的基準・道徳的基準を反映する身体的特性	選択、あるいは個人的基準あるいは道徳的基準のいずれかを反映する活動的特性	社会的関係あるいは社会的・パーソナリティ特性のいずれかに関する道徳的特性あるいは個人的選択	信念体系、個人の哲学、自分自身の思考過程
3. 青年期前期	対人的意味づけ	社会的魅力や社会的相互交渉に影響する身体的特性	社会的魅力や社会的相互交渉に影響する活動的特性	社会的・パーソナリティ特性	社会的感受性やコミュニケーション能力、およびその他の心理的に関連する社会的スキル
2. 児童期中期と後期	比較による査定	身体的特性に関係する能力	他者、自己、規範的基準のいずれかに関連する能力	他者の反応という視点から見た能力あるいは活動	知識、認知能力あるいは能力に関連する活動
1. 幼児期と児童期前期	カテゴリーによる同定	身体的特性あるいは所有物	典型的な行動	特定の社会的関係あるいは集団のいずれかの成員であるという事実	一時的な気分、感情、好みや嫌悪

主体としての自己

発達段階	連続性（過去と現在と未来の自己の関係）	個別性（主観的経験と出来事の解釈）	主体性（個人的・道徳的評価が自己に影響する）
4. 青年期後期	他者による自己の認識	心理的特性と身体的特性の眼目を結びつける	コミュニケーション的な相互関係と交渉が自己に影響する
3. 青年期前期	継続的な認知的特性	個々の次元での自己と他者の比較	努力や願望能力が自己に影響する
2. 児童期中期と後期	永続的な活動的能力の自己特性	カテゴリーによる同定	外的でコントロールできない要因が自己を規定する
1. 幼児期と児童期前期	カテゴリーによる同定		

図7-1　自己理解の発達モデル （Damon & Hart, 1988, p.56）

ハート（Hart, D.）は，子どもに「あなたはどんな人ですか」などのインタビューを行い，自己理解の発達について調べた。自己には，客体としての自己と主体としての自己の 2 つがあり，客体としての自己には身体的自己，活動的自己，社会的自己，心理的自己の 4 つの側面がある。主体としての自己には，連続性，独自性，主体性の 3 つの側面がある（Damon & Hart, 1988；図 7 - 1，10 章参照）。

　幼児期から児童期前期の子どもの自己理解は，カテゴリーによって自己を同定する段階であり，自己の行動・能力・感情・持ち物・好みなど他者からでも見える具体的な記述が中心である。自己を，単純にばらばらな特徴の集合体として理解している。児童期中期から後期の子どもの自己理解は，比較によって自己を評価する段階であり，他者や標準的な基準と比べることによって自己を理解する。「○○ちゃんよりも，背が高い」などである。青年期前期の自己理解は，対人的意味づけの段階であり，他者との相互交渉のあり方を特徴づけるものとして，自己を理解する。社会的魅力や社会的相互交渉に影響を及ぼす属性や社会的スキルに関する記述が中心である。青年期後期の自己理解は，体系的な信念と計画の段階であり，個人の信念・価値観・基準を反映した属性が内化され，人生の計画や目標に基づいて，自己の体系的な概念化がなされる（Damon & Hart, 1988：10 章参照）。

2.　自尊心，自己の価値づけの発達

2 - 1　自尊心の発達

　自尊心（self-esteem，自尊感情）とは，自己に対する肯定的態度のことである（Rosenberg, 1965）。自分自身に対する全体的評価の肯定性や，自分自身をよい人間，価値のある存在だと感じることである。

　9 歳から 90 歳の人を対象にインターネットで調査を行い，年齢別の自尊心の平均値を示したものが，図 7 - 2 である（Robins et al., 2002）。児童期の自尊心は高いが青年期に下がり，その後成人期には徐々に上がっていくものの，60 歳台をピークに再び下がる。

　幼児の自尊心は比較的高いが，徐々に低くなっていく。子どもの自尊

124

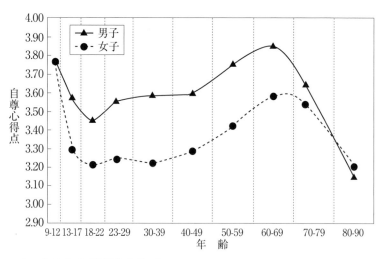

図7-2　自尊心の発達的変化（Robins et al., 2002；Robins & Trzesniewski, 2005 を一部改変して引用）

心が高い理由は，自己の見方が非現実的にポジティブなためであると考えられる。子どもの認知発達に伴い，外的フィードバックや社会的比較に基づく自己評価をし始め，学力・社会的スキル・魅力などの個人特性について，よりバランスのとれた正確な評価をするようになる（Robins & Trzesniewski, 2005）。

　青年期の自尊心については，青年期の間，自尊心は下がり続ける。青年期は，ボディイメージが下がり，思春期に関連する他の問題によって，自己や自分の未来について抽象的に考える力が出てくる。より学業的に難しく社会的に複雑な文脈の中学への移行期に，機会を逃したり期待を裏切ったりしたことに気づいて，自尊心が下がる（Robins & Trzesniewski, 2005）。

　成人期の自尊心は徐々に上がり，60歳台後半がピークである。成人期は，個人の職業的地位が増し，自己価値感情が促進されるためと考えられる。老年期の自尊心に関する研究はほとんどないが，70歳頃から下がり始める。これは，役割の変化（引退など）や関係の変化（配偶者の喪失など）や身体的機能の変化（健康問題など）や社会経済的地位の

変化などを含む，劇的な変化によるものだと考えられる（Robins & Trzesniewski, 2005）。

　自尊心のジェンダーによる違いについては，自尊心の変化の仕方は同じであるが，自尊心の高さに違いが見られる。児童期の自尊心のレベルは男女に違いはないが，青年期にジェンダーギャップが生じ，青年期の男子は女子よりも高い自尊心を持つ。このジェンダーギャップは成人期も続くが，老年期になると，ギャップは小さくなるか，あるいはなくなる（Robins & Trzesniewski, 2005）。

　日本では，児童期・青年期の自尊心が海外と比べて低いことや，自尊心が年々低下していることが示唆されている（古荘，2009；西條，2013）。小塩ら（2014）は，1980年から2013年までに日本のジャーナルに掲載され，ローゼンバーグの自尊感情尺度（10項目で構成され，全体的な自己に対する評価を測定）を用いた論文をメタ分析し，日本人の自尊心の平均値への，年齢段階や調査年による影響を検討した。年齢段階別の分析結果から，大学生に比べて成人や高齢者は自尊心の平均が高い傾向にあり，中高生は低い傾向にあることが明らかになった。また，調査年の分析結果から，大学生では調査年に応じて曲線的に自尊心の平均値が低下する傾向にあり，中高生や成人では最近の調査年になるほど，自尊心の平均値が直線的に低下する傾向にあることがわかった。

2-2　自己の価値づけ

　ザゾ（Zazzo, R.）は，児童期（6歳，8歳，10歳，12歳）の子どもが自分自身の発達をどのように意識して価値づけているのかについて，発達の力動過程検査を用いて検討した（ザゾ，1969, 1974）。この検査では，子ども自身の発達についてどのように表象し評価しているのかを調べるものである。検査のうちのひとつでは，「もしも選べるのならば，あなたは 赤ちゃん・おとな・自分のいまの年齢（例：10歳）のどれが一番よいと思うか」という質問があり，その理由も尋ねる。また，選択されなかった時期については，それを受容するか，あるいは拒否するか，その理由についても尋ねる。たとえば，「おとな」を選択した場

合，「赤ちゃんになりたいか，それともなりたくないか」「自分のいまの年齢（例：10歳）に満足しているか，それともしてないか」について質問し，その理由も尋ねる。子どもの回答を，選択（一番なりたい年齢として回答したもの），受容（「なりたい」あるいは「満足している」年齢と回答したもの），拒否（「なりたくない」あるいは「満足していない」年齢と回答したもの）に分類した。「おとな」の選択は年齢とともに減少し（48％→24％へ），「自分のいまの年齢」の選択は増加する（47％→73％へ）ことがわかった。なお，「赤ん坊」の選択は，どの年齢でもわずかであった。

　ザゾは，年齢に伴う自己の価値づけの発達を，次の3段階とした（ザゾ，1969，1974）。第1段階は，自分より下の年齢の者（赤ん坊）と比較した自己肯定の段階である。身体的成長や学校での進歩などを理由に，成長が重要な価値を持つ。第2段階は，自分より上の年齢の者（おとな）と比較した自己肯定の段階である。おとなの仕事に対して，子どもの余暇や遊びが重要な価値を持つ。第3段階は，自分より上の年齢の者（おとな）と自分より下の年齢の者（赤ん坊）を同時に比較して，今の自分の年齢を価値づける段階である。精神的特性（下の年齢との対比）や自由への恐れ（おとなとの対比）の考慮が多くなり，精神的自律が重要な価値を持つ。

　自己の価値づけには，社会・文化による違いが見られる。都筑（1981）は，日本の児童を対象に，ザゾ（1969，1974）と同様の調査を行った。「選択」については，ザゾの結果と異なり，学年が上がるにつれて「赤ん坊」の選択が増え，「自分のいまの年齢」が減ることが明らかになった。「おとな」の選択は，小学1年生から3年生にかけて増加し，4年生から6年生にかけて減り，ザゾの研究と一貫する結果であった。児童が「赤ん坊」を選択した理由は，赤ん坊が持っている自由（例：自由にふるまえる），自分自身の現実生活への消極的な態度（例：勉強しなくてよい），年をとる恐れから逃れる，初めから人生をやり直せる，であった。また，児童が「自分のいまの年齢」を拒否した理由は，学校・勉強に関すること，現実にいやな体験がある，周囲から行動

を規制され自由でない，が多かった。

3. アイデンティティの発達

3-1　アイデンティティ

　青年期は，アイデンティティ（自我同一性）を模索し確立しようとする時期である。アイデンティティは，人生を生きる主体としての自己を確立するという点において，大変重要な意味を持っている。

　アイデンティティは，「自分は何者であるか」という自己定義であり，「自分は社会の中でこう生きているのだ」という実感や存在意識である。いままでの自分の姿を客観的に見つめ直し，これから生きていこうとする自分の姿を再構成し，他者や社会にとっても意味があり認められる自分を確立しようとするものである。アイデンティティを持っているという意識的な感覚は，時間 — 空間の中で自分自身の存在の自己斉一性と連続性の知覚と，他者が自分の斉一性と連続性を認めているという知覚の2つに基づいている。（Erikson, 1950, 1968：12章参照）。

3-2　アイデンティティ・ステータス

　アイデンティティ・ステータス（自我同一性地位）は，単にアイデンティティを達成したか否かに二分するのではなく，危機（自分なりの目標や信念のあり方について，悩んだり可能性を吟味したか）と傾倒（積極的関与（コミットメント）：自分なりの目標や信念があり，積極的に関与したか）の有無を考慮して，分類したものである（Marcia, 1966；12章参照）。

　アイデンティティ・ステータスは，①アイデンティティ達成，②モラトリアム，③早期完了（フォークロージャー），④アイデンティティ拡散，の4つである（Marcia, 1966：12章参照）。①のアイデンティティ達成は，危機を経験し，積極的関与をしており，いくつかの可能性について考えた結果，解決に達し，それに基づいて行動している状態である。②モラトリアムは，危機の最中であり，積極的関与をしようとしており，いくつかの選択肢について迷っているところで，その不確かさを

克服しようと一生懸命努力している状態である。③早期完了（フォーク
ロージャー）は，危機を経験しておらず，積極的関与をしており，自分
の目標と養育者の目標の間にずれがなく，どのような体験も幼児期以来
の信念を補強するだけになっている状態である。④アイデンティティ拡
散は，積極的関与をしていない点は共通であるが，危機を経験していな
い場合（危機前：何者かである自分を想像することが不可能）と，危機
を経験した場合（危機後：すべてのことが可能なままにしておかなけれ
ばならない）がある。

　アイデンティティ・ステータスは，アイデンティティ達成の状態であ
っても，アイデンティティの再吟味などの模索が再び起こり，成人期に
再体制化されることもある（岡本，1985）。また，アイデンティティの
形成は，職業・ジェンダー・政治などのアイデンティティの領域別に進
むという考えもある（Archer, 1989）。

　近年，アイデンティティ形成のプロセスについての研究も行われてい
る。たとえば，アイデンティティ形成のプロセスを，環境との相互作用
の中で，コミットメントを絶えず見直していくものと捉えており，コミ
ットメントとその深い探求，コミットメントの再考を繰り返しながら進
んでいくと考える研究もある（Crocetti et al., 2008；畑野・杉村，
2014；中間他，2014）。

4. 自己制御の発達

　子どもの自己制御（行動制御）について見ていく（10 章 自己制御
参照）。ミッシェルら（Mischel et al., 1989）は，子どもが今すぐの満足
を遅延し，のちの結果のために目標志向的な行動をとることができるか
どうかを調べた。ミッシェルらのマシュマロテストでは，子どもの前に
マシュマロ1つとベルを置き，研究者が部屋に戻って来るまで待つこと
ができればマシュマロをもう1つもらえ（合計2つもらえ），待てなく
なったらベルを押して研究者を呼んでもよい（その場合，マシュマロは
1つしかもらえない）ことを伝え，研究者は15分ほど部屋を留守にす
る。研究の結果から，研究者を待つ間に「楽しいこと」を考えるように

言われると，長く待つことができた。しかし，報酬（マシュマロ）のことを考えるように言われると，短時間しか待つことができなかった。考えることについて何も言われなかった場合は，報酬（マシュマロ）が見えると短時間しか待てなかったが，報酬が隠れている場合は長く待つことができた。また，研究者が部屋を出る前に，報酬（マシュマロ）に焦点を当てた言葉（例：「このマシュマロは甘くておいしいです。どんなにおいしいか想像してね」）を言った場合と，抽象的な言葉（例：「マシュマロは丸くて白くて，ふわふわしていて，白い雲みたいだね。マシュマロを見たら，雲のことを思い出してね」）を言った場合では，抽象的な言葉を言われた子どもは長く待つことができた。

　研究者が何も言わなかった場合でも，マシュマロテストに参加した子どもが報酬を食べずに待てるかどうかには，個人差があった。幼児期に報酬を待つことができた子どもとできなかった子どもの青年期の発達に違いがあるかどうかを縦断的に研究した（Shoda et al., 1990）。その結果，幼児期に報酬を待つことができた子どもは，青年期の学力テストの得点が高く，フラストレーションやストレスに対する問題対処力が高かった。

　ミッシェルらを追試した研究（Watts et al., 2018）では，家族の背景（経済状態，学歴）や幼児期の認知能力や家庭環境の要因を考慮して分析した。その結果，幼児期（4歳）にマシュマロテストで待てるかどうかの，青年期（15歳）の学力や問題行動への影響は，非常に小さくなった。このことから，幼児期の自己の行動制御だけではなく，他の要因も青年期の学力や問題行動へ影響することが示された。

🔖 研究課題 ───────────────────────────

1. これまでの人生で体験してきた出来事を思い出し，その出来事の中
   で，現在のあなたの自己の形成にポジティブな影響を及ぼしたもの
   を考えてみよう。

2. 自尊心（自尊感情）を測定する方法について，文献で調べてみよう。

3. 日本で実施されたアイデンティティ形成のプロセスに関する研究を
   調べてみよう。

参考文献 ▮

中間玲子（編著）（2016）．自尊感情の心理学―理解を深める「取扱説明書」― 金
　子書房
佐久間路子（2006）．幼児期から青年期にかけての関係的自己の発達　風間書房
都筑学（編）（2006）．思春期の自己形成　ゆまに書房

引用文献 ▮

Archer, S. L. (1989). Gender differences in identity development: issues of process,
　domain and timing. *Journal of Adolescence, 12*, 117-138.
Crocetti, E., Rubini, M., & Meeus, W. (2008). Capturing the dynamics of identity
　formation in various ethnic groups: Development and validation of a three-
　dimensional model. *Journal of Adolescence, 31*, 207-222.
Damon, W. & Hart, D. (1988). *Self-understanding in childhood and adolescence.*
　New York: Cambridge University Press.
Erikson, E. H. (1950). *Childhood and society.* W. W. Norton.（仁科弥生（訳）
　（1977/1980）．幼児期と社会 1・2　みすず書房）
Erikson, E. H. (1968). *Identity: Youth and crisis.* W. W. Norton.（中島由恵（訳）

（2017）．アイデンティティ―青年と危機―　新曜社）

古荘 純一（2009）．日本の子どもの自尊感情はなぜ低いのか―児童精神科医の現場報告―　光文社新書

畑野快・杉村和美（2014）．日本人大学生における日本版アイデンティティ・コミットメント・マネジメント尺度（Japanese version of the Utrecht-Management of Identity Commitment Scale; U-MICSJ）の因子構造，信頼性，併存的妥当性の検討　青年心理学研究，*25*, 125-136.

ジェームズ，W.（今田寛訳）（1992）．心理学（上）　岩波書店（James, W.（1892）．*Psychology, briefer course*. Harvard University Press.）

木下孝司（2008）．乳幼児期における自己と「心の理解」の発達　ナカニシヤ出版

Lewis, M. & Brooks-Gunn, J.（1979）．*Social cognition and the acquisition of self*. New York: Plenum Press.

Marcia, J. E.（1966）．Development and validation of ego-identity status. *Journal of Personality and Social Psychology*, *3*, 551-558.

Mischel, W., Shoda, Y., & Rodriguez, M. L.（1989）．Delay of gratification in children. *Science*, *244*（4907），933-938.

中間玲子・杉村和美・畑野快・溝上慎一・都筑学（2014）．多次元アイデンティティ発達尺度（DIDS）によるアイデンティティ発達の検討と類型化の試み　心理学研究，*85*, 549-559.

Neisser, U.（1995）．Criteria for an ecological self. In P. Rochat（Ed.），*Advances in psychology, 112. The self in infancy: Theory and Research*（pp.17-34）．Elsevier Science.

岡本祐子（1985）．中年期の自我同一性に関する研究　教育心理学研究，*33*, 295-306.

小塩真司・岡田涼・茂垣まどか・並川努・脇田貴文（2014）．自尊感情平均値に及ぼす年齢と調査年の影響―Rosenbergの自尊感情尺度日本語版のメタ分析―　教育心理学研究，*62*, 273-282.

Povinelli, D. J., Landau, K. R., & Perilloux, H. K.（1996）．Self-recognition in young children using delayed versus live feedback: Evidence of a developmental asynchrony. *Child Development*, *67*, 1540-1554.

Robins, R. W., Trzesniewski, K. H., Tracy, J. L., Gosling, S. D., & Potter, J.（2002）．Global self-esteem across the life span. *Psychology and Aging. 17*, 423-434.

Robins, R. & Trzesniewski, K.（2005）．Self-esteem development across the lifespan. *Current Directions in Psychological Science. 14*, 158-162.

Rochat, P.（2001）．*The infant's world*. Harvard University Press.（板倉昭二・関一

夫（監訳）(2004). 乳児の世界　ミネルヴァ書房）

Rosenberg, M. (1965). *Society and the adolescent self-image*. Princeton University Press.

西條正人 (2013). 振り返り活動を通して生徒の自尊感情の高揚を目指す特別活動の取組―「自己受容」「ふれあい・承認」の視点を導入した実践から―　教育実践研究, *23*, 235-240.

Shoda, Y., Mischel, W., Peake, P. K. (1990). Predicting adolescent cognitive and self-regulatory competencies from preschool delay of gratification: Identifying diagnostic conditions. *Developmental Psychology, 26*, 978-986.

都筑学 (1981). 発達の力動過程検査を用いた児童の自己意識の分析　教育心理学研究, *29*, 245-251.

植村美民 (1979). 乳幼児期におけるエゴ（ego）の発達について　心理学評論, *22*, 28-44.

Watts, T. W., Duncan, G. J., & Quan, H. (2018) Revisiting the marshmallow test: A conceptual replication investigating links between early delay of gratification and later outcomes. *Psychological Science, 29*, 1159-1177.

ザゾ, B.（久保田正人・塚野州一訳）(1974). 発展の力動過程　ザゾ・R（編）学童の生長と発達（pp. 210-252）　明治図書（Zazzo, B. (1969). Le dynamisme évolutif chez l'enfant. In R. Zazzo (ed.) *Des garçons de 6 à 12 ans*. Paris: Presse Universitaire de France.）

8 | 社会性の生涯発達

平林秀美

《**学習目標**》 人とのかかわりの中で，他者へのポジティブな感情，ネガティブな感情を抱き，他者との関係を調整することが必要になる。仲間関係の発達と，人との葛藤や対人関係のつまずきについて学ぶ。また，社会性の発達として，共感性や愛他行動の発達と，道徳性の発達について見ていく。社会および他者との関係を調整するためのルールの基盤となる善悪の判断の発達や，道徳からの逸脱行動についても学ぶ。
《**キーワード**》 仲間関係，社会的引きこもり，共感性，愛他行動，ソーシャルサポート，道徳判断，正義の道徳，ケアの道徳，社会的ルール，公正概念，反社会的行動

1. 仲間関係の発達とつまずき

　仲間との関係は，いつ頃からどのように発達するのだろうか。また，仲間との葛藤が生じ，仲間から離れるのはどうしてだろうか。この節では，仲間関係の発達と仲間との葛藤，および社会的引きこもりについて見ていく。

1-1 仲間関係の発達

　仲間関係（peer relations）は，乳児期の社会的相互作用から始まる。他児を注視し，発声・微笑・手伸ばしを組み合わせることによって，他児に働きかける行動が見られる。また，他児からの声かけに対して，その子を見るなどの応答行動が見られる。

　幼児期の仲間関係では，一緒に遊ぶ子を友だちとみなす。3歳頃から，遊び相手には同性を選ぶ傾向がある（Fabes, Martin, & Hanish,

2003)。男児同士と女児同士では，仲間とのかかわり方に違いが出てくる。男児は，より活発で粗暴で階層的であり，女児は，より会話が多く，協同し，ロールプレイや劇遊びをする（Else-Quest et al., 2006）。

児童期から青年期にかけて，仲間との関係の重要性が増し，友だちに対する考え方も変化してくる。友だちとはどのような人を指し，友人関係をどのようなものとして捉えているのかを，友だち概念という。ユーニス（Youniss, 1980）の研究によると，友だち概念は次のように変化する。児童期初めの6歳から7歳では，一緒に遊んだり話したり，物をくれたりするなどの活動を共にする人を友だちと捉えている。9歳を過ぎると，困った時にお互いに助け合ったり，苦しい時に励まし合ったりするなどの相互援助をする持続的な関係を友だちと考えている。青年期の始めの13～14歳では，お互いのパーソナリティを理解し，お互いに共通のものの見方を持つなどの相互理解の関係を友だちと捉えている。（仲間関係については11章の児童期，12章の青年期参照）

1-2　仲間との葛藤

社会的葛藤（social conflict）とは，2人以上の間での敵対した状況のことである（Shantz & Hartup, 1992）。「Aが行動や言語でBに影響を与える」，「Bが抵抗や抗議を示す」，「Aが再びBに影響を与えようとする」の一連のやりとりが見られる。

幼児期には，仲間との葛藤（いざこざ）が生じ，その原因として，物や場所の占有，不快な働きかけ，規則違反，イメージのずれ，遊びに関する決定の不一致，偶発が挙げられている（斉藤・木下・朝生，1986）。また，幼児期の友だち同士の葛藤と友だちではない子との葛藤を観察したところ，葛藤の頻度自体には差がなかったが，友だち同士の葛藤では怒りの表出が少ないことや，より公平な解決となることがわかった（Hartup, Laursen, Stewart, & Eastenson, 1988）。幼児は，仲間との葛藤やその仲裁を通じて社会的スキルを身につけることができ，対人関係の形成や維持に役立っている。

1-3　社会的引きこもり

　社会的引きこもり（social withdrawal）とは，さまざまな動機によっ
て自分から仲間との相互作用から離れることを表す（Rubin & Coplan,
2004）。子どもが社会的相互作用をやめる理由は 2 つあり，①恐怖や不
安など情動的調整不全に関するもの，②恐怖を伴わない単独行動への好
みによるものである。②の恐怖を伴わない単独行動への好みは，「社会
的無関心（socially disinterested）あるいは非社交的」と呼ばれ，単に
一人で遊ぶのが好きなために社会的相互作用が少ない子どもがいる
（Coplan & Rubin, 2010）。成人では，孤独を好むことを「孤独志向性
（solitropic orientation）」と呼ぶ（Leary, Herbst, & McCrary, 2003）。
①の恐怖や不安など情動的調整不全によって，子どもが社会的相互作用
をやめることについては，「行動抑制（behavioral inhibition：BI）」（新
奇な人々・もの・場所に出会った時の生物学的な基盤を持つ警戒心），
「シャイネス（shyness）」（社会的新奇性に直面した時の警戒心および
社会的評価を受けると思う状況での人目を気にする行動）などがある
（Coplan & Rubin, 2010）。

　仲間との相互作用が，社会的能力，他者との関係における自己の理
解，仲間グループからの受容，支持的な友情を発展させると考えると，
動機にかかわらず，仲間と付き合うことを避ける社会的引きこもりの子
どもには，発達的な困難のリスクがある（Rubin, Bowker, & Gazelle,
2010）。また，仲間との相互作用や仲間関係の経験がない子どもは，後
の社会的不適応のリスクを抱える（Rubin, Bowker, & Kennedy, 2009）。

　社会的認知の側面では，極度の社会的引きこもりの子どもは，自分の
社会的失敗を，外的な出来事や環境よりも，個人的・素質的な特徴のせ
いにする傾向がある（Rubin & Krasnor, 1986）。

　仲間関係の側面では，社会的引きこもりと仲間からの排除（無視され
る，仲間入りを拒否されて仲間の活動に入れない状態）との関連が強い
ことがわかっている。小学校低学年の時に仲間から排除され，不安を伴
う社会的引きこもりの子どもは，児童期中期にかけて不安を伴う孤独が
持続しやすく，抑うつの程度が高い（Gazelle & Ladd, 2003）。さらに，

児童期の仲間からの排斥は，青年期および成人期の精神病理や退学など
のネガティブな結果をもたらすという研究もある（Rubin, Bukowski, &
Parker, 2006）。小学 5 年生から 6 年生にかけての仲間からの強い排除
は，不安を伴う孤独を示す子どもの社会的回避と抑うつを維持あるいは
悪化させたのに対して，排除されることが少ない経験は社会的接近の増
加と抑うつの減少を予測した（Gazelle & Rudolph, 2004）。これは，子
どもの脆弱性や素質（不安を伴う孤独）は，対人的な逆境（仲間から
のひどい扱い）が伴った時に活性化されるという「素質－ストレスモデ
ル（diathsis-stress model）」に当てはまる（Rubin et al., 2010）。

　社会的引きこもりの子どもは，友だちの数は少ないが，ほとんどの子
に少なくとも一人の持続的で相互的な最良の友だち（best friend）がい
る（Rubin et al., 2006）。社会的引きこもりの子どもは，自分と同様の
引きこもりの子と友だち関係を築く傾向がある。その友だち関係には，
楽しみ・助け・相談が少なく，対人関係の質は比較的低い。しかし，友
だち関係が適応の良さや心理的ウェルビーイングと関連しており，良質
の友だち関係は，社会的引きこもりの子どもが思春期に内在化問題を生
じさせることを防ぐ（Rubin et al., 2010）。

2. 共感性と愛他行動

　私たちは人とのかかわりの中で，他者の気持ちに共感し，他者のため
になる行動や支援を行う。この節では，共感性と愛他行動の発達につい
て見ていく。

2-1　共感性の発達
●共感・共感性とは
　共感（empathizing）とは，他者の情動と思考を同定し，それらに適
切な情動反応をする動因である。他者の情動が引き金になって，自分の
中にも適切な情動反応が生じた時，共感したと言える。それは他者を理
解し，他者の行動を予測し，他者と情動的な結びつきを持つための情動
反応である（Baron-Cohen, 2003）。

　また，共感性（empathy）とは，「他者の感情あるいは他者のおかれている状況を認知し，それと一致しないまでも同じ方向の感情を共有すること」（Eisenberg & Fabes, 1991），「単なる他者理解という認知過程ではなく，認知と感情の両方を含む過程であり，他者の感情の代理的経験あるいは共有を必ず伴うもの」（澤田，1992）と定義されている。このように，共感性には，他者の情動や状況を認知するという認知的側面と，他者との情動の共有という感情的側面の両方が含まれる。

　共感性の測定には，共感が生じるような状況や場面を提示して，実際に共感反応が生じるかどうかを見る「状態としての共感性の測定法」と，個人の性格特性としての共感の一般的傾向を測る「特性としての共感性の測定法」がある。「特性としての共感性の測定法」としては，いくつかの質問紙が開発されている（たとえば，デイヴィス（1999））。

● **共感性の発達**

　共感性の発達過程について，ホフマン（Hoffman, 2008）は，自己と他者の概念の認知発達に伴い，次の6段階に分けた。

①全体的共感的苦痛（global empathic distress）

　自己と他者を区別できるようになる前に，他者の苦痛を見ることで，乳児は共感的苦痛を経験する。泣き声などの他者の苦痛の手がかりと自分に喚起された不快な感情とを混同して，他者に起こったことを自分自身に起こっているかのようにふるまう。たとえば，他の子どもが転んで泣くのを見て，自分も泣きそうになる（Hoffman, 1987）。

　乳児は，他者を自分とは身体的に別なものであることを意識するようになっていくため，この反応的泣きは生後6か月頃までに徐々に減っていく。生後6か月頃の乳児は，すぐには泣かず，泣いている子をじっと見ること，泣き始める前に悲しそうな表情をすることが観察されている（Hay, Nash, & Pedersen, 1981）。

②自己中心的共感的苦痛（egocentric empathic distress）

　生後11〜12か月頃まで，乳児は生後6か月頃の乳児と同様の行動をとる。この頃の乳児は，自分自身の苦痛を減らすための行為をするように見える。たとえば，1歳の乳児は，友だちが転んで泣くのを見た時，

友だちをじっと見つめ，泣き始める。口に親指を入れ，養育者のひざに
自分の頭をうずめ，まるで自分自身が傷ついた時と同じようにする。こ
のような子どもの反応は，自分自身の苦痛を減らす動機があるため「自
己中心的」であり，他者の苦痛に随伴しているため「共感的」でもある。
③外見上の自己中心的共感的苦痛（quasi-egocentric empathic distress）

　生後13〜14か月頃になると，子どもの共感的泣き，および泣いてい
る子をじっと見ることは減ってくる。子どもは，泣いている子に対して
援助を始める。たとえば，生後14か月の子どもは，泣いている友だち
を慰めるために，その友だちの養育者ではなく，自分の養育者のところ
へ連れて行く（Hoffman, 1987）。

　この頃の子どもは，自己と他者がある程度区別できるようになり，苦
痛を感じている人が自分ではなく他者であることに気づいているが，他
者の内的状態（思考・感情・欲求）を自分と同じであると仮定している。
④真実の共感性（veridical empathy）

　1歳末から2歳にかけて自己と他者の概念の発達が進み，子どもは，
他者も内的状態を持つことに気づくようになる。そのため，より正確な
共感性と効果的な援助行動が起こる。

　たとえば，2歳の子どもは，泣いている友だちを慰めるために，自分
のぬいぐるみを持って行く。それでも泣きやまない場合，子どもは考え
て，隣の部屋にある友だちのぬいぐるみを取りに行く。友だちは，自分
のぬいぐるみを受け取り，泣きやんだ。この2歳の子どもは認知的に発
達しており，自分のぬいぐるみでは友だちが泣きやまない理由がわか
り，自分が自分自身のぬいぐるみを欲しいのと同様に，友だちは友だち
自身のぬいぐるみが欲しいことがわかった。つまり，他者の欲求と自己
の欲求の違いを理解し，それに基づいた援助行動をとったのである。
⑤状況を越えた共感的苦痛（empathic distress beyond the situation）

　自己と他者は異なった歴史やアイデンティティを持ち，現在の状況の
みならず人生経験に対しても喜びや苦しみを感じることを理解して共感
する。子どもは，他者の一時的な苦痛だけではなく，慢性的な悲しみや
不快な生活を想像して，共感的に反応する。7〜10歳の子どもでは，

他者の生活についての知識が共感的反応に影響し，慢性疾患の人や恵まれない人に共感できるようになる。

⑥苦痛を感じている集団への共感性（empathy for distressed groups）

　個人の苦痛だけではなく，集団全体の生活の苦痛に対しても共感することができる。子どもが社会的概念を形成すると，個人の苦境だけではなく，集団全体や人々の階級の苦境も理解できるためである。たとえば，患者，貧困層，ホロコーストなどの民族や宗教の迫害，台風などの自然災害，戦争，テロなどの被害にあった集団に対する苦境の理解と共感である。

2-2　愛他行動の発達

　他者のためになることをしようとする自発的な行為のことを向社会的行動という（Eisenberg, Fabes, & Spinrad, 2006）。向社会的行動はさまざまな理由で行われ，社会的承認や具体的な報酬への欲求，内在化された道徳的価値の遵守，同情や罪悪感への反応などがある。愛他行動は，向社会的行動の特殊型で，他者への心配あるいは内在化された価値・目標・自己報酬（他者志向的情動が関連）によって動機づけられた向社会的行為のことである（Eisenberg, Spinrad, & Morris, 2013）。しかし，向社会的行為が愛他的なものかどうかを確かめるのは難しい。そのため，以下では向社会的行動の発達について見ていく。

　子どもの向社会的行動は，1歳半〜2歳頃から始まり，分与行動や援助行動が見られる。生後15〜18か月の子どもは，自分のおもちゃを大人にあげたり，貸して一緒に遊んだりする（Rheingold, Hay, & West, 1976）。1歳半の子どもは，大人の仕事の手伝いもする（Rheingold, 1982）。また，家庭でのきょうだいのやりとりを観察した研究から，1歳半・2歳・3歳の子どもの半数が分与行動や援助行動を行うことがわかっている（Dunn, 1988）。

　また，1歳半〜2歳頃の子どもは，他者が泣いたり困っている時に，慰めたり元気づけたりする。2歳頃までには，他者が苦痛を示すと，慰めたり相手の苦痛を減らそうとして，物を持って行ったり，どうすべき

かを教えたり元気づけようとするなど，さまざまな方略を用いるように
なる。一つの方略が失敗しても，他の方略を使い，他者の苦痛を解消し
ようとする（Zahn-Waxler & Radke-Yarrow, 1982）（8章 2 - 1. 共感
性の発達参照）。

　向社会的行動は，加齢に伴って増加する。幼児期（3歳～6歳）の間
にも向社会的行動は増加すること，児童期の子どもは幼児よりも多く向
社会的行動を行うことがわかっている（Eisenberg & Fabes, 1998）。
たとえば，隣の部屋から乳児の泣き声が聞こえてきた後，乳児を連れた
母親が現れ，ミルクを飲ませるために必要な哺乳びんを探し始めた時の
子どもの様子を観察した研究がある。泣いている乳児に同情を示した
り，母親と一緒に哺乳びんを探したりするなどの向社会的行動を，幼児
よりも児童の方がより多く行う。小学1・2年生は，直接自分で哺乳び
んを取って来て，乳児にミルクを飲ませることをする。小学5・6年生
は，乳児に同情を示すなどの言語的な援助を中心に，複数の向社会的行
動をとる（Zahn-Waxler, Friedman, & Cummings, 1983）。向社会的行
動は，児童期から青年期にかけて増加する（Eisenberg et al., 2006）。
しかし，青年期の間では向社会的行動は増加せず，いったん減少して，
後で元に戻ることもある（Carlo, Crockett, Randall, & Roesch, 2007）。

　児童期中期から青年期では，向社会的行動と共感性のレベルを上げる
ことに，認知発達（抽象的思考，記憶容量の増加など）と社会情動発達
（情動制御の増加，情動理解など）が関連している（Eisenberg et al.,
2006）。向社会的行動の発達を支えるものとして，共感性と向社会的判
断がある。向社会的判断は，ある状況で他者のためになる行動をするの
か，それとも行動をしないのか，それはなぜか，について分析すること
により，その水準を分類する。アイゼンバーグ（Eisenberg, N.）は，自
分の欲求と他者の要請を満たすことが対立するジレンマ場面を設定し，
子どもの反応を見た（Eisenberg-Berg, 1979）。向社会的行動をとる理
由として，子どもは「人を助けることは良いことだから」，「人を助ける
ことは当たり前だから」というステレオタイプ型の理由や「人を助ける
とみんなが褒めてくれるから」という承認志向・対人志向の理由が多

い。これらの理由は年齢が上がるにつれて減少し，「自分が相手の立場
だったら，助けてほしいから」という視点取得や「助ける義務があるか
ら」という内面化された規範・価値志向の理由が増加する。日本では，
承認志向・対人志向，あるいはステレオタイプ型の志向や，「かわいそ
うだから」という共感志向や視点取得が，大学生で再び増加する傾向が
見られる（宗方・二宮, 1985）。

2-3　ソーシャルサポート

　個人を取り巻くさまざまな人々（家族や友人など）から与えられる有
形・無形の支援のことを，ソーシャルサポート（social support：社会
的支援）という。ソーシャルサポートにはさまざまな機能があり，
精神的・心理的な面での支援の「心理的サポート（esteem support）」，
娯楽活動や趣味などを共有する「娯楽関連的サポート（social
companionship）」，物的な援助や手伝いをする「道具的・手段的サポー
ト（instrumental support）」，問題解決のための情報を提供する「問題
解決志向的サポート（informational support）」がある（嶋, 1991；
Wills, 1985）。他者との間に支援的関係を維持できている人は，ストレ
スフルな状況におかれても心身の適応状態が悪化しにくい，ということ
がわかっている。ソーシャルサポートとストレスとの関連は，ソーシャ
ルサポートが高い場合にはストレスのレベルの高低にかかわらずストレ
ス反応が軽減されるという直接的効果（direct effect）と，ストレスが
高い場合にのみサポートがストレスを軽減するという緩衝効果
（buffering effect）の2つのモデルがある（Cohen & Wills, 1985）。
　老年期のソーシャルサポートの授受について見ていく。老年期に誰か
らサポートを受けることを好むか（サポート源）を調べると，家族を最
も好み，次に友人・近所の人，最後に公的組織であった。そして，より
好むサポート源が利用できない場合（いない，遠くに住んでいるなど）
に，他の集団が補完的役割を果たすという階層的補完モデル
（hierarchical compensatory model）が出された（Cantor, 1979）。家族
の中でも配偶者をサポート源とする割合は，老年期の男性は女性よりも

高い。女性は，配偶者だけではなく子どもをサポート源とすることも多い（Antonucci & Akiyama, 1987；小林・杉原・深谷・秋山・Liang, 2005）。配偶者や同居家族がいない場合，心理的・情緒的サポートでは友人・近所の人がサポート源となり，階層的補完モデルが当てはまる。しかし，道具的・手段的サポートや看護・介護的なサポートでは，友人・近所の人がサポート源となって補完することに限界があることがわかっている（小林，2010）。娯楽関連的サポートは，友人が主なサポート源となる（西村・石橋・山田・古谷，2000）。

　老年期はサポートを受けるだけではなく，提供することもある。孫の世話をするなど，祖父母として子どもの育児をサポートすることも多い。子どもや孫と別居している場合でも，家事の手伝いや病気の世話，経済的援助などの道具的・手段的サポートについては，60代・70代でも受け取るよりも提供する方が多い（河合・下仲，1992）。配偶者と死別した老年期の女性は，友人関係においてサポートの授受のバランスが取れていることが多く，サポートの互恵性が成立している（Rook, 1987）。他者へサポートを提供することが，老年期の心理的ウェルビーイング（psychological well-being）の維持と関連している。

3. 道徳性の発達

3-1　道徳性とは

　道徳性（morality）とは，何が善であり悪であるかを知らせ，善の方向へと人を導く内的制御システムである（岩立，2003）。社会のルール，価値，行動基準などの社会システムは，子どもの中に徐々に取り込まれ，子ども自身の行動を内側から制御するシステムとなっていく。

　しかし，何が善であり悪であると捉えるかは多様であり，さまざまな道徳性の定義がある。道徳性の3つの代表的な定義について，内藤（2005）は，次のように分類している。1つ目は，「道徳性は，その社会において正しいと信じられている行為やそれらを生じさせる心理的特性である」。個人的な道徳的信念に従って道徳性を定義するのではなく，客観性を目指したものである。しかし，この定義によると，道徳性はそ

れぞれの社会や集団によって異なる可能性がある。2つ目は，「道徳性は，社会や集団をこえた普遍的な性質である」。道徳的思考や判断は，その主張やそのよってたつ原則に普遍化可能性が求められ，その主張は個人的な欲望を越えた義務を表しているという特徴を持っている。3つ目は，文化人類学の研究結果から示唆される道徳性の定義で，それぞれの社会では，次の3つのタイプの道徳性がさまざまな程度で含まれている（Shweder, Much, Mahapatra, & Park, 1997）。①「自律性の道徳」：自己は，個人の好みや価値を持つ。心理的苦痛，権利，公正性に焦点が当てられる。②「コミュニティの道徳」：自己は，相互に依存する集団主義的な集団の中で，役割を担うものとみなされる。義務，役割，権威の尊重，忠誠心を持つこと，集団の名誉，相互依存性，共同体の維持に焦点が当てられる。③「神聖性の道徳」：けがれを避け，清らかさや神聖なものを求める者として自己を位置づける。他者に苦痛を与えなくても，自己の神聖さを失うような行為は，非難に値するとされる。

3-2　道徳判断

　子どもは，どのように善悪の判断（道徳判断）をするのだろうか。ピアジェ（Piaget, J.）は，故意と過失に関する道徳判断について調べた。表8-1のような例話を提示し，「この子たちは，同じくらい罪がある

表8-1　ピアジェの道徳判断の研究（Piaget, 1932, 1954）

〈過失の例話〉
A．ジャンという小さな男の子が部屋の中にいました。食事に呼ばれたので，食堂へ入っていきます。扉の後ろに椅子があって，その椅子の上にはお盆があって，そのお盆にはコップが15個のせてありました。ジャンはその扉の後ろにそんなものがあるとは知らないで扉を開けたので，コップは15個ともみんな壊れてしまいました。
B．アンリという小さな男の子がいました。ある日，お母さんの留守に戸棚の中のジャムを食べようとしました。そこで椅子の上にのぼって腕を伸ばしましたが，高すぎてジャムまで手が届きませんでした。無理に取ろうとしたとき，そばにあった1つのコップに触ったので，そのコップは落ちて割れました。

か」「どちらの子が悪いか」「それはなぜか」という質問をした。子ども
の回答は，2つに分かれた。一つは，「コップをたくさん割ったのだか
ら，ジャンのほうが悪い」という，動機とは関係なく物質的結果に着目
して行為を判断するものである（客観的責任概念）。もう一つは，「ジャ
ムを取ろうとしたのだから，アンリのほうが悪い」という，意図や動機
など内面に着目して行為を判断するものである（主観的責任概念）。こ
の2種類の判断は，一人の子どもでも同時に現れることもありうる。し
かし，子どもが大きくなるにつれて，結果に着目する判断は減少してい
き，意図や動機に着目する判断が増加した。

3-3 正義の道徳

　コールバーグ（Kohlberg, L.）は，道徳とは，対立する主張について
の普遍的な妥当性を持った解決を志向する「正義の原理」にかかわるも
のであると考えた。これを，正義の道徳という。
　コールバーグは，ハインツのジレンマの例話を提示し，その回答を，
3つの水準・6つの発達段階に当てはめた（表8-2参照）。ハインツの
ジレンマの例話（要約）は，「ハインツの妻が重い病気にかかり，それ
を治す薬は薬屋が高い値段で売っている。ハインツはお金が足りないた
め，薬屋に値引き，または後払いにして欲しいと頼んだが，薬屋は金儲

表8-2　コールバーグによる道徳性の発達段階（Kohlberg, 1969）

Ⅰ．前慣習的水準
段階1：服従と罰への志向
段階2：道具主義的相対主義（素朴な自己中心的）志向
Ⅱ．慣習的水準
段階3：対人関係の調和（「よい子」）志向
段階4：権威と社会秩序の維持への志向
Ⅲ．慣習以後の自律的，原理的レベル
段階5：契約的，法律尊重志向
段階6：普遍的な倫理的原理（良心または原理への）志向

けの理由から断る。ハインツは思いつめた結果，薬屋に泥棒に入った」
というものであり，「ハインツは薬を盗むべきだったか」「それはなぜ
か」を質問した。コールバーグの第 1 水準は「前慣習的水準」で，善悪
を自己中心的に判断する。嫌なことや罰せられることが悪いことで，う
れしいことや褒められることが善いこととなる。「悪いことをしたのだ
から，刑務所に入れてもよい」「刑務所はかわいそうだ」などの回答で
ある。第 2 の水準は「慣習的水準」で，みんなの考え，権威者の命令，
相談で決めた決まりが善悪の基準になる。「世間の人々は，盗むことを
望んでいない」「法律を守らなければならない」などの回答である。第 3
の水準は「原理的水準」で，善悪は主観的な感情や他者からどのように
見えるかなどとは離れた客観的な原理，つまり公正さ・権利・ヒューマ
ニズムなどの普遍的なものが基準になる。「法律を破ってもよいのは，
人間としての基本的な人権が侵されるときである」などの回答である。
　10 歳から 36 歳の男性を対象にした研究から，10 歳以降，第 1 水準
（段階 1，段階 2）が減り，第 2 水準（段階 3，段階 4）が増えていくこ
とがわかる（Colby, Kohlberg, Gibbs, & Lieberman, 1983）。

3-4　ケアの道徳

　ギリガン（Gilligan, C.）は，コールバーグの正義の道徳の理論が西洋
の価値観に基づくものであること，および男性の道徳性の発達を扱った
ものであることを批判した。そして，女性を対象として，道徳的葛藤や
自己の捉え方について面接調査を行い，道徳とは他者に配慮し他者を傷
つけないことが義務であり，配慮をすることが責任の成就となることを
見出した（Gilligan, 1982）。これを配慮と責任の道徳（ケアの道徳）と
いう。
　正義の道徳とケアの道徳という 2 種類の道徳的志向があることが見出
されたが，ギリガンの主張するように明確な性差があるのだろうか。ギ
リガンらは，青年期と成人期の 80 名を対象に，実際に直面した道徳的
葛藤について話してもらい，2 つの道徳的志向がどのくらい見られるか
を調べた（Gilligan & Attanucci, 1988）。その結果，女性も男性も両方

の志向を持つ場合が多かったが，どちらの方が強いかを評定してもらったところ，性差が見られた。女性は配慮中心・配慮／正義（半々）・正義中心が約３分の１ずつの比率であった。一方，男性は正義中心が約７割を占め，次いで配慮／正義（半々）が約３割で，配慮中心は１名のみであった。一方，コールバーグの正義の道徳についての実証研究をレビューした結果，性差を示した研究は非常に少ないことがわかった（Walker, 1984）。

4. 社会的ルールの理解と公正概念と反社会的行動

4-1 社会的ルールの理解

　社会の中で日常生活を円滑に進めていくためには，さまざまな規則や約束を理解して，守ることが必要である。これを社会的ルールという。

　チュリエル（Turiel, E.）は，社会的ルールを道徳ルールと社会的慣習の２つに分けている（Nucci & Turiel, 1978）。道徳ルール（moral rules）は，「嘘をつかない」「人の嫌がることはしない」など，社会的文脈に左右されることなく，正義の概念をその基盤に持つルールである。社会的慣習（social conventions）は，「順番を守る」「遊んだ後は片付ける」など，ある集団でメンバーの相互作用を調整するためのルールであり，社会的秩序を維持していく上で必要なルールである。たとえば，校則，食事のマナー，目上の人の呼び方，服装などに関するルールなどがある。

　子どもの社会的ルールの理解について藤崎（1988）は，幼児を対象にインタビュー調査を行い，道徳ルールよりも社会的慣習の方が，幼児の理解が遅いことを明らかにした。

4-2 公正概念の認識

　デーモン（Damon, W.）は，道徳性の中でも公正に注目し，４歳から８歳の子どもを対象として，分配の時に子どもがどのようなことを公正と判断しているか（公正概念）について研究した。そして，表８-３のような公正概念の発達段階を示した（Damon, 1975）。

表 8-3　公正概念の発達段階（Damon, 1975）

段階	概　要
0-A	行動を起こしたいという欲求から肯定的な公正の選択をする。理由を正当化しようという意図はなく，単に選択を主張することのみ（例："それを持ちたいから得たい"）。
0-B	依然として，欲求を反映する選択だが，大きさや性などの外見的特徴に基づいて理由づけするようになる（例："女の子だからいちばん多く欲しい"）。理由づけは変わりやすく，自分を有利にする傾向がある。
1-A	厳密な平等性の概念から肯定的な公正の選択をする（例："みんな同じだけもらうべき"）。理由づけはこの原理から成るが，一方的で柔軟性に欠ける。
1-B	行動の互恵的概念から肯定的な公正の選択をする。人は善・悪に対してお返しを受けるべきだと考える。メリットや功績の概念が現れるが，理由づけは一方的で柔軟性に欠ける。
2-A	さまざまな人が異なる理由づけをしているが，公正の主張の妥当性は等しいということが理解されている。選択は競合する主張の間で，量的に妥協しようとする（例："彼はいちばん多くもらい，彼女は少しもらうべき"）。
2-B	平等と互恵を統合する。さまざまな人の主張や特定の状況での欲求を理解する。基本的にはだれもが当然，分け前をもらうべきだという考え方であるが，多くの状況では同じ分け前をもらうわけではない。

　日本でも，渡辺（1986）が，4歳から9歳の子どもを対象に，分配の時の判断を調べた。課題は，絵を描いたことへのご褒美のソフトクリームを，子どもがみんなで分け合うという場面で，上手に絵を描いた子，たくさん絵を描いた子，絵を描くのをさぼっていた子がいるという状況であった。0-A，0-B段階の子どもは年齢が上がるとともにいなくなり，代わりに1-A，1-B，2-A段階の子どもが増えた。1-A段階の子どもは，「みんな同じにするべきである」という反応で，「いっしょじゃないと少ない子が泣いちゃうから」などである。1-B段階の子どもは，「この子は遊んでいて，あまり描かなかったから少なくする」「上手

な人に多くあげる」といった，行動や努力の違いによって分配の差をつける反応である。2-A段階の子どもは，「みんな絵をあげたのだから，同じだけもらうべき」「描いた絵の数とソフトクリームの数は関係ない」などだった。

　日本とアメリカの結果を比べると，日本では「同じがいい」という1-Aの考え方が，年齢が高くなっても一定の割合いる。日本の文化では，結果の平等性を重視し，みんな同じということに価値を置くためと考えられる（渡辺，2011)．

4-3　反社会的行動

　反社会的行動（antisocial behavior）には，ルールを破る，他者への攻撃，盗みなど，さまざまなものがある。

　学校での反社会的行動経験について，酒井ら（2007）は，小学4年生から6年生までを対象として，「友人いじめ（友だちをいじめたことがある）」「教師反抗（先生に反抗したり，乱暴したことがある）」「授業妨害（授業中，大声を出したりして騒いだことがある）」という学校での反社会的行動と，自己志向性（個々人が選んだ目的や価値観に従い，状況に合った行動を自ら統制し，調節する能力：行動的自立，自己受容，自己責任）および家族に抱く信頼感との関連を調査した。その結果，家族に抱く信頼感の高低にかかわらず，小学校高学年時点での学校での反社会的行動経験の多さが，2年後の自己志向性の低下につながることがわかった。

🎸 研究課題

1．子どもの遊び場面を観察し，仲間とのかかわりの様子を記録してみよう。

2．現在自分が授受しているソーシャルサポートを書き出し，サポートの機能とサポート源を分類してみよう。

3．子どもが道徳性を身に付けるためには，どのようにしたらよいだろうか。道徳教育の教材について調べ，考えてみよう。

4．反社会的行動を一つ挙げ，それを防止するための方法を考えてみよう。

参考文献

荒木紀幸（1988）．道徳教育はこうすればおもしろい―コールバーグ理論とその実践―　北大路書房

クーパーシュミット, J. B. & ダッジ, K. A.（編）（中澤潤監訳）（2013）．子どもの仲間関係―発達から援助へ―　北大路書房

菊池章夫（2018）．もっと／思いやりを科学する―向社会的行動研究の半世紀―　川島書店

菊池章夫・二宮克美・堀毛一也・斎藤耕二（2010）．社会化の心理学／ハンドブック　川島書店

井上健治・久保ゆかり（編）（1997）．子どもの社会的発達　東京大学出版会

日本道徳性心理学研究会（編著）（1992）．道徳性心理学―道徳教育のための心理学―　北大路書房

渡辺弥生（2011）．子どもの「10歳の壁」とは何か？―乗りこえるための発達心理学―　光文社新書

引用文献

Antonucci, T. C. & Akiyama, H. (1987). An examination of sex differences in social support among older men and women . *Sex Roles, 17.* 737-749.

Baron-Cohen, S. (2003). *The essential difference: male and female brains and the truth about autism.* New York: Basic Books. (三宅真砂子 (訳) (2005). 共感する女脳, システム化する男脳　NHK 出版)

Cantor, M. H. (1979). Neighbors and friends: An overlooked resource in the informal support system. *Research on Aging, 1,* 434-463.

Carlo, G., Crockett, L. J., Randall, B. A., & Roesch, S. C. (2007). A latent growth curve analysis of prosocial behavior among rural adolescents. *Journal of research on adolescence, 17,* 301-324.

Cohen, S. & Wills, T. A. (1985). Stress, social support, and the buffering hypothesis. *Psychological Bulletin, 98,* 310-357.

Colby, A., Kohlberg, L., Gibbs, J., & Lieberman, M. (1983). A longitudinal study of moral judgment. *Monographs of the Society for Research in Child Development, 48,* 1-124.

Coplan, R. J. & Rubin, K. H. (2010). Social withdrawal and shyness in childhood: History, theories, definitions, and assessments. In K. H. Rubin & R. J. Coplan (Eds.), *The development of shyness and social withdrawal* (pp.3-20). The Guilford Press. (小野善郎 (訳) (2013). 子どもの社会的ひきこもりとシャイネスの発達心理学　明石書店)

Damon, W. (1975). Early conceptions of positive justice as related to the development of logical operations. *Child Development, 46,* 301-312.

デイヴィス, M. H. (菊池章夫訳) (1999). 共感の社会心理学—人間関係の基礎—川島書店 (Davis, M. H. (1994). *Empathy: A social psychological approach.* Westview Press.)

Dunn, J. (1988). *The beginnings of social understanding.* Blackwell.

Eisenberg, N. & Fabes, R. A. (1991). Prosocial behavior and empathy: A multimethod developmental perspective. In M. S. Clark (Ed.), Prosocial behavior. *Review of personality and social psychology, Vol.12* (pp.34-61), Newbury Park: Sage.

Eisenberg, N. & Fabes, R. A. (1998). Prosocial development. In W. Damon (Series Ed.) & N. Eisenberg (Vol.Ed.), *Handbook of child psychology.* 5th edition. *Vol.3: Social, emotional, and personality development* (pp.701-778). New York:

Wiley.

Eisenberg, N., Fabes, R. A., & Spinrad, T. L. (2006). Prosocial development. In N. Eisenberg (Vol.Ed.) and W. Damon & R. M. Lerner (Series Eds.), *Handbook of child psychology*. sixth edition. *Vol.3: Social, emotional, and personality development* (pp.646-718). New York: Wiley.

Eisenberg, N., Spinrad, T. L., & Morris, A. S. (2013). Prosocial development. In P. D. Zelazo (Ed.), *The Oxford handbook of developmental psychology. Vol.2: Self and other* (pp.300-325). New York: Oxford University Press.

Eisenberg-Berg, N. (1979). Development of children's prosocial moral judgment. *Developmental Psychology, 15*, 128-137.

Else-Quest, N. M., Hyde, J. S., Goldsmith, H. H., & Van Hulle, C. A. (2006). Gender differences in temperament: A meta-analysis. *Psychological Bulletin, 132*, 33-72.

Fabes, R. A., Martin, C. L., & Hanish, L. D. (2003). Young children's play qualities in same-, other-, and mixed-sex peer groups. *Child Development, 74*, 921-932.

藤崎春代 (1988). 幼児の社会的ルールの理解と大人のかかわり 青少年問題, *35* (*3*), 4-12.

Gazelle, H. & Ladd, G. W. (2003). Anxious solitude and peer exclusion: A diathesis-stress model of internalizing trajectories in childhood. *Child Development, 74*, 257-278.

Gazelle, H. & Rudolph, K. D. (2004). Moving toward and away from the world: Social approach and avoidance trajectories in anxious solitary youth. *Child Development, 75*, 829-849.

Gilligan, C. (1982). *In a different voice: Psychological theory and women's development*. Cambridge: Harvard University Press. (岩男寿美子 (監訳) (1986). もうひとつの声―男女の道徳観のちがいと女性のアイデンティティ― 川島書店)

Gilligan, C. & Attanucci, J. (1988). Two moral orientations.: Gender differences and similarities. *Merrill Parmer Quarterly, 34*, 223-237.

Hartup, W. W., Laursen, B., Stewart, M. I., & Eastenson, A. (1988). Conflict and the friendship relations of young children. *Child Development, 59*, 1590-1600.

Hay, D. F., Nash, A., & Pedersen, J. (1981). Responses of six-month-olds to the distress of their peers. *Child Development, 52*, 1071-1075.

Hoffman, M. L. (1987). The contribution of empathy to justice and moral judgment. In N. Eisenberg & J. Strayer (Eds.), *Empathy and its development*

152

（pp.47-80）. Cambridge University Press.

Hoffman, M. L.（2008）. Empathy and prosocial behavior. In M. Lewis, J. M. Haviland-Jones & L. F. Barrett（Eds.）, *Handbook of Emotions*. 3rd ed.（pp.440-455）. New York: Guilford.

岩立京子（2003）. 道徳性の芽ばえ　無藤隆・岩立京子（編著）乳幼児心理学（pp.103-114）　北大路書房

河合千恵子・下仲順子（1992）. 老年期におけるソーシャル・サポートの授受―別居家族との関係の検討―　老年社会科学, *14*, 63-72.

小林江里香（2010）. 友人・隣人・地域関係　大内尉義・秋山弘子（編）新老年学第3版（pp.1684-1696）　東京大学出版会

小林江里香・杉原陽子・深谷太郎・秋山弘子・Liang, J.（2005）. 配偶者の有無と子どもとの距離が高齢者の友人・近隣ネットワークの構造・機能に及ぼす効果　老年社会科学, *26*, 438-450.

Kohlberg, L.（1969）. Stage and sequence: The cognitive-developmental approach to socialization. In D. A. Goslin（Ed.）*Handbook of socialization theory and research*（pp.347-480）. Cicago：Rand McNally.（永野重史（監訳）（1987）. 道徳性の形成―認知発達的アプローチ―　新曜社）

Leary, M. R., Herbst, K. C., & McCrary, F.（2003）. Finding pleasure in solitary activities: Desire for aloneness or disinterest in social contact? *Personality and individual differences, 35*, 59-68.

宗方比佐子・二宮克美（1985）. プロソーシャルな道徳的判断の発達　教育心理学研究, *33*, 157-164.

内藤俊史（2005）. 道徳性を構成するもの　内田伸子（編著）心理学―こころの不思議を解き明かす―（pp.83-104）　光生館

西村昌記・石橋智昭・山田ゆかり・古谷野亘（2000）. 高齢期における親しい関係―「交遊」「相談」「信頼」の対象としての他者の選択―　老年社会科学, *22*, 367-374.

Nucci, L. P. & Turiel, E.（1978）. Social interactions and the development of social concepts in preschool children. *Child Development, 49*, 400-407.

Piaget, J.（1932）. *The moral judgement of the child*. Routledge & Kegan Paul.（大伴茂（訳）（1954）. 臨床児童心理学Ⅲ　児童道徳判断の発達　同文書院）

Rheingold, H. L.（1982）. Little children's participation in the work of adults, a nascent prosocial behavior. *Child Development, 53*, 114-125.

Rheingold, H. L., Hay, D. F., & West, M. J.（1976）. Sharing in the second year of life. *Child Development, 47*, 1148-1158.

Rook, K. S.（1987）. Reciprocity of social exchange and social satisfaction among older women. *Journal of Personality and Social Psychology, 52*, 145-154.

Rubin, K. H., Bukowski, W. M. & Parker, J. G.（2006）. Peer interactions, relationships, and groups. In N. Eisenberg(Vol.Ed.) and W. Damon & R. M. Lerner（Series Eds.）, *Handbook of child psychology*. sixth edition. *Vol.3: Social, emotional, and personality development*（pp.571-645）. New York: Wiley.

Rubin, K. H., Bowker, J., & Gazelle, H.（2010）. Social withdrawal in childhood and adolescence: Peer relationships and social competence. In K. H. Rubin & R. J. Coplan（Eds.）, *The development of shyness and social withdrawal*（pp.131-156）. The Guilford Press.（小野善郎（訳）（2013）. 子どもの社会的ひきこもりとシャイネスの発達心理学　明石書店）

Rubin, K. H., Bowker, J. C., & Kennedy, A. E.（2009）. Avoiding and withdrawing from the peer group. In K. H. Rubin, W. M. Bukowski, & B. Laursen（Eds.）, *Handbook of peer interactions,relationships, and groups*（pp.303-321）. The Guilford Press.

Rubin, K. H. & Coplan, R. J.（2004）. Paying attention to and not neglecting social withdrawal and social isolation. *Merrill-Palmer Quartely, 50*, 506-534.

Rubin, K. H. & Krasnor, L.（1986）. Social-cognitive and social behavioral perspectives on problem solving. In M. Perlmutter（Ed.）, Cognitive perspectives on children's social and behavioral development: *The Minnesota symposia on child psychology, Vol.18*（pp.1-68）. Hillsdale, NJ: Erlbaum.

斉藤こずゑ・木下芳子・朝生あけみ（1986）. 仲間関係　無藤隆・内田伸子・斉藤こずゑ（編著）子ども時代を豊かに（pp.59-111）　学文社

酒井厚・菅原ますみ・木島伸彦・菅原健介・眞榮城和美・詫摩武俊・天羽幸子（2007）. 児童期・青年期前期における学校での反社会的行動と自己志向性―短期縦断データを用いた相互影響分析―　パーソナリティ研究, *16*, 66-79.

澤田瑞也（1992）. 共感の心理学―そのメカニズムと発達―　世界思想社

Shantz, C. U. & Hartup, W. W.（1992）. Conflict and development: An introduction. In C. U. Shantz, & W. W. Hartup（Eds.）, *Conflict in child and adolescent development*（pp.1-11）. Cambridge University Press.

嶋信宏（1991）. 大学生のソーシャルサポートネットワークの測定に関する一研究　教育心理学研究, *39*, 440-447.

Shweder, R. A., Much, N. C., Mahapatra, M., & Park, L.（1997）. The "big three" of morality（autonomy, community, divinity）, and the big "three" explanations of suffering. In A. M. Brandt & P. Rozin（Eds.）, *Morality and health*（pp.119-

169). New York : Routledge.

Walker, L. J. (1984). Sex differences in the development of moral reasoning: A critical review. *Child Development, 55,* 677-691.

渡辺弥生 (1986). 分配における公正観の発達　教育心理学研究, *34,* 84-90.

渡辺弥生 (2011). 子どもの「10 歳の壁」とは何か？―乗りこえるための発達心理学―　光文社新書

Wills, T. A. (1985). Supportive functions of interpersonal relationships. In S. Cohen, & S. L. Syme (Eds.), *Social support and health* (pp. 61-82). New York: Academic Press.

Youniss, J. (1980). *Parents and peers in social development: A Sullivan-Piaget perspective.* University of Chicago Press.

Zahn-Waxler, C. & Radke-Yarrow, M. (1982). The development of altruism: Alternative research strategies. In N. Eisenberg (Ed.), *The development of prosocial behavior* (pp.109-137). Academic Press.

Zahn-Waxler, C., Friedman, S. L., & Cummings, E. M. (1983). Children's emotions and behaviors in response to infants' cries. *Child Development, 54,* 1522-1528.

9 乳児期のこころ

中澤　潤

《学習目標》　生まれた時には未熟でまだ何もできないように見える乳児が，実は親を身近に引きつけ，養育を引き出す生得的な能力や，環境の中で生きるためのさまざまな能力を持つ有能な存在であることがわかってきている。本章では，胎児期も含め，乳児期のこころの発達の特徴を見ていきたい。
《キーワード》　刈り込み，生理的早産，三項関係，表象機能の出現

1. 受精から出産まで

1-1　胎児とその発達

　発達は受精から始まる。受精卵は分裂を繰り返しながら子宮腔内へ移動し，受精後7〜8日目に子宮壁に着床する。受精後3週から8週までの時期は胎芽期と呼ばれ，この時期に各臓器が形成されていく。8週から出産までを胎児期という。胎児期は，胎芽期から形成されてきた諸器官が量的に増大し，質的にも変化し，さまざまな機能が出現する時期である。そして，280 ± 15日（約40週）を胎内で過ごした胎児は出生を迎える。

●運動発達

　胎芽期には蠕動運動が見られる。10週以降になると胎児は筋肉系の発達により，活発な全身運動（粗大運動）を示し，12週頃には足を交互に動かす歩行に似た動きを示すようになる。20週以降は，体が大きくなるため，狭い子宮内では粗大運動は制限されるようになり，手や指，顔，下肢の微細な動きが多くなる。

　胎動には2つの機能がある。胎児にとって誕生後の動きの練習や運動神経の強化となること，そして母親にとって自分の意思とは無関係に胎

156

児が活発に動くことから，胎内に自分とは違う別の生命が宿っているという自覚，意識が促されることである。

● 感覚発達

＊触覚　胎芽期末の7週半〜8週には触刺激への反応が始まる。この時期に流産等で母体から出た子の口の周辺をヒトの毛髪や馬の毛で軽くこすると顔をそらすように動くが，体の他の部分では動きはない。その後13週半〜14週頃までに背部と頭頂部を除くほぼ全身が刺激を感受するようになり，刺激を受けると体が動くようになる（Hooker, 1952）。

＊視覚　視覚は暗い胎内では必要ではないが，出生後に備えて発達している。34週で生まれた早産児が図形の弁別，選好を示したことから，満期で生まれる2か月前には，視覚がある程度確立していると考えられる（Miranda, 1976）。

＊聴覚　20週までには，胎児の聴力はある程度成熟し，この頃から母親の声に対し，足を動かす等で反応するようになる（母親はお腹を蹴られたと感じる）。胎児は250〜500ヘルツの音に最もよく反応する（荒木，1972）。成人の可聴域が20〜2000ヘルツであるのに比べると，胎児の可聴域はあまり広くはない。

1-2　母体環境の危険要因

　胎児は母体環境にすべてを依存している。胎盤は胎児に有害となるものの侵入を防ぐ。しかし，細菌より小さいウイルスや自然界に存在しない人工合成物は胎盤を通過し，胎児に悪影響を及ぼす場合がある。

　母体の疾病治療のための薬物の悪影響は，特に妊娠初期の胎児の身体や臓器が作られる胎芽期の頃に生じるが，この時期には母親が妊娠に気づいていないことも多い。アルコールも胎盤を通過するため，母体にとっては少量であっても，胎児の十分発達していない肝臓では分解しきれず，発達に悪影響を及ぼす可能性がある。さらに，胎児への影響が明らかなものに喫煙がある。喫煙妊婦から生まれる子どもが低出生体重児となる危険率は，非喫煙妊婦の子どもに比べて，2〜4倍高い（Leonardi-Bee, Smyth, Britton, & Coleman, 2008）。ニコチンは，母親の末梢血管

を収縮させ，母体の血流を悪くし，胎盤に送られる血液を減少させる。さらに一酸化炭素が，血中の酸素を運ぶ働きをするヘモグロビンと結合してしまうため，胎児に酸素が届きにくくなる。ニコチンや一酸化炭素自体も胎盤を通り胎児に入るので，胎児に入ってきた少ない酸素がさらに循環しにくくなる。

　胎盤を通して伝えられる母体からの栄養は，子どもばかりでなくその後の世代の発達にも影響する。第二次世界大戦の終期，オランダのドイツ軍支配地区では禁輸のため食料が断たれ，「オランダの飢餓の冬」と呼ばれる数か月を過ごした。「飢餓の冬」を体験しなかった連合軍解放地区の妊婦から生まれた女児の出生体重と比べ，飢餓を妊娠初期に体験した妊婦の女児は平均154 g重く，妊娠後期に体験した妊婦の女児は平均251 g軽かった。さらにこれらの女児が成人して産んだ子ども（大戦時妊婦の孫）の場合，飢餓を体験しなかった妊婦の孫の出生体重と比べ，飢餓を妊娠初期に体験した妊婦の孫は平均72 g重く，妊娠後期に体験した妊婦の孫は平均43 g軽かった。世代を通してその差は縮んでいくものの，妊娠期の母親の栄養体験は世代を超えて影響していく。これは飢餓体験が遺伝子に変異をもたらしたことによる（エピジェネティックと呼ぶ）（Stein & Lumey, 2000）。

1-3　低出生体重児

　国際疾患分類第10版（ICD-10）では，出生児を出生体重により分類しており，出生体重が2500 ～ 4000 g未満の出生児を正常出生体重児，2500 g未満児を低出生体重児，1500 g未満児を極低出生体重児，1000 g未満児を超低出生体重児と呼ぶ。また妊娠期間による分類もあり，妊娠37 ～ 41週の出生児を正期産児，妊娠22週以降から37週未満の出生児を早産児と呼ぶ。低出生体重児や早産児は，出生後に何らかの問題が生じ，さまざまなリスクを持つと考えられている（Hack et al., 2002）。周産期医学では極低出生体重児の生存が目標とされてきたが，さらにその後の発達を支え，リスクを低下させるための努力の重要性が次第に増している。

2. 乳児期の脳

2-1 脳の発達

受精後18日頃の胎芽期（身長は2mm程度）に脳の原基ができ始める。その後約2か月で，将来大脳となる部分（前脳胞），中脳になる部分（中脳胞），延髄や小脳となる部分（菱脳胞）が形成され，この時点の胎児の脳の重量は20〜30gほどになる。7か月になると，大脳の表面に皺（しわ）が見られるようになり，その外観は成人とほぼ同じようなものとなる。

出生時の脳は約400gで，生後6か月まで急激に成長し，その後の発達はやや穏やかとなり，2歳までに成人の脳の重量（約1300g）の約75％，5〜6歳で約90％に達する。

2-2 髄鞘化

脳重量の増加は，神経細胞の増加ではなく，神経細胞の軸索や樹状突起の伸展や増加，グリア細胞や血管の増加による。グリア細胞は神経細胞を構造的に支える細胞であるが，それに加えて，絶縁性の高い脂質を軸索に巻きつけ髄鞘（ずいしょう）とする（髄鞘化）働きがある。髄鞘には一定の間隔でランビエ絞輪と呼ばれる切れ目があり，そこでは軸索が露出している。軸索を伝わる電気信号はこのランビエ絞輪から次の絞輪へと，跳躍的に伝わるので，髄鞘を持つ軸索は非常に早く信号伝達ができる。

髄鞘化は，大脳では生後2歳まで急速に，その後12歳まで緩やかに進行する。

2-3 刈り込み

乳幼児期にはシナプスの量が大きく変化する。ハッテンロッカーら（Huttenlocher & Dabholkar, 1997）は，さまざまな年齢での視覚野，聴覚野，前頭皮質（中前頭回）のシナプス密度（100μm²当たりのシナプス数）を調べ，乳幼児は成人に比べて多くのシナプスを持ち，それらが幼児期から児童期を通して徐々に減少していくことを示した（図9-1

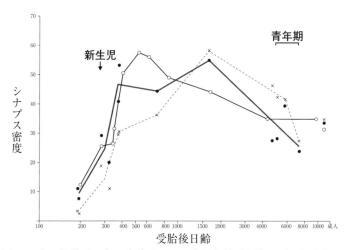

注）図中の，○は視覚野，●は聴覚野，×は前頭皮質（中前頭回）を示す。

図9-1　脳の各領域におけるシナプス密度（Huttenlocher & Dabholkar, 1997, p.170）

参照）。シナプスが過剰に作られた後に減少していく過程は，「刈り込み（pruning）」と呼ばれる。いったん過剰にシナプスを形成した上で，刈り込みによって生活の中で使われるシナプス結合を残し，不要なシナプスを淘汰することにより，効率的な情報伝達のできる，環境に適合した脳を作ることになる。

3.　乳児の有能さ

3-1　新生児の状態

＊**睡眠**　生後28日までを新生児と呼ぶ。新生児は，出生当初は1日に16時間程度寝ているが，次第に睡眠時間は短くなり，1歳頃には13時間程度になる。体内時計が整い，1日のリズムが作られるようになると，夜の睡眠は次第に長くなり，昼寝は相対的に短くなる。睡眠には，レム睡眠（目の動きや体の動きがあり，夢を見ていることが多い）と，ノンレム睡眠（静かで眠りが深く，動きが少ない）がある。新生児の睡眠の半分（8時間）程度はレム睡眠であるが，次第に低下していき，3〜4歳では20％以下になる。乳児期にレム睡眠が多いのは，視覚情

に乏しかった母胎内で十分に発達させることができなかった視覚系を，レム睡眠で自己刺激することにより，睡眠中でも発達させようとしているからであると考えられている。実際，目覚めている時に多くの視覚刺激を与えられた乳児は，あまり与えられなかった乳児よりレム睡眠が少ないという（Boismeyer, 1977）。

＊泣きとなだめ　寝ていることが多い新生児も次第に目覚めているようになり，また，泣きを示すようになる。泣きは2週目から増加し，6週目くらいがピークとなり，その後少なくなる。初期の泣きは主に，苦痛，空腹，寒さ，過剰な刺激，また欲求不満によるが，次第に養育者の応答を引き出すために泣くようになり，コミュニケーション行動となる。養育経験は泣きの理解を促す。たとえば，泣き声から乳児の年齢を推定させると，イタリア人・日本人を問わず女性は男性より，そして親である人は親でない人より正確であった（Esposito, Nakazawa, Venuti, & Bornstein, 2015）。

　乳児の泣きは，養育者の注意を引き，不快感を与え，泣きを止めようという強い動機をもたらす。それは養育行動を引き出し，結果的に乳児の生存に有利になる。

　泣きを止め，なだめるのに有効なのは，揺すったり歌を歌ったりして適度な刺激を繰り返し与えること，抱いたり布で体を巻き手足の動きを抑制すること，リズミカルに軽く叩いたり，おんぶや抱っこで運んだりすることである。エスポジトら（Esposito et al., 2013）は，母親が乳児を運ぶ時に乳児がおとなしくなるのは，哺乳類に共通する現象であることを示している。

3-2　乳児の運動と感覚の発達
●新生児の反射
　新生児が示す神経系に由来する生得的な行動に，原始反射がある。原始反射には，歩行反射（起立した姿勢で足が床に触れると，歩くように足が動く），把握反射（手のひらを圧迫すると，手を握るように指がまがる），乳探索反射（乳房が顔に触れると，乳首を捉えるように顔が動

く)，吸啜反射（口に何かが触れると吸おうとする動きが出る）などがある。

　大脳皮質の成熟に伴い原始反射は消失し，意思による運動が機能し始める。たとえば，歩行反射は，健常児では生後3か月頃に見られなくなり，1歳頃になると自発的な歩行行動が出現する。しかし，歩行反射が消失した乳児の両足を水中に入れ，足への体重の負荷を軽くすると，足を歩くように動かす行動が見られる（Thelen, Fisher, & Ridley-Johnson, 1984）。つまり，歩行反射の消失は，体重の増加とそれに見合う筋力の発達の未成熟によるもので，歩行反射は自発的歩行の出現へとつながる行動と考えることができる。

●感覚の発達

＊味覚　新生児は，大人と同様に，甘い物を口にすると微笑み，酸っぱい物には口をすぼめ，苦い物にはしかめっ面をする反射的表情を示す（Rosenstein & Oster, 1988）。生得的に甘みのあるものを快に感じるおかげでカロリー摂取ができ，苦味を嫌うことで毒を避けることができる。このようにして，乳児は自らの栄養摂取や生命維持を行っている。

　乳児の味覚の好みには母親の妊娠期の食生活の影響も見られる。妊娠最終期の3週間，キャロットジュースを飲んだ妊婦から生まれた乳児は，同時期に水を飲んだ妊婦の乳児に比べ，離乳期にキャロット味のシリアルを選ぶ傾向が強かった（Mennella, Jagnow, & Beauchamp, 2001）。

＊嗅覚　生後2日目の新生児は，母親と他の女性の母乳の臭いの区別ができなかったが，生後6日目にはできることから（MacFarlane, 1975），母乳の臭いへの選好は生後間もなく形成されると言える。

＊触覚　乳児は口により，ものの性質を理解しようとしている。ロシャ（Rochat, 1983）は，乳児に形や手触りや弾力性が異なるおしゃぶりを吸わせたところ，おしゃぶりの形状が奇抜であるほど，口の中でおしゃぶりをよく探索した。

＊視覚　ファンツ（Fantz, 1963）は，生後5日以内の新生児と2〜5か月児の6種の多様な図の注視時間を測定した。いずれの年齢の子も，

より複雑な図，特に人の顔に似た図をよく見た。こうした視覚特性は，身近な人である養育者の顔を見つめることになり，それは対人関係の基礎となる。

＊聴覚 新生児の聴覚は大人より聞こえにくく，新生児が反応する最もかすかな音は，大人の4倍の大きさの音が必要で（Maurer & Maurer, 1988），大人と同じレベルになるのは5～8歳である。

　音声の最小単位は音韻と呼ばれる。生後半年くらいまでの乳児の音韻弁別は，どのような言語の音韻についても可能であるが，その後は次第に母語で必要とされる音韻のみが弁別可能となっていく。たとえば，日本とアメリカの乳児は，6～8か月時点では英語の［la］と［ra］の音の弁別の正答率に差はないが，10～12か月になるとアメリカの乳児の正答率は上がり，日本の乳児の正答率は下がった（Kuhl et al., 2006）。乳児は，あらかじめあらゆる音韻を学習できるように生まれるが，生活するために必要な音韻の弁別能力を残して，それ以外の不要な音韻弁別能力は消滅していく。これは前述の「刈り込み」によると考えられている。

　クールら（Kuhl, Tsao, & Liu, 2003）は，また，アメリカの9か月児を2つの群に分け，大人による個別の絵本読み聞かせと遊具での遊びを1回25分4週間行った（実験1）。一方の群の大人は中国語の話者で中国語を用い，他方の群の大人は英語の話者で英語を用いた。その後にテストされた中国語独特の音韻の弁別は，中国語話者と遊んだ群の乳児が英語話者と遊んだ乳児より高かった（図9-2 A参照）。

　この研究では，また別の乳児を2つの群に分け，一方には，実験1の中国語話者の読み聞かせや話しかけを子どもの目線で録画したビデオ映像を，他方にはその音声のみを1回25分4週間提示した（実験2）。その後の中国語独特の音韻の弁別は，ビデオ群と音声群に差はなく，いずれも実験1の英語による直接交流をした乳児（図9-2 Aの右の棒グラフ）と同レベルだった（図9-2 B参照）。乳児期の音韻知覚には，実際の話者との直接的なやりとりが重要であると言える。

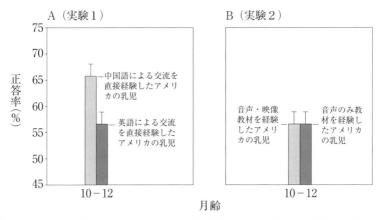

図9-2　人との直接交流，音声・映像教材，音声教材が乳児の中国語の音韻弁別に及ぼす影響（Kuhl, Tsao, & Liu, 2003, p.90-98 を一部改変）

3-3　乳児の有能な物理的世界の認知能力

　支えられていない物は落ちる，物が物にぶつかると動く，といった素朴な物理的概念を，乳児は理解しているのだろうか。乳児が素朴な物理的概念を持っているならば，物理的にあり得ない現象（「期待に反する反応課題（violation-of-expectation)」と呼ばれる）を見せた時，驚きを示すと考えられる。たとえば，ベイヤールジョン（Baillargeon, 1994）は，台の上に置いてある箱が指先で押され台の右端で止まる（可能事態）か，箱の底面の 85 ％が台の右端からはみ出る場合（物理的には台から落ちて当然だが落ちないという現実にはあり得ない不可能事態）を見せた（図9-3 参照）。不可能事態に 3 か月の乳児は驚かなかった。しかし，6.5 か月児は驚きの表情を見せ，当然落ちるはずの箱が落ちないことを不思議に思ったことを示した。乳児は，物は一部でも接触していれば支えられていると考えるが，日常経験を通して，箱が安定するには，台とどのくらい接触している必要があるか，を次第に判断できるようになると考えられる。

　さらに乳児は，これら物理的概念はヒトや生物に適用できないことも理解している。たとえば，スペルキら（Spelke et al., 1995）は，ある物

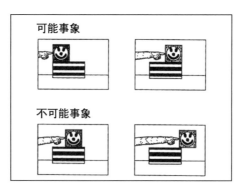

図9-3 可能事態と不可能事態による幼児の支えの理解
(Baillargeon, 1994, p.134)

A が物 B に近づくが，直接触れていないのに物 B が動き出す事象（物の非接触事象）と，人 A が人 B に近づくが，直接触れていないのに人 B が動き出す事象（人の非接触事象）を 7 か月児に見せた。7 か月児は人よりも物が非接触で動き出す事象をより長く注視した。つまり，7 か月児は物と人とを区別し，物には接触原理（物体が触れた場合，それはお互いの動きに影響する）が適用されるが，人にはその原理を適用しなかったことがわかる。物は外からの力がないと動かないが，人は自発的に動く，ということを理解しているからであると考えられる。

　このような乳児が示す物理的世界の認知能力の高さは生得的なもので，彼らが生まれてきたこの物理的世界の中で危険を回避し安全に生きるために，支えられないものは落ちるという物理的法則や，物と人の違いなどを早期に理解する必要があるからだと考えられる。

4. 乳児の魅力：養育行動を引き出す

4-1 生理的早産

　ポルトマン（Portmann, 1951）は哺乳類動物を，出生時の子どもの状態から就巣性と離巣性に分けた。就巣性の動物（リス，ネズミ，ウサギなど）の妊娠期間は 20 ～ 30 日前後と短く，一度に多くの仔が生まれる。就巣性動物は，生後すぐには自力で動けず，巣立つまでに親の保護

を必要とする。乳児は，無毛であるなど，成体とは身体的な特徴が異なり，生後数日して親と類似した特徴が現れ始める。すなわち，就巣性動物は発達が進んでいない状態で生まれてくる。

　他方，離巣性の動物（象やキリン，そして牛や馬など）の妊娠期間は比較的長く，一度に出生する仔の数は少ない。離巣性動物は，生まれた時点ですでにその種特有の体つきをしており，出生直後から自力で動くことができる運動機能を持ち，かなりの発育をとげて出生する。一般的に高等な哺乳類ほど離巣性であると考えられている。

　では，ヒトはどうであろうか。高等な哺乳類であるヒトは，離巣性の動物であるはずだが，ヒトの新生児は，自分で歩くことも，言葉を話すこともできない。頭部が大きく，手，足，胴が短いことから，成体とは体型が異なっている。ヒトの子どもが歩き始め，言葉を発し始め，種としての特徴を示し始めるのは，生後1年ほどたってからである。このことから考えると，ヒトは1年近く早く生まれてきていることになる。ポルトマンは，これを生理的な早産と表現した。

　「生理的早産」で生まれるのは，その身体構造による。ヒトは進化の過程で直立二足歩行を可能にするために，骨盤の形を大きく変形させてきた。しかしそのために，産道が広がらなくなってしまった。また，脳が著しく発達したことで，胎児の十分な成育を待つと頭部が大きくなり，狭くなった産道を通れなくなってしまう。このような母子両方の身体的な要因により，ヒトは通常の離巣性動物と比べ，未熟な状態で赤ちゃんを産むことになったと考えられる。

4-2　乳児図式

　生理的早産は，ヒトの乳児に，出生後，養育者の養育に大きく依存しなければならないという特徴を持たせることになった。ヒトの乳児は，生存のために前述のような有能な感覚や認知能力を持つとともに，養育者の養育を引き出すさまざまな特性を持っている。

　ローレンツ（Lorenz, 1943）は，ヒトを含め動物の子どもはいずれも体の大きさに比して大きい頭，大きい額，大きい目，丸いほお，平たい

鼻，短い手足といった特徴を持つとした。このような特徴を乳児図式と呼び，動物の成体は乳児図式を持つものに養育的な感情や行為を引き出されるよう生物学的にプログラムされており，それによって動物の子どもが成体の養育を受けて生きていくことができるとした。

　実際，グロッカーら（Glocker et al., 2009）は，乳児の写真（基準図式）とその写真を加工して，高乳児図式の顔（丸い顔，高い額，大きな目，小さな鼻や口），低乳児図式の顔（細い顔，低い額，小さな目，大きな鼻や口）を作り，大学生にかわいさと養育への意欲（世話したくなるか）を5段階で尋ねた。男子学生と女子学生に差はなく，いずれもかわいさ評定，養育への意欲の双方で，低乳児図式が最も低く，基準図式，さらに高乳児図式になるにつれ高かった。グロッカーら（Glocker et al, 2008）はまた，人は乳児図式を見ている時，脳内の快の感覚の中枢と考えられている側坐核が活性化することを見出している。またエスポジトら（Esposito et al., 2014）は，日本人とイタリア人の成人女性はいずれも，乳児（日本とイタリアいずれの乳児であっても）の顔を見た時に体温が上昇することを見出している。乳児の顔は，どのような文化の人でも，生理的な活性化反応をもたらすのである。

4-3　顔への反応

　乳児は他者の顔をどの程度弁別できるのだろうか。パスカリスら（Pascalis, de Haan, & Nelson, 2002）は，6か月児がヒトの顔もサルの顔も弁別できること，しかし9か月児ではヒトの顔は弁別できるがサルの顔はもはや弁別できないことを報告している。これもサルの顔の弁別という生活に不要な能力が「刈り込み」により失われたと考えられる。

　顔はその表情により感情的な手がかりを与える。乳児は他者の表情の認知に極めて敏感である。母親が乳児（1～4か月）に感情を示さない無表情（still face）を向け続けると，初め乳児は母親に笑いかけたり発声したりするが，それでも母親の表情変化がないと次第に母親から目をそらし，ついには顔や体を母親から遠ざけるようになる（Tronic, Als, Adamson, Wise, & Brazelton, 1978）。

　5〜7か月になると，表情と声のつながりを認識し始める。たとえば，笑い顔と怒った顔の動画を同時に提示された7か月児は，楽しそうな声が流れると笑い顔の方を，怒りの声が流れると怒った顔をより長く見た（Soken & Pick, 1992）。

　養育者に依存する乳児は，進化的に獲得した乳児図式や泣きといった，養育者の養育反応を自動的に引き出す解発刺激を用いて，養育者を身近に引きつける。またヒトの顔を好むという知覚特性は，養育者とのアイコンタクトを生み，相互作用を引き出す。

5. 三項関係と共同注意

　養育者とのコミュニケーションは，相互作用の質を高め，さまざまな学習機会を乳児にもたらす。養育者が，乳児に対して発してしまう対乳児発話（infant-directed talk：IDT，マザリーズともいう）は，乳児の注意を高め，コミュニケーションの成立に働く。

　コミュニケーションが成立するには，他者の意図や感情の存在を認識し，それをもとに，発話や動作の交代ができることが重要である。これをブルーナー（Bruner, 1977）は，行為の対話（action dialogue）と呼んだ。また，コミュニケーション成立には，間主観性（intersubjectivity）（相互作用の当事者同士が，相互の理解を共有すること）も必要となる。

5-1　三項関係

　子どもと人（養育者），あるいは，子どもと事物（おもちゃ等）との直接のやりとり（二項関係）から，乳児期後期には，おもちゃや絵本などの事物を介した他者とのやりとりが徐々に始まる。たとえば，母親と子どもがボールをやりとりする，母親と乳児が絵本を見ながらやりとりをするなどである。このような子ども，他の人，物との3つの関係を三項関係と呼ぶ。

　三項関係の遊びができるのは，子どもが同じ物への注意を他者と共有すること，またその物を媒介にして感情を他者と共有できること，また他者に意図があることを認識できるようになることによる。

5-2　共同注意と指差し

　6か月頃までに，乳児は他者の凝視を追視するようになり，その後，18か月頃までに，他者の凝視の方向を見るようになる（Butterworth & Grover, 1988）。9か月頃になると，乳児は指差しの方向を見，その数か月後に自分で指差しを始める（Butterworth, 1998）。このような，事物や事象などへの注意を他者と共有することを，「共同注意（joint attention）」という。共同注意も，乳児が意図を持つ存在として他者を認識し始めたことを表す。

　指差しにより共同注意を誘う行動は，チンパンジーでは見られず，ヒトに特有の行動である。指差しは意図を相手に伝えようとするという点で，言葉によるコミュニケーションの基礎となる。指差しにより他者から学ぶ機会は大きくなる。たとえば，他者が物を指差してその名前を言えば，子どもは他者の視線を追い同じ対象を見ることで，有効に物の名前を覚えられる。実際，10〜11か月で大人の視線を追従し対象を長く見た乳児ほど，2歳までの語彙発達が早かった（Brooks & Meltzoff, 2008）。

　乳児は，養育者と注意を共有するだけでなく，養育者が注意の対象をどのように評価しているのかを養育者の表情から判断し，それを手がかりに適応的な行動をとろうとする。「社会的参照（social reference）」と呼ばれるこのような行動は，8か月頃から出現する（Campos & Sternberg, 1981）（5章参照）。

　1歳頃には，人とのかかわりの中で，意図の理解や伝達，またその利用等が可能となり，他者とかかわりを持ち生きていく人としての大きな歩みが始まる。

6. 表象の出現と物の永続性の認識

　乳児期後期になると，認知機能に大きな変革が生まれる。それは，イメージ・言語という表象機能の出現である（第一次認知革命：内田, 2010）。イメージをもとに，今眼前にない事柄についても思考を展開できるようになる。また，発話が始まり，言葉により自己の意図・意思を

他者と次第に共有できるようになる。

　事物が布で覆われて見えなくなっても，布の下にあり続けるという認識を，物の永続性（object permanence）という。ピアジェ（Piaget, 1954）は，8か月頃までの乳児はおもちゃが布で覆われ見えなくなると，すでにそこにはないと考え，探そうとはしないことを見出し，彼らは物の永続性の概念を持たないとした。8～12か月になると，乳児は物の永続性を理解し，隠された物を探そうとするようになる。これは，そこにはその事物があるはずだ，という事物の表象（イメージ）が出来上がっていることを意味する。ただし，それはまだとてももろい。最初に隠された場所（A）から，事物がさらに目の前で別の場所（B）に移動されるのを見せられた場合，最初に隠された場所（A）を探してしまう（「A not B error」と呼ばれる）。1歳になると，A not B error はなくなり，今あると考えられる場所（B）を探すようになる。ただし，それは事物のBへの移動を目の前で見た場合に限られる。目に見えないように事物を移動しても隠れている可能性のある場所を探そうとするようになるのは，1歳半くらいである。これは永続的な事物の表象（イメージ）が確立することによる。

　A not B error は，ピアジェの言うように，乳児期にはイメージの機能がまだもろいという以外にも，実行機能（11章参照）をつかさどる背外側前頭前野（Dorsolateral prefrontal cortex）の機能が弱く，直前に隠された場所（B）を覚えていられないことや，最初に隠された場所（A）を探す傾向を抑制することが難しいこと（Diamond & Goldman-Rakic, 1989）などをはじめ，いくつかの理由が提案されている。

　乳児期が終わり，幼児期に入ると子どものイメージや言語の機能，またさまざまな認知機能は大きく発達していくことになる。

🔔 研究課題 ─────────────────────

1. 乳児の研究は日々進んでいる。最近注目された乳児の心理学的な研
   究を新聞等の記事の中から探してみよう。

2. 子どもに影響する母体環境にはどのようなものがあるか，調べてみ
   よう。

3. 身近に乳児がいれば，何かを指差して乳児がその方向を見るか見て
   みよう。また乳児の行う指差し行動を観察してみよう。指差しにど
   のような機能があるか，考えてみよう。

参考文献

ビョークランド, D. F. & ペレグリーニ, A. D.（2008）.（無藤隆監訳）進化発達
　　心理学　新曜社

外山紀子・中島伸子（2013）.　乳幼児は世界をどう理解しているか―実験で読みと
　　く赤ちゃんと幼児の心―　新曜社

引用文献

荒木俊輔（1972）.　胎児，新生児の音響刺激に対する誘発反応について　日本産科
　　婦人科学会雑誌, *24*, 267-275.

Baillargeon, R.（1994）. How do infants learn about the physical world? *Current
　　Directions in Psychological Science, 3*, 133-140.

Boismier, J. D.（1977）. Visual stimulation and wake-sleep behavior in human
　　neonate. *Developmental Psychobiology, 10*, 219-227.

Brooks, R. & Meltzoff, A. N.（2008）. Infant gaze following and pointing predict
　　accelerated vocabulary growth through two years of age: A longitudinal,
　　growth curve modeling study. *Journal of Child Language, 35*, 207-220.

Bruner, J. S. (1977). Early social interaction and language acquisition. In H. R. Schaffer (Ed.), *Studies in mother infant interaction* (pp.271-289). London: Academic Press.

Butterworth, G. E. (1998). What is special about pointing in babies? In F. Simion & G. Butterworth (Eds.). *The development of sensory, motor and cognitive capacities in early infancy: From perception to cognition* (pp.171-190). Hove, UK: Psychological Press.

Butterworth, G. E. & Grover, L. (1988). The origins of referential communication in human infancy. In L. Weiskranz (Ed.), *Thought without language* (pp.5-24). Oxford, UK: Clarendon Press.

Campos, J. J. & Sternberg, C. R. (1981). Perception, appraisal, and emotion: The onset of social referencing. In M. E. Lamb & L. R. Sherrod (Eds.), *Infants social cognition: Empirical and theoretical considerations* (pp.273-314). Hillsdale, NJ: Erlbaum.

Diamond, A. & Goldman-Rakic, P. S. (1989). Comparison of human infants and rhesus monkeys on Piaget's A not B task: Evidence for dependence on dorsolateral prefrontal cortex. *Experimental Brain Research, 74*, 24-40.

Esposito, G., Nakazawa, J., Ogawa, S., Stival, R., Kawashima, A., Putnick, D. L., & Bornstein, M. (2014). Baby, you light-up my face: Culture-general physiological responses to infants and culture-specific cognitive judgements of adult. *Plos One, 9*, e106705.

Esposito, G., Nakazawa, J., Venuti, P., & Bornstein, M. (2015). Judgment of infant cry: The roles of acoustic characteristics and sociodemographic characteristics. *Japanese Psychological Research, 57*, 126-134.

Esposito, G., Yoshida, S.,, Ohnishi, R., Tsuneoka, Y., Rostagno, M. C., Yokota, S., Okabe, S., Kamiya, K., Hoshino, M., Shimizu, M., Venuti, P., Kikusui, T., Kato, T., & Kuroda, K. O. (2013). Infant calming responses during maternal carrying in humans and mice. *Current Biology*, 2013.doi：10.1016/j.cub.2013.03.041

Fantz, R. L. (1963). Pattern vision in newborn infants. *Science, 140*, 296-297.

Glocker, M. L., Langleben, D. D., Ruparel, K., Loughead, J. W., Valdez, J. N., Griffin, M. D., Sachser, N., & Gur, R. C. (2008). Baby schema modulates the brain reward system in nulliparous women. *PNAS, 106*, 9115-9119.

Glocker, M. L., Langleben, D. D., Ruparel, K., Loughead, J. W., Gur, R. C., & Sachser, N. (2009). Baby schema in infant faces induces cuteness perception and motivation for caretaking in adults. *Ethology, 115*, 257-263.

Hack, M., Flannery, D., Schluchter, M., Cartar, L., Borawski, E., & Klein, N. (2002). Outcomes in young adulthood for very-low-birth-weight infants. *The New England Journal of Medicine. 346*, 149-157.

Hooker, D. (1952). *The prenatal origin of behavior.* Lawrence: The University of Kansas Press. (前川喜平・庄司順一 (1981). 行動の胎生学 小児医学, *14*, 986-1004. による)

Huttenlocher, P. R. & Dabholkar, A. S. (1997). Regional differences in synaptogenesis in human cerebral cortex. *Journal of Comparative Neurology, 387*, 167-178.

Kuhl, P. K., Stevens, E., Hayashi, A., Deguchi, T., Kiritani, S., & Iverson, P. (2006). Infant show a facilitation effect for native language phonetic perception between 6 and 12 months. *Developmental Science, 9*, F12-F21.

Kuhl, P. K., Tsao, F-M., & Liu, H-M. (2003). Foreign-language experience in infancy: Effects of short-term exposure and social interaction on phonetic learning. *Proceedings of National Academy of Sience, 100*, 9096-9101.

Leonardi-Bee, J., Smyth, A., Britton, J., & Coleman, T. (2008). Environmental Tabaco smoke and fetal health: Systematic review and meta-analysis. *Archives of Disease in Childhood. Fetal and Neonatal Edition, 93*, F351-361.

Lorenz, K. (1943). Die angeborenen Formen Möglicher Erfahrung. *Zeitschrift für Tierpsychologie, 5*, 235-409.

MacFarlane, A. (1975). Olfaction in the development of social preferences in the human neonate. *Parent-infant interaction (CIBA Foundation Symposium, No.33*, pp.103-117). Amsterdam: Elsevier.

Maurer, D. & Maurer, C. (1988). *The world of the newborn.* New York: Basic Books.

Mennella, J. A., Jagnow, C. P., & Beauchamp, G. K. (2001). Prenatal and postnatal flavor learning by human infants. *Pediatrics, 107* (6), E88.

Miranda, S. B. (1976). Visual attention in defective and high-risk infants. *Merrill-Palmer Quarterly, 22*, 201-228.

Pascalis, O., de Haan, M., & Nelson, C. A. (2002). Is face processing species-specific during the first year of life? *Science, 296*, 1321-1323.

Piaget, J. (1954). *The construction of reality in the child.* New York: Basic Books.

Portmann, A. (1951). *Biologische Fragmente zu einer Lehre vom Menschen.* Benno Schwabe. (高木正孝 (訳) (1961). 人間はどこまで動物か 岩波新書)

Rochat, P.（1983）. Oral touch in young infants: Response to variations of nipple characteristics in the first months of life. *International Journal of Behavioral Development, 6,* 123-133.

Rosenstein, D. & Oster, H.（1988）. Differential facial responses to four basic tastes in newborns. *Child Development, 59,* 1555-1568.

Soken, N. H. & Pick, A. D.（1992）. Intermodal perception of happy and angry expressive behaviors by seven-month-old infants. *Child Development, 63,* 787-795.

Spelke, E. S., Phillips, A., & Woodward, A. L.（1995）. Infants' knowledge of object motion and human action. In D. Sperber, D. Premack, & A. Premack（Eds.）, *Causal cognition: A multidisciplinary debate*（pp.44-78）. Oxford University Press.

Stein, A. D. & Lumey, L. H.（2000）. The relationship between maternal and offspring birth weights after maternal prenatal famine exposure: the Dutch Famine Birth Cohort Study. *Human Biology, 72,* 641-654.

Thelen, E., Fisher, D. M., & Ridley-Johnson, R.（1984）. The relationship between physical growth and a newborn reflex. *Infant Behavior and Development, 7,* 479-493.

Tronic, E. Z., Als, H., Adamson, L., Wise, S., & Brazelton, T. B.（1978）. The infant's response to entrapment between contradictory messages in face-to-face interactions. *Journal of the American Academy of Child Psychiatry, 17,* 1-13.

内田伸子（2010）. 子どもは世界をどのようにとらえているか　内田伸子・袖井孝子（編）子どもの暮らしの安全・安心〜命の教育へ 1—乳幼児期から小学校入学まで—（pp. 22-32）　金子書房

10 │ 幼児期のこころ

中澤　潤

《学習目標》　幼児期には，歩行の開始に引き続く多様な運動機能の向上，他者とのコミュニケーションを可能にする言語やイメージ機能の急激な発達が見られる。それに伴い，認知機能においては大きな変革がある。さらに，これら諸側面の発達を基礎に，自己が意識され，依存から自立への歩みが展開する時期でもある。本章では，認知的な発達とこの時期の主要な活動である遊びを中心に，幼児期のこころの発達の特徴を見ていく。
《キーワード》　協働性，心の理論，メタ認知，実行機能，イメージ，自己統制，非認知能力

1. 初期養育環境の影響

　ルーマニアではチャウシェスク大統領による人口増加政策がとられたが，貧困のため遺棄される子が多く，その多くが劣悪な条件の施設で養育されてきた。1989 年にチャウシェスク体制が崩壊すると，西側社会の発達研究者がこれら施設収容児の発達援助のための介入研究を行ってきた。そのような研究の一つに，ネルソンら（Nelson et al., 2007）のブカレスト早期介入プロジェクト（BEIP）がある。

　このプロジェクトはルーマニアの乳幼児収容施設の平均年齢 6 か月〜2 歳 7 か月の子どもたちの半数を施設に残し，半数を里子養子とし，これらの子どもたちを生後ずっと家庭で養育されている子と比較した。3 歳半（42 か月）時点の発達指数は，家庭養育児が 103.4，養子は 85.7，施設に残った子は 77.1，4 歳半（54 か月）時点の知能指数は，家庭養育児が 109.3，養子は 81.0，施設に残った子は 73.3 であった（表 10－1 参照）。養子の場合，養子になった時期が早いほど指数は家庭養育

表 10-1　**ブカレスト早期介入プロジェクト児の発達指数・知能指数**
（Nelson et al., 2007, p.19-38 より作成）

	42 か月	54 か月
施設に残った子	77.1	73.3
養子になった子	85.7	81.0
養子になった時期		
0 - 18 月	94.4	84.8
18 - 24 月	89.0	86.7
24 - 30 月	80.1	78.1
30 か月以降	79.7	71.5
家庭養育の子	103.4	109.3

注）42 か月：ベイリー発達検査による発達指数
　　54 か月：WPPSI-R による知能指数

児に近く，遅いほど施設児に近かった。幼児期初期までに豊かで親密な養育者との人間関係を持つことは，その後の知的機能の発達の基盤になっている。

2. 生得的な協働性

　人は社会的な存在で，互いに協働しながら大きな文化を築いてきた。前章で，乳児は生まれながらに環境の物理的特性や人と物の違いを理解していることを見たが，発話や歩行が始まったばかりで十分な社会的経験を持ってはいない幼児期初期の子どもたちが，人という存在の基礎である他者との協働の能力を持つことも明らかになってきた。

2-1　援助と共感

　初めて出会う成人男性が困っている事態（例：マーカーを落として拾おうとしても手が届かない，手が塞がっていて戸棚が開けられない）に遭遇した場合，1 歳半児 24 人中 22 人が自発的にすぐにマーカーを拾って手渡す，戸棚を開けてあげるといった援助を行った（Warneken & Tomasello, 2006）。男性がマーカーをわざと放り投げる，雑誌を戸棚に入れようとしてぶつかるといった事態では，援助は少なかった。人が困

っているかどうかの認識をした上で，援助がなされていることがうかがえる。

　こうした援助行動の背景には，困っている人への幼児の共感がある。ある大人が描いている絵を他の大人が破り捨てるのを見た1歳半児と2歳児は，ある大人の前にある白紙を他の大人が破り捨てるのを見た子どもたちより，被害を受けた人の顔を見，気遣う表情をした。そしてその後の被害者が風船を失くしてしまう状況で，描いた絵を破られた被害者への援助（風船をあげる）は白紙を破られた被害者より多く，援助の程度は気遣いの視線が多いほど多かった（Vaish, Carpenter, & Tomasello, 2009）。

　このように，社会的経験の少ない早期の幼児であっても他者の状況を認識し，共感に基づき援助を行う。このことは，我々人が，相互の生存に必要な協力という特性を備えて生まれてくる，ということを示していると言えるだろう。

2-2　協働維持の社会的規範

　他者と協働する上で，参加者は自由に活動から離れてよいわけではなく，協働維持の義務が生じる。3歳児・4歳児が大人（A）を誘って一緒にゲームをしている，あるいは大人（A）が誘われてはいないが遊びに入る形で一緒にゲームをしている時に，子どもは別の大人（B）からより魅力的なゲームに誘われる。魅力的なゲームに参加するために，それまで一緒にやっていたゲームを離れる時に，子どもが大人（A）に断りを入れた割合を見ると，3歳児，4歳児共に子どもが大人を誘った場合は50%程度で，大人の方から入った場合(28%)より多かった。3歳児でも，協働的な活動には協働維持の義務が生じていることを理解し，特に自分から他者を遊びに誘った場合には，より維持に責任があることを理解していると言える（Grafenhain, Behne, Carpenter, & Tomasello, 2009）。

3. 問題解決に働く認知機能の芽生え

　幼児期になると，知覚と行為の調整が次第に可能になるが，幼児期初期（2歳児期）ではまだ，それらは完全に統合されていない。この時期の幼児が，実際の椅子や自動車で遊んだ後，椅子や自動車のミニチュアが置かれた部屋に行くと，先ほどと同様に遊ぼうとしてミニチュアに座ったり乗ったりする。体のサイズと物の大きさとの関係を考慮できないこのような現象はスケールエラーと呼ばれる（DeLoache, Uttal & Rosengren, 2004）。これは視覚に基づき事物を同定し行為のプランを立てる機能と，プランに従い行動を統制する機能の，脳内での統合が不十分であることによる。2歳以降，スケールエラーは低下していく。

　幼児期を通して知的機能は大きく発達し，幼児期中期（4歳）には他者の心の理解が進む。そして，幼児期の後半（5歳後半）になると，また新たな認知的な変革が生まれる（第二次認知革命）。すなわち，自分の心の状態や思考を理解し，それ自体を思考の対象とし始めるということである。つまり，第三者としての自分を持ち，それによって自己の直面する問題の解決へ向けて自己を統制することができ始めるのである。

3-1　他者の心の理解

＊心の理論　我々は直接的には観察できない他者の意図，知識，信念などの心的な状態を理解し，それに基づいて他者の行動を予測する。このような，他者の心的状態を理解する枠組みを，「心の理論（theory of mind）」と呼ぶ。

　心の理論は，主に誤信念課題（false belief task）によって測定されてきた（Wimmer & Perner, 1983）。たとえば，幼児は最初に「マクシがミニカーを場所 X に置き，その後マクシが不在の間に，母親がミニカーを場所 X から Y に移した」といった話を聞かされた後，「マクシはどこにミニカーがあると思っているか」を尋ねられる。3歳児は自分の知っている事実（ミニカーは今 Y にある）に基づいて，質問に「マクシはミニカーが Y にあると思ってる」と答えてしまう。しかし，4歳

頃になると，他者の誤信念（他者が持っている現実とは異なる信念）に
基づいて「マクシはミニカーがXにあると思ってる」と答えることが
できるようになる（この課題は5章のサリーとアンの課題と同様の構造
である）。

3-2　プランニング能力とメタ認知

　幼児期後期になると，先を見通し，プランを立て，それに従って行動
することが次第にできるようになり，知的な問題解決に取り組むことへ
の歩みが始まる。これは，自己の認知状態を認知するというメタ認知が
この時期に徐々に機能し始めることによる。問題解決過程は，メタ認知
のプランニング（問題解決にどのような方法でどう取り組むかを計
画），モニタリング（問題解決の進行を自分で監視し確認），自己評価
（自己の遂行や答えの適切さを評価），自己コントロール（プランニン
グ，モニタリング，自己評価に基づき，問題解決行動を適切な方向に維
持）の機能により制御される（Brown, 1978）。

3-3　実行機能と抑制制御

　メタ認知による問題解決過程の制御を可能にする認知機能が，実行機
能である。実行機能には，ワーキングメモリー（問題解決のために同時
に複数の情報を保持し，必要に応じて情報を更新），柔軟性（状況に応
じて行動や方略を修正），抑制（問題解決を事前にプランニングし，問
題解決に不適切な反応を抑制し，適切な行動に注意を向け遂行）という
3つの要素がある（Lehto, Juujarvi, Kooistra, & Pulkkinen, 2003）。発達
につれ，ワーキングメモリーの容量は増大し，柔軟性は増し，抑制はよ
り可能となる（Carlson & Beck, 2009）。
*心の理論と実行機能　先に述べた心の理論課題に正答するためには，
自分の知る事実（例：ミニカーはYにある）を抑制し，他者の誤信念
（例：マクシはミニカーはXにあると思っている）等のさまざまな情報
を同時に処理しなければならない。このため，心の理論の遂行には抑制
の制御やワーキングメモリーが必要とされると考えられており，多くの

研究においてそのことが示されている（Carlson, Moses, & Breton, 2002）。

＊推論と実行機能 演繹推論は，前提を踏まえ論理的に結論を導き出すことをいう。幼児は経験に縛られ，経験とは異なる反事実的前提による演繹推論ができない。ディアスとハリス（Dias & Harris, 1988：実験1）は，5・6歳児に，事実的前提に基づく演繹推論の課題（例：「すべての猫はニャーと鳴きます」，「レックスは猫です」，「レックスはニャーと鳴きますか？」），反事実的前提に基づく演繹推論（例：「すべての猫は吠えます」，「レックスは猫です」，「レックスは吠えますか？」），および幼児の知らない事実を前提とする推論（例：「すべてのハイエナは笑います」，「レックスはハイエナです」，「レックスは笑いますか？」）を行った。幼児は，事実的前提に基づく演繹推論課題のみしか正答できなかった。

　このような演繹推論が可能となることにも実行機能が必要となる。前提をはじめ複数の情報をワーキングメモリーの中にとどめ判断しなければならないが，実際ワーキングメモリーの容量が大きいほど演繹推論の成績はよい。また特に反事実的前提の推論の場合，「猫はニャーと鳴く」という事実の知識を抑制し，「猫は吠える」という事実に反する前提のもとで推論することが必要となる。このような抑制能力は，幼児の演繹推論の成績と関連している（中道，2007）。

　幼児期の後期には，メタ認知機能が働き始め，前頭前野をはじめとする脳の発達によるワーキングメモリーの容量の増大や抑制能力の発達により，知的な問題解決に取り組む準備ができるようになる。

3-4　認知発達の基盤としての情動

　上述のように，反事実的思考（現実とは異なる仮定に立った思考）は，具体的な事実の世界に生きている幼児には難しい。4歳児と6歳児に物理的事象（例：2人の子が積み木で遊んでいるが，一人の子の積み木が把手の2つあるガラスのコップに当たり把手の一つが壊れる。その後もう一人の子の手がコップに当たり，コップは机から落ちてもう一方

の把手も壊れてしまう），情動事象（例：女の子がキャンディを持って
庭で花を見ている。両方が好きなのでとても幸せだが，犬がやってきて
花を踏み潰してしまい，悲しくなる。その後キャンディを舐めようとす
るが落としてしまう）のストーリーを提示し，反事実質問（「コップが
机から落ちなかったら，今どうなってる？」「女の子がキャンディを落
とさなかったら，今どんな気持ち？」）を尋ねると，4歳児（正答率
39.3％）より6歳児（51.3％），また物理的事象（正答率 21.5％）より
情動事象（69.5％）が正確だった。幼児に身近な感情経験はよりわかり
やすく，幼児はまず感情を手がかりとして認知的理解を進めていくこと
がうかがえる（Nakamichi, 2019）。

4. 遊びの意義

　幼児期の活動の中心は遊びである。イメージの発達により幼児はふり
やごっこ遊びが可能となる。そして，この時期の遊びを通して認知発達
や学びが深まることになる。

4-1　ふりの理解

　遊びの中では，食べるふりなど，さまざまな「ふり」が行われる。他
者の行動が本当のことではなく，ふりであることを，幼児期初期の子ど
もは何によって区別しているのだろう。

　リラードら（Lillard & Witherington, 2004）は，1歳半児の前で母親
が実際にお菓子を食べたり水を飲んだりする場合と，食べたり飲んだり
するふりをする場合の行動の違いを検討した。母親はふりをする場合，
微笑んだり子どもを長く注視するという行動を行っていた。子どもに容
易に理解される笑いや注視の行動が，「ふり」であるということのシグ
ナルとなり，子どもはこれを手がかりに，他者が行う行為としての「ふ
り」を理解するのである。

　他者の「ふり」をこのように行為として理解するだけでなく，他者の
ふりに適切に対応して遊ぶためには，ふりを行っている人が心の中にど
のような表象を描いているのかを理解することが必要となる。このよう

な行為としての「ふり」の背後にある心的状態（意図，欲求，信念，知識）までを理解した真の「ふり」の理解は，4歳以降に可能となる。たとえば，3・4歳児から5・6歳児にかけ，「犬を知らない人は犬のふりができない」「ライオンは羽をパタパタさせて空を飛ぶ動物だという知識を持つ人は，その知識内容に基づいたライオンのふりをする」ということの理解が進んでいく（杉本，2008）。このように何かのふりをするには，それについてのイメージや知識が必要であることが，幼児期を通して理解されていく。

4-2　見立ての発達

積み木を耳に当てて「もしもし」と言っている場合，その積み木は電話に見立てられている。「見立て」とは，「仮定的な状況を現実の状況に楽しみをもって当てはめること（Lillard, 1993）」である。

物の見立ては2歳前後に見られる。幼児期を通して，見立てる物の形態（形や色）・機能が見立てられる物とかけ離れても見立ては可能（たとえば，ピストルとして遊べる）と回答されるようになっていく（高橋，1984：図10-1，図10-2参照）。幼児期に大きく発達するイメージにより，見立てる物と見立てられる物とのずれを補えるようになるからである。

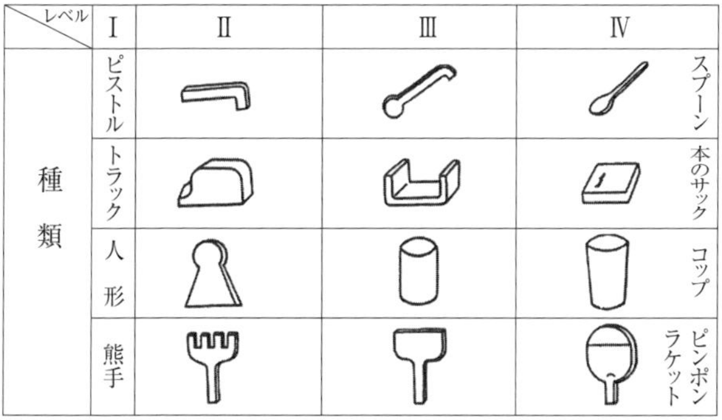

図10-1　各レベルの対象物（高橋，1984, p.28）

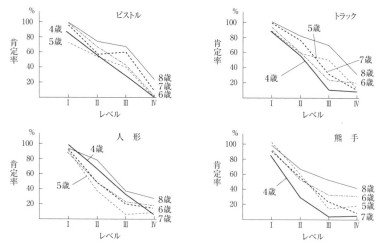

図 10 - 2　各対象物に対する使用肯定率（そのものとして使って遊べる）
（高橋，1984，p.29）

4 - 3　イメージとファンタジー

　遊びという主体的で能動的な活動から，幼児は多くのことを学ぶ。ふり遊びやごっこ遊び（役割遊び）で幼児は，現実の制約を離れ，想像豊かに活動に積極的に取り組むことができるが，こうした遊びは，認知発達の基盤になっている。

　先に紹介したディアスとハリス（Dias & Harris, 1988）の研究では，猫やハイエナのおもちゃを使い，吠えたり笑ったりを演じる「遊び」モードで行う条件も設けられていたが，このモードでは，5・6歳児はどの課題もよくできた。さらに彼らは，おもちゃは使わず，単にごっこという設定にすることの効果を4歳児と6歳児を対象に検討した（実験4）。各年齢の対象児をそれぞれ2群に分け，一方の群には反事実的推論課題を単に口頭で行い（言語群），他方の群にははじめに「他の星にいるってことにしましょう。この星は何でも私たちとは違うんだよ。その星ではどんなことがあるかお話しするよ」と言い，ごっこ遊び風のイントネーションをつけて行った（ごっこ群）。その結果，正答率は4歳より6歳が高いこと，そして，4歳児と6歳児いずれにおいても正答率

はごっこ群が言語群より高かった。現実の制約を離れることのできる遊びの中で，幼児は自由に思考を展開させることができ，それが認知発達を促すと言える。

4-4　遊びの即興的展開の基盤となる認知発達

　ごっこ遊びは，他者が発する会話や行動を受けて次の発話や行動をその都度行うという，即興性が大きな特徴である。即興的な展開のためには，他者と遊びのイメージが共有されなくてはならない。また，遊びの流れの基礎となる食事，家事，幼稚園生活など日常の出来事の展開過程の知識，すなわちスクリプト（Nelson, 1978）を幼児が共通に持つことも，ごっこ遊びの展開を助ける。

　ごっこ遊びを維持するためには，さらに参加者間のコミュニケーションが重要となる。ソウヤー（Sawyer, 1997）は，フレームという概念をもとに論じている。遊びのはじめに，幼児は何ごっこをするのか，またその中で誰が何の役をするのか，といったフレーム設定の発話を行う。たとえば，「洗濯ごっこをしよう」「ここベランダってことにして，ここに干すよ」といった発話である。このような発話により枠組みを共有することで，遊びが共有される。遊びのテーマや役割に応じた発話をフレーム内発話と呼ぶ。しかし，幼児はごっこ遊びの途中で，フレームを抜け出し，新たな枠組みを設定したりする（例：「うちはそうじゃないよ。洗剤，そうやって入れないで」「洗濯物を干したらピクニックに出かけるってことにしない？」）。このような，遊びからいったん離れ，遊びの枠組みを設定調整し合う発話を，フレーム外発話という。

　幼児が遊びの中で使うこのような発話は，よりよく遊ぶための，つまりよりよくコミュニケーションするためのコミュニケーション，すなわち，メタコミュニケーションと言える（Bateson, 1971）。このように，ごっこ遊びはコミュニケーションスキルを発達させる機会を与える。メタコミュニケーションがなされるのは，幼児が自他のイメージが必ずしも同じでないことを理解しているからであり，その背後には，心の理論の発達があると考えられる。実際，アスティントンとジェンキンス

（Astington & Jenkins, 1995）は，誤信念課題に優れている幼児（3～5歳）は遊びの中のフレーム設定の発言が多いことを示している。

4-5 遊びを通した学び

　幼児の遊びはまた，学業の準備にもつながっている。日本語のかなの1字は1モーラ（音韻の単位）と一対一対応をしている。したがって，かな文字を読むためには単語を音韻に分解することが必要となる（天野，1988）。しりとりやカルタ遊びは，遊びの中で自然に音韻分解を行う活動である。たとえば，しりとりでは，「りんご」を「り」「ん」「ご」に分解することで，最後の音韻「ご」を取り出し，「ご」から始まる言葉を探す。またカルタでは，たとえば，「泣き面に蜂」という文の最初の音韻「な」が取り出されて絵札の中で示される。このように，これらの遊びは自然に幼児の単語を構成する音韻への意識を促しており，日本語かな文字の読みや書きの基礎となっている。

　幼児のよく行うすごろく遊びは，数への認識を高め数量概念の獲得に効果を持つ。シーグラーとラマニ（Siegler & Ramani, 2008）は，低所得者層の4～5歳児に，2種のすごろくのいずれかで遊ばせた。数すごろくでは，1か2の数字が出るルーレットで出た数に応じてマスに書かれた数字を言いながら駒を進める。色すごろくでは，数字はなく，色すごろく用のルーレットで出た色のマスに駒を進める。すごろく遊びの前後，および9週後に，0～10の範囲の数の大小比較課題（2つの数の大小判断）・数識別課題（数字を読む）・数唱課題（10までの数唱）を行ったところ，色すごろくで遊んだ群では事前と事後，9週間後に違いはなかったが，数すごろくで遊んだ群では事前から事後ですべての課題の成績が上がり，さらに9週間後の課題でも成績を維持していた。

5. 自己制御

5-1 幼児期の自己理解

　デーモンとハート（Damon & Hart, 1988）は，自己の捉え方には，客観的自己と主観的自己があるとする。客観的自己は，身体（身体的特

徴），活動（行動的特徴），社会（対人関係等の特徴），心理（心や感情の特徴）の４つの側面からなる。幼児期には「僕は汗っかき」「野球をする」「妹がいて，今度赤ちゃんが来るよ」「時々変なことを考える」など，これら４つの側面から自分を捉えるようになる。

　主観的自己は，主体性（自分の主人公は自分であるという意識），独自性（自分は独自の存在であるという意識），連続性（過去，現在，将来の自分はつながっているという意識）の３つの側面からなる。幼児期では，主体性は自然的な力から（食べて，寝て，飲む。それで僕は大きくなる），独自性は名前や身体的特徴，行動や好みの他者との違いから（この名前は僕だけだから，指紋や声が他の人と違うから），連続性は名前や身体的特徴，行動や好み，対人関係の一貫性から（いつでも名前が同じだから，家族や友達が同じだから）判断される。

　なお自己理解は，児童期には他者との比較，青年前期には他者の自己への認識に照らして，さらに青年後期には自分の人生の目的や信念と照らして捉えられるようになる（Damon & Hart, 1988）。

　幼児期の連続性の認識が実験的に検討されている（Povinelli et al., 1996）。鏡に映った自分は今の自分だが，ビデオの中の自分は過去の自分である。３分くらい前に撮られたビデオの中の自分の頭にステッカーがついているのを見て，自分の頭からステッカーを取ろうとする者は，２歳では０％，３歳で25％，４歳で75％だった。このように幼児期に自己の連続性の認識は高まる。

5-2　エピソード記憶の出現

　自伝的記憶（autobiographical memory）は，個人の生活体験エピソードの記憶である。日常生活で体験したことを記憶として残せるようになることは，事象の表象を持ち自己の連続性を意識し，自己を理解することを意味する。３歳児は自分の体験を１事象あたり４語，６歳児は12語を使って伝え，幼児期を通して，聞き手が自分の体験を追体験できるよう，より詳細に語るようになる（Fivush & Haden, 1997）。我々は，３歳以降の自伝的記憶を持つが（Bauer, 2006），こうした叙述機能の発

達がその背景の一つと考えられる。たとえば，シムコックら（Simcock & Hayne, 2002）は，2〜3歳の幼児に家で「魔法の縮小マシン」（おもちゃを入れハンドルを回すと音が出て，蓋を開けるとおもちゃが縮小している）で遊ばせ，その後（半数は6か月後，残り半数は1年後）再度幼児の家を訪ね，「前にも一緒に遊んだゲームで思い出せることを全部お話しして」と聞き，また実際おもちゃを持ってきて以前と同じように遊ばせた。幼児はおもちゃを操作することができ，行動上は思い出すことができた。しかし言葉による説明では，その後使える単語が増えているにもかかわらず，最初に体験した時に使えた言葉でしか説明できなかった。これは，この年齢の幼児が体験時点の言葉のレベルでしか体験した出来事を十分思い出せない，ということを意味する。人は2歳以前の記憶を持たないが，それはこの時期に体験したことを記憶するには言葉が十分発達していなかったからだと考えられる。

5-3　自己制御と非認知能力

＊自己制御　幼児期には，行動を自分で律していく自己制御行動（自己統制）が求められる。柏木（1988）は，自己統制には，自分の欲求を抑えるという自己を抑制する側面と，自分の意思や欲求を人に伝え，積極的に実現しようとする自己主張・自己実現の側面の2つの側面があるとした。そしてこれらの側面を捉えるための尺度の幼稚園教師の評定をもとに，3〜6歳の発達的傾向を明らかにした。自己抑制的な傾向は単調に増加し，またそれは一貫して女児に大きいことがわかる。一方，自己主張・自己実現は4歳後半から頭打ちになっている（図10-3参照）。日本では，自分を抑えることは美徳であり，自己主張することは集団の和を乱すとみなされがちである。この結果には，そのような日本の文化が，すでに4歳児にも反映されていることを示している。

＊非認知能力　社会性や情動を制御する社会情動スキルは，知的な能力と対比されて「非認知能力」と呼ばれている。1960年代に行われたアメリカのアフリカ系家庭へのペリー就学前プロジェクトという幼児教育介入の効果研究によると，3〜5歳の間，幼児教育を受けた子どもたち

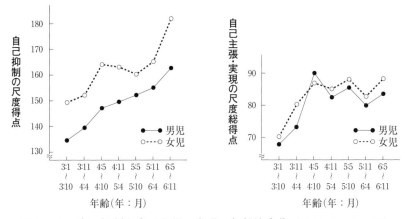

図10-3 自己抑制と自己主張・実現の年齢的変化（柏木，1988，p.23）

の知能は，受けなかった子どもと比べ，一時的に上昇したが，その後低下し，10歳時点では差はなくなった。つまり，幼児教育が知的側面に与えた影響は一時的なものであった。しかし，その後さらに行われた追跡調査によると，幼児教育プログラムを受けた人たちは，受けなかった人に比べ，14歳時点での学力，40歳時点での学歴，年収，持ち家率が高く，生活保護受給率，逮捕率が低かった。すなわち，乳幼児期の保育が後の経済状態，幸福に影響したのである（Schweinhart et al.，2005）。

　10歳時点で知能に差がなかったことから，この違いは知能以外のもの（つまり非認知）に由来すると考えられた。すなわち，知的な面よりも，幼児期の集団保育の中で経験した他児とのやりとりなどの社会性が，社会に出てからの社会的な有能さに，また欲求を抑え順番を待つなどの情動の制御が，その後の忍耐強く勉強や仕事に努力することへとつながったと考えられる。このような能力は，非認知能力と呼ばれ，幼児教育ではその育成が重視されるようになっている。

5-4 幼児期の有能感と楽観性
　幼児期は，有能感（「できる」という感覚：コンピテンスという）を

獲得していく時期である。ハーターら（Harter & Pike, 1984）は，幼児の認識している認知的有能感（「パズルが得意」，「色の名前を知っている」など）と運動的有能感（「ブランコが上手」，「靴のひもが結べる」など）を4段階評定（4点は得意，肯定）で測定した。平均点は，4・5歳児で3.5点，6・7歳児で3.4点と，幼児の自己認識する有能感が高いことがわかる。

　また，幼児は現在の自己への評価ばかりでなく，将来や発達することへも強い肯定感を持っている。たとえば，幼児は年長者に比べ，今できないことも将来大きくなるとできるようになり，不適切な性格特性も将来は適切なものになり，今よくない生物学的，遺伝的特性も大人になるとよりよいものになると考えている（Lockhart, Chang, & Story, 2002；Lockhart, Nakashima, Inagaki, & Keil, 2008）。

　このような幼児の持つ自己の現状や将来への肯定的な捉え方は，「幼児楽観性」と名付けることができるが，これは幼児の能力の未熟さに由来する（Bjorklund, 2000；Harter, 2006）。すなわち，願望と実際の能力を区別することが難しく，自己評価は理想や望ましい自己概念と融合しポジティブになる。視点取得能力に乏しく，他者による自己への評価を自己評価に組み入れることができない。課題の結果よりも遂行を楽しむことに関心があり，課題を行うこと自体で成功感・達成感を得，評価がポジティブになる。対照的な特性（たとえば良い面と悪い面）が自分の中に同時にあることを把握できず，全か無かの思考様式を持つなどである。

　未熟さゆえの「幼児楽観性」には，しかし活動への動機づけ要因として，幼児を物事に積極的に取り組ませ，新しいことへと挑戦させることにより，発達を促す機能があると考えられる（Bjorklund & Green, 1992；Bjorklund & Pellegrini, 2002）。幼児楽観主義はまた，失敗や葛藤体験に対する情緒的な防御要因になる。幼稚園などで仲間といざこざを体験した幼児が，その後すぐにその相手と仲良く遊ぶのはよく目にすることである。幼児の記憶容量の小ささは，結果的に仲間との対人葛藤を忘れさせ，人間関係づくりを進めていく基礎となっている。たとえ今

はできないことや不十分なことがあったとしても，これから大きくなるにつれ，いろいろなことができるようになるという，幼児の発達や将来への大きな期待や，成長を前向きに受け止めようとする姿勢は，家庭から幼稚園へ，また幼稚園から小学校への移行を，期待を持って迎え，乗り越えさせることになる。

🔋 研究課題

1. 幼児のワーキングメモリーを測るための課題には，どのようなものがあるだろうか。また幼児の抑制制御を測るものとして，どのような課題があるだろうか。それぞれ本や論文などで調べてみよう。

2. 幼児の遊びを10分間観察し，その活動にはどのような認知能力が反映されているのか書き出してみよう。

3. 子どもは，さまざまなことから自分を知るようになる。他の人の名前には反応せず，自分の名前に選択的に反応できるようになるのはいつ頃だろうか。自分の物と他者の物を区別するようになるのはいつ頃だろうか。このようなことを機会を捉え観察してみよう。観察の機会のない人は，本や論文などで調べてみよう。

参考文献

ヘックマン，J. J.（古草秀子訳）（2015）．幼児教育の経済学　東洋経済新報社

ゴスワミ，U.（岩男卓実ほか訳）（2003）．子どもの認知発達　新曜社

森口佑介（2014）．おさなごころを科学する―進化する乳幼児観―　新曜社

ネルソン，C. A., フォックス，N. A., & ジーナー，C. H.（上鹿渡和宏ほか監訳，門脇陽子・森田由美訳）（2018）．ルーマニアの遺棄された子どもたちの発達への影響と回復への取り組み　福村出版

シンガー，D. G. & シンガー，J. L.（高橋たまきほか訳）（1997）．遊びがひらく想像力　新曜社

トマセロ，M.（橋彌和秀訳）（2013）．ヒトはなぜ協力するのか　勁草書房

外山紀子・中島伸子（2013）．乳幼児は世界をどう理解しているか―実験で読みとく赤ちゃんと幼児の心―　新曜社

引用文献

天野清（1988）．音韻分析とこどもの literacy の習得　教育心理学年報，*27*，142-164.

Astington, J. W. & Jenkins, J. M.（1995）. Theory of mind development and social understanding. *Cognition and Emotion, 9*, 151-165.

Bateson, G.（1971）. The message "This is play." In R. E. Herron & B. Sutton-Smith （Eds,）, *Child's play*（pp.261-266）. Malabar, FL: Robert E. Krieger Publishing Company.

Bauer, P. J.（2006）. *Remembering the times of our lives: Memory in infancy and beyond*. Mahwah, NJ: Erlbaum.

Bjorklund, D. F.（2000）. *Children's thinking: Developmental function and individual differences*. Third Edition. Belmont, CA: Wadsworth.

Bjorklund, D. F. & Green, B. L.（1992）. The adaptive nature of cognitive immaturity. *American Psychologist, 47*, 46-54.

Bjorklund, D. F. & Pellegrini, A. D.（2002）. Evolutionary perspectives on social development. In P. K. Smith & C. H. Hart（Eds.）, *Handbook of childhood social development*（pp.44-59）. Malden, MA: Blackwell.

Brown, A. L.（1978）. Knowing when, where, and how to remember: A problem of metacognition. In R. Glaser（Ed.）, *Advances in instructional psychology, Vol.1* (pp.77-165). Hillsdale, NJ: Lawrence Erlbaum Associates. (湯川良三・石田裕久 (訳) (1984). メタ認知 サイエンス社)

Carlson, S. M. & Beck, D. M. (2009). Symbols as tools in the development of executive function. In A. Winsler, C. Fernyhough, & I. Montero, (Eds.), *Private speech, executive functioning, and the development of verbal self-regulations* (pp. 163-175) NY: Cambridge University Press.

Carlson, S. M., Moses, L. J., & Breton, C. (2002). How specific is the relation between executive function and theory of mind? Contributions of inhibitory control and working memory. *Infant and Child Development, 11,* 73-92.

Damon, W. & Hart, D. (1988). *Self-understanding in childhood and adolescence.* New York: Cambridge University Press.

DeLoache, J. S., Uttal, D. H., & Rosengren, K. S. (2004). Scale errors offer evidence for a perception-action dissociation early in life. *Science, 304,* 1027-1029.

Dias, M. G. & Harris, P. L. (1988). The effect of make-believe play on deductive reasoning. *British Journal of Developmental Psychology, 6,* 207-221.

Fivush, R. & Haden, C. A. (1997). Narrating and representing experience: Preschoolers' developing autobiographical recounts. In P. van den Broek, P. A. Bauer, & T. Bourg (Eds.), *Developmental spans in event comprehension and representation; Bridging fictional and actual events* (pp.169-198). Mahwah, NJ: Erlbaum.

Grafenhain, M., Behne, T., Carpenter, M., & Tomasello, M. (2009). Young children's understanding of joint commitments. *Developmental Psychology, 45,* 1430-1443.

Harter, S. (2006). The self. In N. Eisenberg (Ed.), *Handbook of child psychology. sixth edition, Vol.3: Social, emotional, and personality development* (pp.505-570). Hoboken, NJ: John Wiley & Sons.

Harter, S. & Pike, R. (1984). The pictorial scale of perceived competence and social acceptance for young children, *Child Development, 55,* 1969-1982.

柏木恵子 (1988). 幼児期における「自己」の発達―行動の自己制御機能を中心に― 東京大学出版会

Lehto, J. E., Juujarvi, P., Kooistra, L., & Pulkkinen, L. (2003). Dimensions of executive functioning: Evidence from children. *British Journal of Developmental Psychology, 21,* 59-80.

Lillard, A. S. (1993) Pretend play skills and the child's theory of mind. *Child Development, 64,* 348-371.

Lillard, A. S. & Witherington, D. C. (2004). Mothers' behavior modifications during pretense and their possible signal value for toddlers. *Developmental Psychology, 40*, 95-113

Lockhart, K. L., Chang, B., & Story, T. (2002) Young children's beliefs about the stability of traits: Protective optimism? *Child Development, 73*, 1408-1430.

Lockhart, K. L., Nakashima, N., Inagaki, K., & Keil, F. C. (2008). From ugly duckling to swan? Japanese and American beliefs about the stability and origins of traits. *Cognitive Development, 23*, 155-179.

中道圭人 (2007). 幼児の条件推論とワーキングメモリおよび抑制制御の関連　教育心理学研究, *55*, 347-358.

Nakamichi, K. (2019). Young children's counterfactual thinking: Triggered by the negative emotions of others. *Journal of Experimental Child Psychology, 187*, 104659.

Nelson, C. A., Zeanah, C. H., Fox, N. A., Marshall, P. J., Smyke, A. T, & Guthrie, D. (2007). Cognitive recovery in socially deprived young children: The Bucharest Early Intervention Project. *Science, 318*, 1937-1940.

Nelson, K. (1978). How children represent knowledge of their world in and out of language: A preliminary report. In R. S. Siegler (Ed.), *Children's thinking: What develops?* (pp.255-273). Hillsdale, NJ: Erlbaum.

Povinelli, D. J., Landau, K. R., & Perilloux, H. K. (1996) Self-recognition in young children using delayed versus live feedback: Evidence of a developmental asynchrony. *Child Development, 67*, 1540-1554.

Sawyer, R. K. (1997). *Pretend play as improvisation: Conversation in the preschool classroom.* Mahwah, NJ: Lawrence Erlbaum Associates.

Schweinhart, L. J., Montie, J., Xiang, Z., Barnett, W. S., Belfield, C. R., & Nores, M. (2005). *Lifetime effects: The High/Scope Perry Preschool Study through age 40.* High/Scope Press,

Siegler, R. S. & Ramani, G. B. (2008). Playing linear numerical board games promotes low-income children's numerical development. *Developmental Science, 11*, 655-661.

Simcock, G. & Hayne, H. (2002). Breaking the barrier? Children fail to translate their preverbal memories into language. *Psychological Science, 13*, 225-231.

杉本直子 (2008). 幼児のふりにおける対象の知識と行為との関係の理解　発達心理学研究, *19*, 221-231.

高橋たまき (1984). 乳幼児の遊び―その発達プロセス―　新曜社

Vaish, A., Carpenter, M., & Tomasello, M. (2009). Sympathy through affective perspective taking and its relation to prosocial behavior in toddlers. *Developmental Psychology, 45*, 534-543.

Warneken, F. & Tomasello, M. (2006) Altruistic helping in human infants and young chimpanzees. *Science, 311*, 1301-1303.

Wimmer, H. & Perner, J. (1983). Beliefs about beliefs: Representation and constraining of wrong beliefs in young children's understanding of deception. *Cognition, 13*, 103-128.

11 | 児童期のこころ

中澤　潤

《学習目標》　児童期になると，子どもの生活世界が広がるとともに，認知的にも高次で，より抽象的な処理が可能となってくる。本章では，学校の場で必要とされる認知的発達や社会的発達を整理し，学業や仲間関係の不適応にも直面するようになるこの時期の特徴を考える。
《キーワード》　具体的操作，9歳の壁，形式的操作，メタ認知，誤概念，ギャング・グループ，社会的情報処理，内在化・外在化問題行動

1. 論理的思考の発達

　遊びを中心とした活動を送っていた幼児期と異なり，小学校に入学すると，教科の学習が始まる。教科学習の基礎となる論理的思考の発達は，児童期の6年間に直観的思考から具体的操作へ，さらに形式的操作へと変化していく。

1-1　児童期の脳

　脳の他の部位と比べ，前頭前皮質（prefrontal cortex）の刈り込みは遅く，児童期を通して徐々に進み，青年期にまで及ぶ。前頭前皮質は複雑な認知活動や判断，抑制，社会的活動をつかさどり，児童期から青年期にかけ，こうした能力が大きく発達する（Blakemore, 2012）。児童期の脳はまた，髄鞘化が進む時期であり，効果的に機能するようになる。このような脳機能の発達を受け，児童期には認知機能や情動の制御が進んでいき，それはこの時期の学校教育を支えていく。

1-2　直観的思考から具体的操作へ

　小学校入学期の子どもは，ピアジェ（Piaget, J.）の認知発達段階の前操作的段階のうち，直観的思考にあたる。この時期の子どもは，徐々に物事を客観的に見ることができるようになるが，自分の観点を離れることは難しい。

＊知的リアリズム　対象を見た通りに絵に描く表現を視覚的リアリズム，「見え」よりは「知っていること」を描く表現を知的リアリズム（intellectual realism）と呼ぶ（Luquet, 1927）。直観的思考の子どもは知的リアリズムで描き，それは「見え」の世界ではなく，彼らの知識の世界の表現である。

　知的リアリズムを検討したフリーマンとジャニコーン（Freeman & Janikoun, 1972）は，把手のちょうど反対側に花模様のあるカップを5〜9歳児に示し，花模様の見える正面からの絵を描くように求めた。「見え」の通りに花のある正面から描くと，把手はちょうど反対側になり見えないので描かれないはずである。しかし，5歳から7歳の子は見えないはずの把手を描く子が多かった（図11-1参照）。

＊保存　思考判断が対象の目立ちやすい特徴に引きずられやすいことも

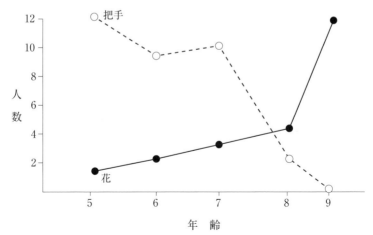

図11-1　知的リアリズムの発達的変化：花を描いた子，把手を描いた子の人数（Freeman & Janikoun, 1972, p.1120）

直観的思考の特徴である。それがよく見られるのが保存課題である。保存とは，物の形や状態を変化させても，その数量といった性質は保持される（不変である）ことをいう。たとえば，液量の保存の課題（Piaget, 1952）では，2つの同じ大きさの容器（容器Aと容器B）に等量の液体を入れ，等量であることを確認させた後，子どもの目の前で容器Bの液体を細長い容器Cに移し，どちらの液体が多いかを尋ねる。この時期の子どもは液体の高さに注目し「Cが多い」，あるいは容器の幅に注目し「Aが多い」と回答する。目立ちやすい面（たとえば高さ）に注意が向いてしまい，他の面（たとえば幅）を同時に考慮できない。

＊実行機能　実行機能という観点から見ると，知的リアリズムは，知っていることを抑制できないこの時期の抑制制御の未熟さを反映していると考えられる。また，保存課題で複数の面を同時に考慮できないのは，複数情報を同時に操作できないワーキングメモリーの不十分さを示すものである。実行機能は知的機能の基盤であり，たとえば，幼稚園年長児の実行機能はその後の小学校1年生時の学業成績と正の関連がある（Nakamichi, Nakamichi, & Nakazawa, 2019）。

＊具体的操作　小学校低学年の終わり頃（7歳頃）になると，具体的操作段階に入る。この時期の大きな特徴は，操作の獲得，すなわち，表象を頭の中で変形させながら思考を展開できるようになることである。具体的操作の獲得の目安となるのが，保存課題で正答できるようになることである。たとえば，上述の液量の保存では，液の高さと容器の幅という複数の側面を同時に考慮できるようになり，液の高さは高いがその分，幅は狭くなったという「相補性」に基づく操作を頭の中で行えるようになる。また，元の容器に戻せば同じと考える「可逆性」の操作，あるいは見かけは変化していても，何ら加えたり減らしたりしていないのだから同じと考える「同一性」の操作による理由づけが可能となり，保存が成立する。

　具体的操作段階には，具体的な対象や事象を整理し，分類や系列化を行う論理操作も可能となる。分類操作は，「犬と猫は異なる種類である，しかしどちらも動物に含まれる」というように，部分と全体の包摂

関係を把握することである。具体的操作の初期には，子犬5匹と子猫3匹の多少を比較することはできるが，「子犬と動物」の比較を求めると子犬が多いと判断することが見られる。部分（子犬）が全体（動物）に含まれることを理解し，部分と全体の双方に同時に注意が向けられるようになるのは，具体的操作の中頃である。

　系列化の操作とは，長さの異なる棒を長さの順に並べたり，その系列の中に何本かの別の棒を長さの順に応じた位置に挿入することに見られる。これはすなわち，A＞BかつB＞CならばA＞Cであるという推移律を理解して，対象を順位づけることである。これらの操作により，具体的操作段階では徐々に物事を体系立てて考えられるようになる。

　具体的操作では，このように具体的に見たり触ったりしている現実にある事物や事象については操作が可能であるが，事物なしに考えたり，実体験と異なる仮定に基づいて考えることはまだ難しい。

1-3　9歳の壁：具体的操作から形式的操作へ

　具体的体験や具体物を離れ，文字，数字のような抽象的なものだけで思考できるようになるのは，次の形式的操作段階である。小学校高学年では，算数の分数，小数の計算，速度や文字式のように，学習内容が抽象的で難しくなる。高学年は，具体的操作から形式的操作に移行する時期であり，この移行のもとにはそれ以前の中学年期の知的発達が影響を持つ。小学3年生頃から，教科内容に現実生活から離れた科学的な概念が現れ始め，徐々に抽象的な内容になる。たとえば，分数は分母と分子といった2つの数で1つの量を表現する概念であり，日常生活で使用している1つの数で量を表現する場合とは大きく異なっている。

　天野・黒須（1992）は，学業不振児の割合を調べるために，約5000人の小学1～6年生に，国語・算数の学力テストを実施した。すべての子どもが小学1年生～6年生用の問題を与えられた。各学年の平均点を求め，ある児童の得点が1学年下の児童の平均点を下回っていれば1年遅滞した状態，2学年下の児童の平均点を下回っていれば2年遅滞した状態とした。表11-1に，このテストによる各学年の学業不振児の割合

表 11 - 1　**学習遅滞児の割合**（天野・黒須, 1992 の図 6 - 1 - 1, 図 6 - 1 - 2, p.386, 388 より作成）

国語	2 年生	3 年生	4 年生	5 年生	6 年生
1 年の遅滞	5.8	8.3	14.3	10.8	16.0
2 年の遅滞		0.9	1.7	5.2	5.7
3 年の遅滞			0.4	1.1	3.1
計	5.8	9.2	16.4	17.1	24.8
算数	2 年生	3 年生	4 年生	5 年生	6 年生
1 年の遅滞	3.9	4.1	9.5	9.5	12.0
2 年の遅滞		0.6	0.9	3.2	3.8
3 年の遅滞			0.1	0.4	1.1
計	3.9	4.7	10.5	13.1	16.9

を示す。

　国語では 3 年生, 算数では 4 年生でその割合が大きく増加しており, 中学年頃から学習内容に困難を示す子どもが多くなることがうかがえる。この頃に次第に成績の差が目立ってくるのは, この時期に発達・学習上の壁にぶつかる子どもが現れるからである。これは「9 歳の壁」と呼ばれている。これをいかに克服するかが, 学習支援の課題である。

　幼児期の実行機能における抑制の課題は, 感情の影響があまりないクールな抑制課題（例：晴れ雨課題 / 太陽の絵を見たら「雨」, 傘の絵を見たら「晴れ」と言う）と, 感情や欲求により影響されやすいホットな抑制課題（例：誘惑への抵抗課題 / 魅力的な玩具に触れないよう我慢する）に分けることができる。幼児期のクールな課題の遂行は小学校入学後の低学年の学力を高く予測するが, 中学年になるとホットな課題の遂行の学力への予測力が次第に高くなってくる（中道・中道・中澤, 2018）。幼児期の感情や欲求を制御する力（10 章の「非認知能力」と呼ばれるもの）が, 就学後の次第に難しくなってくる学習に努力して取り組み続けることの基礎となり, 学力と関連を持つようになると考えられる。

　児童期は, エリクソン（Erikson, 1963）の理論では「勤勉 対 劣等感」

の危機が生じる時期にあたる。児童期の学業のつまずきは有能感や劣等感と関連しており，この時期の学業不振への支援は，学力だけでなく人格発達の上でも重要である。

1-4　形式的操作

　小学校高学年（11歳以降）になると，操作は具体的，現実的なものを離れ，より抽象的なものへも適応可能となる。そして，事実とは反する仮定に基づく思考も可能になり，またすべての可能性を系統的にチェックすることが可能になる。これらの操作により，事象を観察して，それをもとに仮説を立てて，その仮説が正しいかを観察を通して検証する，あるいは論理を展開することで，結論を得ることができるようになる。

　インヘルダーとピアジェ（Inhelder & Piaget, 1958）はさまざまな課題で，形式的操作の能力を調べている。たとえば，ビリヤードをやらせ，入射角と反射角がどのような関係になるか観察から述べる，さまざまな物体を示し，水に浮く物と沈む物を観察し分類させ，その結果を要約する，などである。中でも最も有名なものは，無色無臭の4種の液体とｇと呼ばれる液体を提示し，そのうちｇと4種のうちのどれかの液体を混ぜると黄色になることを見せ，どの組み合わせがそれをもたらすのかを発見させるという課題である。

　この課題を前操作期から形式的操作期の子どもに行ったところ，前操作期の子どもは2つの液体を混ぜその色などを述べるのみで（「ワインみたい」「ピンクになった」など）仮説を提示することはできなかった。具体的操作期の初期（7～8歳）の子どもは，ｇと他の液体を組み合わせようとするが，それ以上の組み合わせを確かめようとはしない。具体的操作期後期（9～11歳）になると，3つ以上の組み合わせも確かめるが，体系性がなく全部の組み合わせを作ることはなく，以前作った組み合わせを繰り返したりした。

　形式的操作期（11歳以降）の子どもは，まず，すべての組み合わせを考えてプランを立て，そのプランに従って重複ややり残しのないように実験を進めることができた。そして，どの組み合わせが黄色に変化す

200

るかというだけでなく，2種類の物質が組み合わさって黄色が生じること，第3の液体が加わると黄色の発色が妨げられること，第4の液体は関係ないという，それぞれの液体の働きまで明らかにできた。このように，形式的操作では，論理的思考に基づき本質的なルールを課題の中から発見できるようになるのである。

2. 学習を支える認知機能

2-1 ワーキングメモリー容量

　ワーキングメモリーは問題解決を行う際に，長期記憶の中の知識を引き出しながら短期記憶の情報を操作する場をいう。たとえば，計算問題を解く場合，短期記憶に入れた計算問題の数値や記号と，長期記憶から引き出した計算のやり方の手続き的知識とを結合させる，という操作がワーキングメモリーで行われる。ワーキングメモリーは，大人では7 ± 2個だが，子どもの場合は少なく，5歳で3個，9歳までに4個，11歳までに5個へと徐々に増加していく（Henry, 2012）。

　ワーキングメモリーの少なさは複雑な問題の解決を難しくする。たとえば，〈34 − 16〉という引き算では，「−」の記号から引き算であることを理解し，長期記憶の中の引き算の手続き的知識を引き出し，さらにそれぞれの数値，繰り下がり，一の位の引き算の答え，繰り下がり後の十の位の数，さらに十の位の引き算の答えなどの多くの情報を，計算の進行につれ，その都度ワーキングメモリーに保持しなければならない。ただし，計算や繰り下がりの方法を多く経験し，この操作が自動化されるようになると（たとえば，14 − 6 をいちいち計算することなく答えを8と覚えてしまう），操作はワーキングメモリー容量の範囲内におさまり，容易に行われるようになる。

2-2 メタ認知

　はじめに問題をざっと見渡し，簡単そうにみえるので最初にやる問題，手間取りそうなので後にやる問題，難しいので時間があれば取り組む問題に分けることはよくある。こうした自分の理解状態を判断し，プ

ランを立てる際に，メタ認知は働いている。さらに問題を解きながら，間違えないようにゆっくりやろうとか，もう一度確かめてみようと考えるのは，問題解決への取り組み方をモニターしていることになる。

　児童期は，メタ認知が急速に発達する時期である。岡田（1987）は算数の文章題を解く過程を，問題の理解の段階，立式を行う段階，計算の実行の段階，計算で出た答えを書く段階に分け，そのいずれかの段階で間違えている子どもの例を小学生に見せ，どこから間違ったかを評価させた。小学5年生では，どの段階にも均等に注意を向けているのに対し，小学2, 3年生では，最後の計算で出た答えを書く段階での失敗を見つけにくく，この段階への注意が乏しかった。低学年児ほど問題解決過程の全体にわたるモニターが難しいと言える。

　日頃から自分の理解状態を自己評価する機会を与え，また理解が不十分な時の対処方法（読み返す，検算をするなど）を示すことは，メタ認知能力を高め，自律的な学習能力を身につけさせる上で重要である。

2-3　既有知識と誤概念

　理解，すなわち，わかるということは，新奇な情報を既有知識と照らし合わせ，それらの類似点や相違点を分析し，新たな表象を作り上げることである。新しく出会う事柄が，既有知識と一致すれば，「わかった」と思う。また既有知識と異なる場合は，「なぜだろう」と新たな興味がわき，それを追究することで，新たなより高い理解のレベルに到達することになる。このように既有知識（スキーマやメンタルモデル）は，理解を促し，学びを支えている。

＊問題解決とスキーマ・メンタルモデル　多様な既有知識が構造化され，まとまりをなしたものをスキーマと呼ぶ。スキーマは，外界の事象を知覚し，理解し，記憶する際の枠組みである。たとえば，コンピューターのマニュアルなど，書いてある言葉はわかるのに，全体として「どのように操作すればよいか」がわからないことがある。わからないままにいろいろな操作をした後にマニュアルを読むと，初めにはわからなかったその内容がよく理解できたりする。実際に行動を通して作られたス

キーマが，文の読み取りを助けたのである。

　スキーマは理解を高める。たとえば，事象の流れのスキーマ（スクリプトと呼ばれる）では，高級レストランとハンバーガーショップの食事では入店から食事をして外に出るまでの事象の流れは異なる。文章の中にどこで食事をしたかが書かれていなくても，我々はスクリプトをもとに，どのような場所で食事をしているのかを理解できる。スキーマはまた，比喩として状況の理解を助ける。たとえば，目に見えない電気回路の中の電流を日常的に経験している水流に，電圧を水圧に例えると理解されやすい。

　算数の文章題を解く場合にもスキーマは重要である。文章題の解決には，以下のような過程が働く（Kintsch & Greeno, 1985）。初めは，問題の中の重要な情報の選択である。たとえば，「赤い花が7つ，白い花が6つ咲いています。合わせていくつ咲いているでしょう」といった問題の場合，「7つ」「6つ」「合わせていくつ」という情報に注目し，花の色という無関連な情報は無視する。次に，情報を関連づけて問題の表象を作り，式を立てる。「合わせていくつ」という表現が足し算を表すことを理解し，足し算のスキーマ（$a + b = c$）を活性化させ，その構造に問題内で注目した数量を当てはめ，〈$7 + 6 = $　〉という立式を行う。最後にこの計算を実行する。文章題問題が子どもたちに難しいのは，情報の選択と表象化，特に文中の情報をもとに，適切な問題スキーマを活性化することの難しさにある。

　状況を理解しようとする際に，人は与えられた材料から能動的に，自分で納得できるモデルを作り出す。これをメンタルモデルと呼ぶ。理科における電気回路，社会科における水資源やゴミ処理の問題など，子どもたちは自分の観察や経験をもとに自分なりのメンタルモデルを作り，積極的に物事を理解しようとする。

＊理解を妨げる誤概念　一方で，既有知識が不十分である時，誤った理解をもたらし，それは学習のつまずきを生む。人は日常生活を通してさまざまな素朴な概念や誤った概念を作り出している。

　既有知識に基づくメンタルモデルは，すべてが新しい概念に当てはま

るとは限らない。たとえば，割り算は分けるのであるから元の数は小さくなるというメンタルモデルを持つ子にとって，答えが元の数より大きくなってしまう1以下の小数の割り算は，つまずきをもたらす。

　先の電気回路の例でも，電気の流れをホースに流れる水の流れと同じと考える子どもは，電線の上に重い物を置くと電気が流れにくくなると考えたりする。このような子どものスキーマやメンタルモデルの誤解は，つまずきの元となる。したがって，子どもの持つ素朴な誤概念を知り，そうした誤概念を崩すこと，適切なメンタルモデルの構築を援助する教材や教授法の吟味，授業の進行に伴う子どものメンタルモデルの変化の把握が重要となる。

2-4　学んだ力としての学力と学ぶ力としての学力

　市川（2004）は，学力を「学んだ力」としての学力と「学ぶ力」としての学力に分けている。前者には，テストで測れる知識や技能，学習の基礎となる読解力，論述力，批判的思考力，問題解決力，追究力が，後者には，学習意欲，知的好奇心，自分で計画を立て学習を進めていく力，自分の持つ学習法を臨機応変に使う力，勉強の集中力や持続力，そしてコミュニケーション力（先生の話を理解し，わからないことを表現し質問する力や，友だちと教えあったり学びあったりする力）が含まれる。市川（2004）は，とりわけ「学ぶ力」を支援することが重要であるとする。

　「学ぶ力」の支援のためには，ノートのとり方，教科書の使い方，記憶の仕方，問題の解き方などの学習スキルの習得が重要となる。特に，単純な反復習熟よりも学習方法の工夫，丸暗記よりも内容の理解と知識の関連づけ，試行錯誤で解くよりも適切な方略の使用といった，メタ認知を発揮した学習スキルが大切となる。こうした学習スキルの習得は，具体的な素材の機械的反復にも楽しんで取り組める小学校低学年よりも，メタ認知機能が発達してきた小学校高学年の時期に，自覚的に取り組むと効果的である。このような学び方の習得は，その後の中学，高校，大学での学習においても有効となる。

3. 児童期の適応と仲間関係

3-1 自己肯定感の低下

　児童期には，学校という場で他の子と勉強や遊びを共にする中から，自分の長所や短所に気づき，自己理解が進んでいく。

　佐久間・遠藤・無藤（2000）は，5歳，小学2年生，小学4年生に，自分の好きなところ・嫌いなところ（Like‐Dislike：LD），自分の良いところ・悪いところ（Good‐Bad：GB）を質問し，肯定面（好きなところ，良いところ）と否定面（嫌いなところ，悪いところ）の双方を述べた者（Positive‐Negative：PN），肯定面は述べるが否定面は言わないか「無い」とした者（P），逆に否定面は述べるが肯定面は述べなかったか「無い」とする者（N），両面ともに「無い」か「わからない」とする者（No‐Answer：NA）に分類した。「好き嫌い質問」「良い悪い質問」いずれも，自己を肯定的に捉えるP反応者は，5歳児で多く，小学2年，4年になるにつれ低下している（図11‐2参照）。児童期の自己肯定感の低下は，幼児期の楽観的な自己感から抜け出し，徐々に自己客観視が可能になることを示すものである（ただし，思春期・青年期になると過度な自己卑下も現れてくる）。

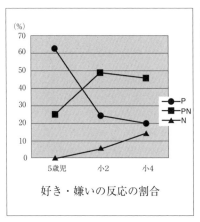

好き・嫌いの反応の割合

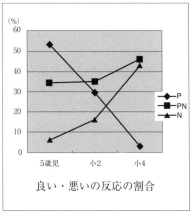

良い・悪いの反応の割合

図11‐2　自己の肯定面と否定面（佐久間ら，2000より作成）

3-2　仲間の重要性

　多くの小学生にとって，小学校は勉強するところであると同時に，友だちと遊ぶところである。学校での授業と遊びの時間では，圧倒的に授業時間が長いにもかかわらず，多くの子は友だちとの遊びを楽しみに登校している。子どもの仲間関係は，社会的な行動の学習の場であり，心理的な安定を得られる場でもある。仲間に受け入れられている感覚を持てることで，子どもは安心して学校での学びに向かうことができる。一方，仲間からの拒否や孤立は，子どもの情緒的・社会的発達や精神的健康に影響する（Asher & Coie, 1990；Kupersmidt & Dodge, 2004）。

＊ギャング・グループ　小学校低学年では，幼児と同様に，家が近所，習い事が同じといった物理的な近さや遊びの関心の共通性が仲間関係をもたらす。

　小学校中学年から高学年になると，次第に親との関係よりも仲間関係が優位となってくる。この時期には，同じ遊びを一緒にする者との一体感を持った，3～8名程度の主に同性から構成される仲間集団が形成される。メンバー以外には閉鎖的で，秘密基地をつくったり，仲間の印や仲間だけに通じる暗号を使ったりする。このような集団をギャング・グループと呼ぶ。ギャング・グループの閉鎖性や秘密は，仲間への親密さを高め，親から離れることへの不安を補う機能を持つ。またこの親密さの中で，子どもたちは約束の重要性や仲間への忠誠など，仲間文化や社会的ルール，行動様式を身につけていく。

3-3　仲間関係と社会的情報処理

　子どもが日常出会う対人葛藤場面でどのような行動をとるかは，仲間からの受容や拒否と大きくかかわっている。対人葛藤場面は何らかの解決が迫られている社会的な問題解決事態であり，この社会的な問題の解決のために行われる情報処理を，社会的情報処理と呼ぶ（Dodge, 1986）。対人葛藤場面で見られる子どもの行動は，社会的情報処理の結果の反応と見ることができ，適切な社会的情報処理が行われれば適応的な行動が，不適切な社会的情報処理が行われると適応的ではない行動が

もたらされると考えられる。対人葛藤場面では、悔しさ、悲しさ、怒り、喜びなど多様な感情が伴うため、この情報処理には感情が影響する。

　遊びの仲間に入りたい、仲間が遊具の順番を交代してくれないなどの対人的葛藤に出会うと、6つの段階の社会的情報処理が行われる（Crick & Dodge, 1994：Lemerise & Arsenio, 2000：図11−3参照）。

　第1段階「手がかりの符号化」は、自己の内的手がかりや状況の中の適切な手がかりに注意することである。仲間の意図を知るには、手がかりとしてその表情や行動に注目する必要がある（例：あの子は遊びに夢中で僕を見ていない）。この段階で相手の意図を読み取るための情報が不適切であった場合、その後の情報処理はその不適切な情報に基づいて行われるため、結果的に行動は逸脱したものとなる。状況への対応の意欲の強さ（仲間に入りたい）、相手の動作や表情が示す感情手がかりの

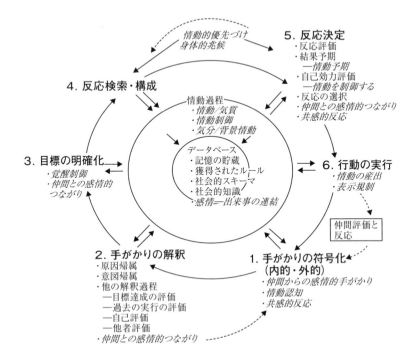

図11−3　社会的情報処理と情動過程のモデル（Lemerise & Arsenio, 2000, p.113）

明確さが，この段階の判断に影響する。

　第2段階「手がかりの解釈」では，符号化した手がかりから相手の意図を過去経験などに照らして解釈する（例：僕を見ていないから，僕が遊びに入りたいことに気づいていないようだ）。他者の意図を適切に解釈するなら，対応は適切になるが，解釈が誤っていると相手の意図しない行動を行うことになり，葛藤はさらに高まるだろう。この段階では相手との情動的な関係が影響する。相手の表情は相手の意図を理解する手がかりとなるが，親友の笑顔と自分が嫌いないじめっ子の笑顔ではその解釈は異なるだろう。

　次の第3段階「目標の明確化」では，状況の解釈に基づき，その場での行動目標を設定する（例：僕が遊びに入りたいことを伝えよう）。親しい仲間には親和的な目標が，あまり親しくない仲間に対しては敵対的な目標が選ばれるかもしれない。

　第4段階「反応検索・構成」は，第3段階で設定された目標達成のための適切な対応を知識データベースの中から探す過程である（例：あの子の目の前を歩いて注意を引こうか，それとも「入れて」と言おうか）。選択肢となる行動方略をたくさん持っていれば，あるやり方でうまくいかない場合，柔軟に他のやり方で対応できる。しかし，知識や経験が乏しく選択肢が限られていると，あるやり方でうまくいかないと，お手上げになってしまう。またその時の感情は反応の検索に影響し，恐怖や不安を強く感じていれば，それを低下させてくれる反応を探すだろう。

　次は第5段階「反応決定」である。ここで子どもは各選択肢が生み出す結果を予測し，最も適切なものを決定する（例：目の前を歩くだけでは気がついてくれないかもしれないから，やはり「入れて」と言おう）。この予測には，どのような結果になるかの予期（結果予期）やその反応を自分で実行できるかの可能予期（自己効力感）（Bandura, 1986）がかかわる。結果予期に伴う，情動予期（そうすると自分の気持ちはすっきりするなど）も大きな判断の基盤になる。感情を制御する自信があれば，自分のできる反応を冷静に判断することができる。また，親友には，あまり親しくない仲間よりも親和的な反応が選択されるだろう。

　最後が，第6段階「行動の実行」である。この段階では自分が選択決定した反応を実際に行動に移す（例：「入れて！」）。実行段階では，自分の感情表出を状況に応じて制御する必要があり，情動の社会的表示規則（5章参照）が必要となる。

　ダッジら（Dodge, Pettit, McClaskey, & Brown, 1986）によると，攻撃性の高い子どもは，攻撃性が平均的な子どもとは異なる情報処理を行っている。たとえば，積み木で塔を作っているところに他の子が入ってきて，手が触れてそれが倒れるというビデオを子どもに見せ，第2段階「手がかりの解釈」を査定する質問「何が起こったの，なぜこのようなことが起こったの」を行ったところ，平均的な子は「偶然手が触れて倒れたのだ」と答えるが，攻撃的な子どもは「入ってきた子がわざと悪意を持って倒した」と回答しがちであった。他者の行動をこのように悪意からなされていると解釈すると，それに対する反応は攻撃的になってしまうだろう。攻撃的な子どものこの敵意帰属的な認知が，攻撃行動を引き起こしていると考えられる。

　ダッジとゾンバーグ（Dodge & Somberg, 1987）は，隣室から自分に対する攻撃的な言葉が投げかけられるというネガティブな情動が引き起こされる状況のもとで，攻撃的な児童は普通の児童に比べ，社会的な情報処理が偏り，偶然に生じた侵害を敵意からなされたものと判断しがちであった。攻撃的児童は情動の制御の力が弱く，そのために情報処理が冷静に行えず帰属が偏ると考えられる。

3-4　問題行動の発達精神病理学モデル

　児童期後期になり自己意識が高まると，家庭の不安定さや，勉強や仲間関係の中で生じるさまざまな失敗や葛藤体験が，自尊心の低下や仲間への不満，学校への不適応の問題を生じさせる場合がある。子どもが示す問題行動は，内在化問題行動と外在化問題行動に分けられる（Achenback & Edelbrock, 1981）。内在化問題行動とは，ストレスを自分に向けることから生じる問題行動で，引っ込み思案や抑うつ，不登校のような形をとる。外在的問題行動とは，ストレスを外に向けることか

ら生じる問題行動で，攻撃や非行のような形をとる。発達過程で，どのような要因が関連しながら問題行動が生じるのか，について明らかにしようとするのが発達精神病理学である（Cummings, Davies, & Campbell, 2000）。

　発達精神病理学では，問題行動を出現させるリスク要因（不安定な子どもの気質や家庭の経済的・心理的不安定さなど），リスク要因と問題行動をつなげてしまう媒介要因（不適切な親子関係や不十分な仲間関係，仲間の風評，子どもの不適切な社会的情報処理や情動制御の能力差など），リスク要因と問題行動との関係を強めたり弱めたりする調整要因（性別など）といった諸要因を総合し，問題行動の発生を検討する。

　子どもの問題行動の生起モデルを示してみよう（中澤，2009）。

＊内在化問題行動（図11-4参照）　新しい場に慣れるのに時間のかかる気質や過敏さといった子どもの生得的要因と，低収入や夫婦関係の不安定さなどの環境要因をリスク要因として，応答性に乏しい親の養育は

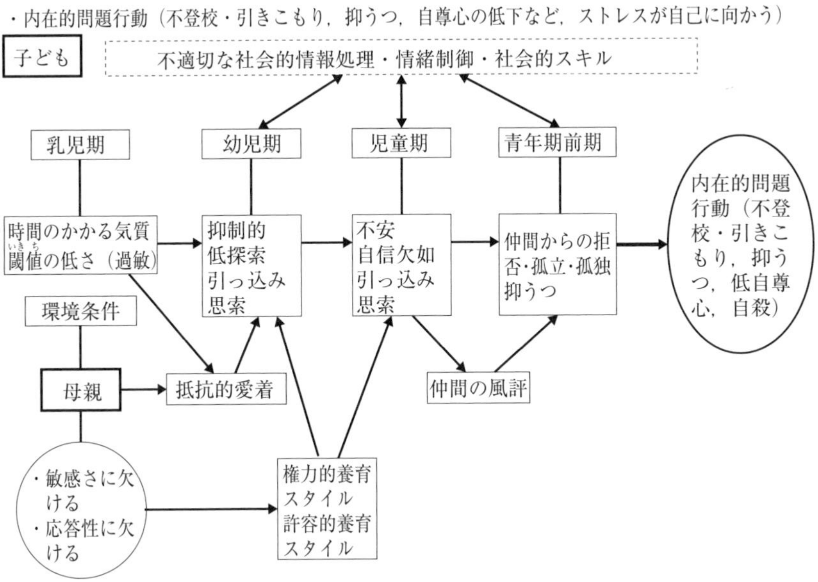

・内在的問題行動（不登校・引きこもり，抑うつ，自尊心の低下など，ストレスが自己に向かう）

図11-4　内在化問題行動生起の発達精神病理学モデル（中澤，2009, p.121）

抵抗的愛着を形成する。その結果，子どもは幼児期に親から離れられず，抑制的で引っ込みがちな行動を示し，親はそれを許容的養育スタイルで受容するか，権力的養育スタイルで押さえる。これにより，抑制的行動はさらに強められる。このようなパターンが児童期に引き続くと，子どもは不安で自信に欠け，引っ込み思案となる。仲間に入れないことで，仲間の中で経験すべき適切な社会的情報処理や行動スキルの獲得の機会が得られない。仲間からは次第に，存在感がないとみなされるようになる。仲間関係がより重要になる児童期や青年期には，仲間のうわさ（風評）が大きな影響を持つ。「暗いやつ」などのようなレッテルが貼られると，存在感を取り戻すのは容易ではない。青年期になると仲間から孤立し，低い自尊心，抑うつ，不登校などの内在的行動へとつながると考えられる。

*外在化問題行動（図11-5参照）生得的要因としての子どもの扱いにくい気質，環境的要因としての低収入や夫婦関係の不安定さをリスク要

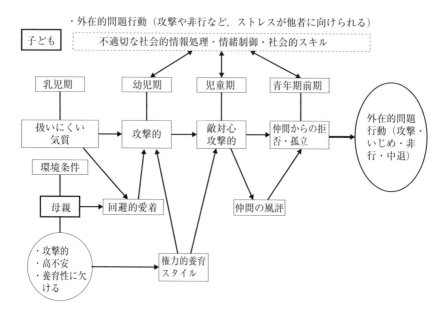

図11-5　外在化問題行動生起の発達精神病理学モデル（中澤，2009，p.120）

因として，養育性に乏しい親の養育が回避的愛着をもたらす。子どもの扱いにくさや環境ストレスは，権力的養育による親の抑圧的な支配を強め，それは子どもの攻撃性を高める。幼稚園での攻撃的な行動により，仲間から避けられるようになり，仲間関係の中で得られる社会的情報処理や行動スキルの獲得が難しくなる。仲間とのトラブルが重なるにつれ，他者は自分に敵対的であるという社会的情報処理の歪み（ゆが）をもたらし，それも後の児童期の攻撃性へとつながる。幼児期の攻撃性は，権力的な親の養育を引き出し，それも児童期の攻撃につながる。さらに，「あの子は乱暴だ，意地悪だ」という仲間の風評は，排斥を持続させることになる。結果的に，青年期には仲間から排斥された攻撃的な者同士が集団を作るようになり，非行などの外在的問題行動をエスカレートしていく可能性がある。

　前述したように，安定した学びは，安定した人間関係のある安心できる環境で生まれる。児童期の学びの支援とともに，仲間関係の支援が重要である。安心できる仲間関係に支えられて，子どもたちは青年期を迎え，親から離れ，いよいよ自立への道へと入っていくことになる。

🔌 研究課題

1．以下の抽象的・具体的課題から操作の違いを経験してみよう。
　　a．4枚のカードの表にはアルファベットが1字，裏には数字が1つ書かれている。

　　「表が母音ならば裏は必ず偶数でなければならない」というルールが正しいとすると，それを確認するにはどのカードを裏返してみる必要があるだろうか？

b．4枚のカードの表には名前と年齢，裏にはタバコを吸うかどうか
が書いてある。

孝子30歳	浩18歳	タバコを吸う	タバコを吸わない

「喫煙は20歳から」というルールが守られているかを確認するには
どのカードを裏返してみる必要があるだろうか？
(Wason, P. C. (1968). Reasoning about a rule. *The Quarterly Journal of Experimental Psychology, 20*, 273-281. ならびに，正高信男（2003）. ケータイを持ったサル―「人間らしさ」の崩壊― 中公新書 による)

2．児童期に自己肯定感が低下するのはなぜだろう。考えられる理由を
考えてみよう。

3．学業不振，不登校，いじめの数は，児童期を通してどのように変化
するのだろう。文部科学省の統計情報を調べてみよう。

参考文献

ハリス，J. R.（石田理恵訳）（2000）. 子育ての大誤解 早川書房
クーパーシュミット，J. B. & ダッジ，K. A.（中澤潤監訳）（2013）. 子どもの仲間
関係―発達から援助へ― 北大路書房
麻柄啓一ほか（2006）. 学習者の誤った知識をどう修正するか 東北大学出版会

引用文献

天野清・黒須俊夫（1992）. 小学生の国語・算数の学力 秋山書店
Achenbach, T. M. & Edelbrock, C. S. (1981). Behavioral problems and competencies reported by parents of normal and disturbed children aged 4 through 16. *Monographs of the Society for Research in Child Development, 46*

(Serial No,188).

Asher, S. R. & Coie, J. D.（1990）. *Peer rejection in childhood*. New York: Cambridge University Press.（山﨑晃・中澤潤（監訳）（1996）. 子どもと仲間の心理学―友だちを拒否するこころ―　北大路書房）

Bandura, A.（1986）. *Social foundations of thought and action: A social cognitive theory*. Englewood Cliffs, NJ: Prentice Hall.

Blakemore, S-J.（2012）. Imaging brain development: The adolescent brain. *NeuroImage, 61*, 397-406.

Crick, N. R. & Dodge, K. A.（1994）. A review and reformulation of social information-processing mechanisms in children's social adjustment. *Psychological Bulletin, 115*, 74-101.

Cummings, E. M., Davies, P. T., & Campbell, S, B,（2000）. *Developmental psychopathology and family process: Theory, research, and clinical implications*. Guilford Press.（菅原ますみ（監訳）（2006）. 発達精神病理学―子どもの精神病理の発達と家族関係―　ミネルヴァ書房）

Dodge, K. A.（1986）. A social information processing model of social competence in children. In M. Perlmutter（Ed.）, *The Minnesota symposium on child psychology, Vol.18*（pp.77-125）. Hillsdale, NJ: Erlbaum.

Dodge, K. A., Pettit, G. S., McClaskey, C. L., & Brown, M. M.（1986）. Social competence in children. *Monographs of the Society for Research in Child Development, 51.*（Serial No.213）.

Dodge, K. A. & Somberg, D. R.（1987）. Hostile attributional biases among aggressive boys are exacerbated under conditions of threats to the self. *Child Development, 58*, 213-224.

Erikson, E. H.（1963）. *Childhood and society*. 2nd ed. New York: W. W. Norton.（仁科弥生（訳）（1977）. 幼児期と社会1　みすず書房）

Freeman, N. H. & Janikoun, R.（1972）. Intellectual realism in children's drawings of a familiar object with distinctive features. *Child Development, 43*, 1116-1121.

Henry, L.（2012）. *The development of working memory in children*. London: Sage.

市川伸一（2004）. 学ぶ意欲とスキルを育てる―いま求められる学力向上策―　小学館

Inhelder, B. & Piaget, J.（1958）. *The growth of logical thinking from childhood to adolescence*. New York: Basic Books.

Kintsch, W. & Greeno, J. G.（1985）. Understanding and solving word arithmetic problems. *Psychological Review, 92*, 109-129.

Kupersmidt, J. B. & Dodge, K. A. (2004). *Children's peer relations: From development to intervention.* Washington D. C.: American Psychological Association. (中澤潤（監訳）（2013）．子どもの仲間関係―発達から援助へ― 北大路書房）

Lemerise, E. A. & Arsenio, W. F. (2000). An integrated model of emotion processes and cognition in social information processing. *Child Development, 71*, 107-118.

Luquet, G. H. (1927). *Le dessin enfantin.* Paris: Alcan. (須賀哲夫（監訳）（1979）． 子どもの絵　金子書房）

中道圭人・中道直子・中澤潤（2018）．幼児期の社会情動的なコンピテンスと児童 期の学校適応　日本心理学会第82回大会発表論文集，773.

Nakamichi, K., Nakamichi, N., & Nakazawa, J. (2019). Preschool social-emotional competences predict school adjustment in Grade 1. *Early Child Development and Care*, 1476-8275（Online）doi:10.1080/03004430.2019.1608978

中澤潤（2009）．幼児期II　中澤潤（編著）発達心理学の最先端（pp.103-125.）　あ いり出版

岡田猛（1987）．問題解決過程の評価に関する発達的研究　教育心理学研究，*35*， 49-56.

Piaget, J. (1952). *The child's conception of number.* New York: Norton.

佐久間路子・遠藤利彦・無藤隆（2000）．幼児期・児童期における自己理解の発達 発達心理学研究，*11*，176-187.

12 | 青年期のこころ

荻野美佐子

《学習目標》 青年期は，疾風怒濤の時代とも凪の時代とも言われるが，その個人の人生において，大きな意味を持つ時期と言える。中学，高校，大学もしくは社会人としてのスタートをきる時期であり，その人の価値観，人生観，個人を取り巻く人間関係においても大きな変化がある。こうした時期の発達を捉える視点を整理して考える。
《キーワード》 思春期，認知発達の高次化，アイデンティティ，モラトリアム，第二次個性化，恋愛，進路選択，不適応

1. 思春期・青年期とは何か

1-1 思春期の意味するもの

青年期は，子どもから大人への移行の時期であり，小学校高学年から成人までの時期をさすが，生物学的発達，認知的発達，社会的発達等のそれぞれの観点からもずれがあり，必ずしも一致しているものではない。ただ，発達的変化を大きく捉えるために，およそ3つの時期に分けることができる（Salmela-Aro, 2011）。青年期前期（early adolescence, 11 〜 13歳），青年期中期（middle adolescence, 13 〜 17歳），青年期後期（late adolescence, 17 〜 19歳）である。さらに，成人形成期（emerging adulthood, 18 〜 25歳頃）としてさらに広く捉えることもできる（図12 -1参照）。

青年期が人の発達の過程で注目されるようになったのは，社会文化的産物として，かれこれ100年前頃からである。"Adolescence"（Hall, 1904）がタイトルとして用いられ，子ども時代から大人への移行が，通過儀礼などにより一挙になされるわけではなく，大人になるための時間

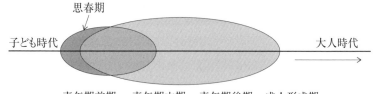

図 12 - 1　思春期・青年期の位置づけ

的猶予を必要とする近代社会の産物として，子どもでもなく大人でもない境界人としての青年期の存在が重視された。

　青年期の開始を合図するのは，10 代の前半に見られる思春期（puberty）である。第二次性徴の始まりという生物学的プログラムに基づくものである。この変化は，人の一生の中でも際立って大きなものとして，「発達的危機」の時期と捉えることができる。ヴィゴツキー（Vygotsky, L. S. ／柴田他訳，2004）は，発達的変化が急激に一種破局的な様相を帯びて進行する時期がいくつかあり，このような鋭い危機の形態をとる発達の質的転換点の一つとして，学童期から思春期の転換点の時期に当たる 13 歳頃の年齢を挙げている。発達の危機は，境界の不明瞭さ（変化が看過できないようになり先鋭化した時に，当人も周囲も変化に直面し気づくことになる），教育困難性（学習意欲低下，活動力一般的低下，内的葛藤などから教育的働きかけを受けつけにくくなる），発達の消極的性格（一見すると以前に獲得したものを失い消極的側面が強くなる。質的転換点では起こりやすい）を特色とするものである。

　第二次性徴の発現に見られる変化は，身長，体重が一定の状態になると，脳における視床下部が下垂体に性腺刺激ホルモンを分泌させ，男子では精巣，女子では卵巣を刺激し，それぞれの性ホルモン（男子はテストステロン，女子ではエストロゲン）の産生を増加させることにより性成熟の特徴が見られるようになってくる。栄養や社会的刺激等の要因により，体格がよくなるとともに，欧米諸国では，女子の初潮年齢が 1800 年代後半の 16，17 歳頃から，1980 年頃には 13 歳頃へと早まり（Tanner, 1978），現在は日本ではおおよそ 12 歳頃（個人差があり，早

ければ小学３年生頃というケースも）とされる。男子の成熟は１〜２年
遅れるが，いずれにせよ，時代とともに早くなる傾向がある。このよう
に成熟が早まっているのを「発達加速現象」という。

　子どもから大人への入口となる思春期の特徴として，次のものが挙げ
られる。

　①第二次性徴の発現（ホルモン・バランスの変化，身体の外形の変
化，性衝動の活性化など），②対人関係の変化（親からの心理的分離，
親への反抗，仲間への志向性など），③認知発達の高次化（知識の吸
収，抽象的思考力の発達，内的世界や社会システムへの気づきなど），
④自己意識の発達（性役割を含むアイデンティティの模索，自己の過剰
な意識化，価値づけの混乱など），⑤感情の動揺（不安や孤独，気分変
動の激しさ，他者への嫉妬や攻撃性の激化など）。

　以上の特徴のうち，次に ③ と ④ を中心に見ていこう。

1-2　認知発達の高次化

　ピアジェ（Piaget, J.）の発達段階では，形式的操作期に当たる青年期
は，仮説的な思考（具体的な現実に基づいていない可能性について考え
推論すること），抽象的な概念に関する思考と使用（数学や科学的な概
念の理解，正義や社会，文学的な象徴，風刺，アイロニーなどの理解と
生成），反省的思考（自己の思考を内省化し，メタ的に認知すること），
多次元的思考（要素の可能な組み合わせを検討し，同時に多次元に注意
を向ける能力）などを可能とする。ただし，個人差が大きく，一様に達
成されるとは限らない。

　しかし，脳機能の成熟に基づく発達の特性は，多くで見られるもので
あり，神経心理学的研究では，前頭葉灰白質は児童期を通じて増加し，
青年期初期をピークとして以後，青年期を通じて減少することが知られ
ている。また，側頭葉内側部の記憶に関する部位は，４歳から18歳に
かけて大幅に変化することが見られている。記憶発達に関する４歳〜
23歳までのミュンヘン縦断研究では，文章の記憶スパンは10歳まで
徐々に増え，17歳までは増加を示すが，その後23歳までは変化がない

ことが報告されている（Schneider, Knopf, & Sodian, 2008）。他の課題でも同様の結果であり，17，18歳頃が記憶の基本的な機能については，ピークとなると考えられる。実行機能の課題として知られるタスクスイッチング課題（複数の課題を教示し，課題間の素早い変更を求める，たとえば，奇数か偶数かを判断して反応する課題から5より大きいか小さいかを判断して反応する課題に変更する，など）の背景となるシフティング能力を仮定した場合，成人と同程度となるのは15歳頃とされ（Huizinga, Dolan, & van der Molen, 2006），この時期頃までに認知的処理において，適切で効率的な反応が可能となっていくことが示された。

　抽象的な思考が可能となり，現実からの束縛から離れることができるようになることは，発達の重要な一側面ではあるが，このことはその負の側面として，「想像上の観客（imaginary audience）」や「自分だけの神話（personal fable）」（Elkind, 2001）を生み出すリスクも持つことになる。前者は，本人が自分に抱く関心と同様に他者もこの自分に関心を持つ，と想像したり，気分が落ち込んで悲しく惨めな時，自分の死を眺める観客を想定して喜びを得ようとすることが，自殺などのリスクにつながることもある。対人恐怖症などもこうした現れと考えることもできる。後者は，自分が特別な人間という神話を創り上げてしまい，他の人には危険な行為であっても，自分に災難が起こることはない，すなわち自分は不死身，罪を犯しても捕まらない，などと信じて危険に身をさらすことをしてしまう。

1-3　自己の発達

　青年期の大きな課題の一つは，自分は何者であり，何をなすべきなのか，という問いである。これをエリクソン（Erikson, E. H.）はアイデンティティ（identity）と呼んだ（1章，7章参照）。これは，自己の斉一性（sameness：誰とも違う自分自身である），時間的な連続性と一貫性（continuity：これまでも，これからも私であり続ける），相互性（mutuality：そうした自分が他者や社会から認められている）という3つの感覚からなると考えられている。このような心理社会的な発達を漸

成説としてモデル化したものが図 12-2 である。乳児期から老年期までの生涯にわたる 8 つの時期にそれぞれ固有の課題があり，それらは正の側面と負の側面として示すことができ（○○ 対　△△），青年期の「アイデンティティ 対 アイデンティティ拡散」の課題は，自己を問い直す中で，これまでやり損なっている課題をやり直したり，これから出会うかもしれない課題を先取りして行ったりすることができると考えた。

　エリクソンによって示された 8 つの段階（図 12-2 参照）では，それぞれの時期に直面する危機（crisis）という形での課題が想定されてい

	1 口唇期 oral	2 肛門期 anal	3 男根期 phallic	4 潜伏期 latent	5 性器期 genitality	6 成人期 adult	——	——
Ⅷ 老年期								インテグリティ 対 嫌悪と絶望
Ⅶ 成人期							ジェネラティヴィティ 対 停滞	
Ⅵ 成人前期					連帯 対 社会的孤立	親密 対 孤立		
Ⅴ 青年期	時間的展望 対 時間的拡散	自己確信 対 アイデンティティ意識	役割実験 対 否定的アイデンティティ	達成への期待 対 労働麻痺	アイデンティティ 対 アイデンティティ拡散	性的アイデンティティ 対 両性的拡散	リーダーシップ分極化 対 権威の拡散	イデオロギーへの両極化 対 理想の拡散
Ⅳ 学童期		(その後の現れ方)		勤勉 対 劣等感	労働にみる同一化 対 アイデンティティの差し押さえ			
Ⅲ 幼児後期			自主性 対 罪の意識		遊びによる同一化 対 幻想によるアイデンティティ	← (それ以前の現れ方)		
Ⅱ 幼児前期		自律 対 恥と疑惑			二極化 対 自閉			
Ⅰ 乳児期	基本的信頼 対 基本的不信				一極性 対 早過ぎる自己分化			
中心となる環境	母	両親	家族	近隣・学校	仲間・外集団	性愛・結婚	家政・伝統	人類・親族
徳 Virtue	希望 hope	意志 will	目的 purpose	適格性 competence	忠誠 fidelity	愛 love	世話 care	英知 wisdom

（社会的発達／生物的発達）

図 12-2　エリクソンによる心理社会的発達の漸成図式
（西平（1979）を一部改変して引用）

220

る。なお，各時期の危機の現れに関する訳語は，基本的には西平・中島
による用語解説（Erikson, 1959・1980/2011）に従った。

　個々のアイデンティティ達成について，半構造化面接によって実証的
におさえたマーシャ（Marcia, 1966）の研究がある。これをアイデンテ
ィティ・ステイタスと呼ぶ。自分にとって意味のある価値を見出したか
どうか（危機 crisis の有無），そのことに積極的に関与（commitment）
しているかの2つの基準により，①アイデンティティ達成（Identity
Achievement），②モラトリアム（Moratorium），③早期完了
（Foreclosure），④同一性拡散（Identity Diffusion）の4つの状態があ
り，青年期に皆が同じように悩み葛藤の中にあるとは限らず，危機や関
与の体験にも多様性があることが示されている。

　自己の発達からすると，青年期は「これが自分である」ということを
確認する作業をしていく一方で，多様な他者との関係の中で，自己の多
面性にも気づき，関係的自己を築く時期でもある。ある15歳女子の多
面的自己を示したのが図12－3である（Harter, 1999）。

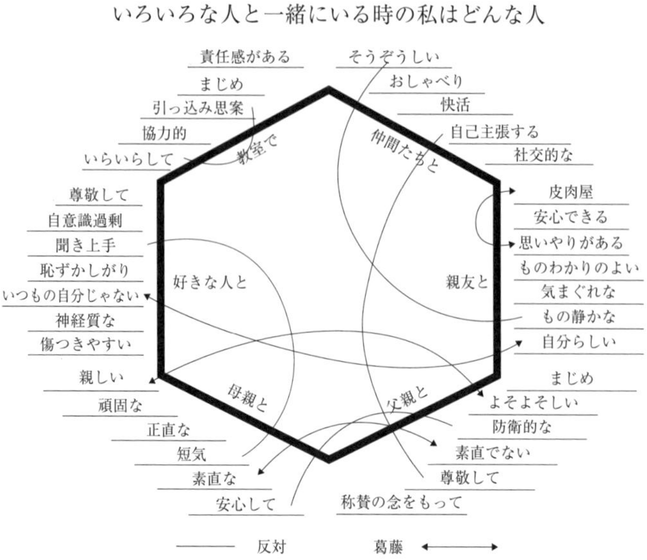

図12－3　多面的な自己（15歳女子の例）（Harter, 1999, p. 70）

2. 人間関係の変化

2-1　親子関係

　思春期の子どもが個室を欲しがったり，既に個室がある場合はそこに親が入ることを拒んだりすることはよく見られる。小学生の頃は，親に学校のことなど何でも話してくれていたのが，家の中での口数が少なくなり，親との距離を取るようになる一方で，急に甘える様子を見せたりするなど，親にとっては何となく扱いにくく感じたりもする。

　思春期における身体上の変化は，親離れ，子離れの開始を合図する。すなわち，親子という「大人と子ども」の関係から「大人と大人」，さらには「男性・女性」というジェンダーの差異も含んだ関係へと移行していくことになる。意識的あるいは無意識的に大人になろうとする自我にとって，親の世話や干渉は煩わしいものと感じられることになる。

　さらに，思春期の親子関係が離齬を生じやすいのは，物事に対する価値観，態度の側面においてである。自己 ─ 他者関係や，自分と社会との関係をメタ的に捉える能力の発達は，親や社会を突き放して見ることをもたらし，それまで無批判に受け入れていた親の規範や行動そのものに疑問を持つようになり，それを拒否したりするようになる。ブロス（Blos, P.）は，精神分析的観点から，両親との依存関係が弱まり，リビドーが徐々に家族外に向けられるようになるとして，青年期の親からの独立していく過程を第二次個性化（second individuation process）と呼んだ（Blos, 1967）。この時期には，幼児期に見られた再接近期的葛藤（Mahler et al., 1975）が再燃され，他者との距離を調節しつつ自己存在感覚を保つという相反する課題に取り組まなければならない。

　この時期は，親の支配を通して社会の規範につながれていた子どもの行動が，糸の切れた凧のように統制不能の状態に陥りがちとなる。加えて世代間の葛藤（生きている時代の価値観のずれ），子どもの理想主義的な態度と親の現実的経験的態度から生ずる摩擦，親の側の子ども認知（経済的社会的に親の養護を必要とする“子ども”）と子ども側の自己認知（身体的認知的には親と同等な“大人”）のずれなどから，親子間で

の気持ちの交流が困難なことも生ずる。この結果，親子は「親子」であるがゆえに遠く離れた存在となってしまうことが起こってくる。同様のことは，社会化のもう一つの担い手である教師という大人との関係においても生ずることとなる。これは発達の途上で必然でもあり，「心理的離乳（psychological weaning）」を達成することにより，大人として独り立ちすることになる。

　親との関係の変化は，内的な対象喪失状態をもたらし，感情の安定性を欠いて些細なことに動揺したり，不安や孤独を強く感じたりする。さらに，第二次性徴に伴う性の衝動，身体的変化は，子どもにとって，親に秘すべきもの，罪悪感を伴って捉えられ，親との距離がますます拡大することとなる。その一方で，親の規範によって抑制されていた幼児的諸衝動（依存欲求，支配欲求，破壊欲求など）が噴出しやすくなりつつも，認知の発達から，そうした自分自身を責めたり，罪の意識を持ったりもする。

2-2　友人関係

　親という対象喪失を埋め合わせ，罪を共有する存在として，強迫的な仲間への同一化が生じてくるのも，この時期の特徴である。仲間関係の発達には，3つの段階があることが指摘されている（保坂・岡村，1986）。それらは，①小学校高学年に見られる「ギャング・グループ（gang group）」：外面的な同一行動による一体感（凝集性）を特徴とする，②中学生頃に見られる「チャム・グループ（chum group）」：内面的な互いの類似性の確認による一体感（凝集性）を特徴とする，③高校生以上の「ピア・グループ（peer group）」：内面的にも外面的にも互いに自立した個人として違いを認め合う共存状態，である。

　特に現代の友人関係においては，学業成績（成人の場合は給与）で測られるような社会の業績至上主義が，他者に合わせるという同調傾向を作り出しており，さらにその中での選抜のストレスから，強迫的に仲間集団に同調することで情緒的な支えを得ようとする傾向を生み出している，との指摘もある（Parsons, 1964）。本来であれば，個別性を認識

し，「われわれ（we）意識」から「私（I）意識」へと発達していかな
ければならないところを，過剰な仲間への同一化のために，同調しない
者を攻撃的に排除したり，わずかな差異を見出した者を対峙させること
で集団の凝集性を高めようとするメカニズムから，集団的ないじめなど
が生じていると考えることもできる。そうした問題は，思春期の時期に
限定されないかもしれない。「私（I）意識」は，それぞれの私の異質
性を尊重し，認めつつ協同・共存する新たな「われわれ（we）意識」
に再構成していかなければならないが，それが達成できぬまま課題とし
て残り続けているのかもしれない。

2-3　人間関係の広がりと深化

　親との分離-個体化の課題と，友人関係の質の変化の中で，自分のこ
とをわかってもらいたいと望みつつ，それが満たされないという葛藤を
経験することになる。そうした心性は，「孤独感」として捉えることが
できる。孤独感は，「自分の悩みをわかってくれると思っているか」（個
別性の次元）と，「自分のことを理解してくれる人がいると思っている
か」（理解・共感の次元）の2つの次元で考えることができる（落合，
1989）。この2次元の組み合わせにより，A型（個別性には気づかず，
無条件に人と理解・共感できると考えている）は小学生の時期に感じる
ような物理的に一人でいる時のもの，B型（個別性にも気づかず，理
解・共感もできないと感じる）はそれぞれが違うので互いを理解するの
は難しいとは思わず，理解してもらえない状態に対して感じるもの，C
型（個別性に気づき，理解・共感はできないと感じる）は互いに違うの
で理解・共感は難しいと思うもので，内省力の育った高校生頃に感じる
もの，D型（個別性を前提としつつも，理解・共感を求めていこうと
する）は人間関係をプロセスと考え，その中で孤独感の肯定的側面も捉
えられるようになるものである。C型の孤独感を感じている時には，個
別性ゆえに「わかってもらうことを期待しても仕方がない。だったら，
人とは初めから深くかかわるのはやめておこう」とする心性が生まれる
こともある。

　また，人間関係には大きなストレスを伴うものであり，拒絶感受性（rejection sensitivity）が対人ストレスを経験しやすくなったり，それを認識しやすくなるといったことをもたらすとの指摘もある（Downey & Feldman, 1996）。拒絶感受性とは，他者からの拒絶に敏感に反応する傾向であり，人から拒絶されることに対して過度に敏感になってしまうものである。中高生が，人から拒否されたり，受け入れてもらえないと気にしすぎるのは，被受容に対するリスクを避ける自己防御のシステムでもある（Romero-Canyas & Downey, 2005）。

　青年期には，親子関係，友人関係のみでなく，異性の友達，恋愛関係など，さらに多様な関係が見られるようになる。

　それまでに形成してきたアタッチメントスタイルと，青年期以降の恋愛，夫婦関係などとの共通点も指摘される（Shaver & Hazan, 1988）。乳幼児における養育者との関係で見られる近接性の探求，分離苦悩，安全な避難所，安全基地は，青年・成人期の恋愛・夫婦関係においても同様に見られる。つまり，恋愛相手を抱きしめたい，触れあいたいという欲求（近接性の探求），恋愛相手と長期に会えないと苦悩を経験する（分離苦悩），ストレスや苦悩時に相手からの慰めを求める（安全な避難所），恋愛関係からの信頼や安心感を供給されることで仕事や勉強などの他の行動に集中して取り組める（安全基地）などである。

　異性の友人関係も，恋愛と共通すると考える立場もある（Rubin, 1970 など）。しかしその一方で，恋愛関係は異性の友人関係とは異なるとする立場もある（Berscheid & Walster, 1974；立脇，2007 など）。恋愛は自己拡張（self-expansion）であり，特定の関係に自己を投入し，その関係を維持することは，自己の境界線が拡大した感覚をもたらし，それによる快感情が本人の満足感をもたらすことになると考えられる（Aron & Aron, 1996, 2000）。さらにこれは，自己中心的な満足にとどまらず，恋愛関係自体は相互的なものであり，「わたし」ではなく「わたしたち」という一人称複数形の代名詞を用いることになることが，恋愛関係の深化に伴って見られるともされる（Agnew et al., 1998）。

　青年期に見られるこうした関係性の多様化は，個々人の発達にとって

重要なものと言えるが，性別による捉え方の違いからくる認識のずれ
が，問題状況を引き起こすことも出てくる。特に，恋愛対象の場合，性
的な関係が伴うことから，男性と女性とで捉える友情と愛情の違いがデ
ートレイプなどの性犯罪の原因にもなりうることも指摘されている。す
なわち，男性は女性の愛情を実際以上に多く推測することが示されてお
り（Koenig et al., 2007），双方の捉え方が異なっていることがリスクの
ある状態に結びつくこととともなる。

3. 社会の中で

3-1　歴史・社会的文脈の中での青年期

　人は，生きている時代の価値観や社会的情勢の影響を受けて育つ。特
に青年期は，家族や学校から社会に出て行く時期でもあり，それらの影
響を直接的に受けやすいとも言える。青年期に経験した出来事を，その
世代の特徴として記述する捉え方がある。第二次世界大戦から今日ま
で，一般的に名づけられている世代の名称として，表12-1のようなも
のが挙げられる。日本とアメリカでは若干異なるが，世代的特性として
は共通するものがあると思われる。インターネットの発達などにより，
世界が地球規模での情報を共有するようになると，世代的な特徴が今後
どのように記載されるようになるのかは，未知数である。

表12-1　育った社会環境の影響と世代の特徴

世代名称 （誕生時期）	中心世代が青年期に経験した出来事と世代の特徴	参考：アメリカでの世代名称
焼け跡世代 （1935-1939）	太平洋戦争を経験，戦後の混乱を生き抜いた。終戦を境にそれまでの価値観が否定され，懐疑的な捉え方とモラルの高さや使命感を強く持つ。	サイレントジェネレーション（1925-1945）朝鮮戦争，ベトナム戦争を体験。出生数が少なく，競争が低い。
団塊の世代 （1947-1949）	第一次ベビーブーム期の誕生。高度経済成長の中心世代。幼少期は戦後の混乱，東京オリンピック，青年期に学生運動を経験。	ベビーブーマージェネレーション（1946-1964）ベトナム戦争を目の当たりにし，それまでの価値観に疑問も持つ。出生数は多く，裕福な世代。
しらけ世代 （1950-1964）	激しい学生運動の反動から三無主義（無気力，無関心，無責任）と呼ばれ，個人主義	

（つづく）

	的傾向を強く持つ。新人類とも呼ばれ，大きな価値の変化とジェネレーションギャップを大人世代に感じさせた。	
バブル世代 (1965-1970)	高度経済成長期に誕生し，バブル景気の時期に社会人になった世代。好景気のさなかに育ち，バイタリティとパワフルさを持っているとされる。	ジェネレーションX（1965-1979）幼少期のベトナム戦争からアメリカへの失望，無力感が強い。離婚率の増加，女性の社会進出から，鍵っ子（Latchkey kid）が増加。
氷河期世代 (1970-1982)	バブル崩壊後の不況期に就職活動を経験した世代。金融機関の破綻，通貨危機があり，就職困難のために非正規雇用者が増えた。将来への不安が強く，慎重に考える傾向はある一方で，厳しい時代を生き抜いたポテンシャルは高いともされる。	ゼニアルズ（1975-1985）Xennials。アメリカ同時多発テロ，戦争も体験。悲観的でもなく楽観的でもなくバランスのとれた世代とされる。
プレッシャー世代 (1982-1987)	経済的な困難（バブル崩壊後，世界金融危機）や地震（阪神淡路大震災 1995），インターネットの発展など急激な社会の変化を経験し，変化を受け容れる現実志向が強く，プレッシャーに強いとされる。	
ゆとり世代 (1987-2004)	ゆとり教育を受けた世代であり，学力が低く，メンタルも弱いと揶揄されることもあるが，大地震などの大きな災害を経験し，厳しい社会環境の中で育ったことから，それまでの価値観とは異なる価値観を持っているともされる。	ミレニアルズ（ジェネレーションY）（1980-1994）幼少期からインターネットに触れて育った世代。大きな人口世代のため，マーケティングの対象とされる。物に執着せずワークライフバランスを重視する傾向とされる。
さとり世代 (1987-　　)	ゆとり世代の中でも無気力と捉えられる特徴を強く持つとされる。厳しい現実を幼少時から見ており，堅実で多くは望まないという基本スタンスとされる。	
ミレニアル世代 (2000？)	インターネットの発展など，これまでの社会的環境とは大きく異なり，どのような特徴を持つのか，まだ年齢的にも特徴が把握できていない。	ジェネレーションZ（1995-2012）誕生時よりインターネットが存在（デジタルネイティブ世代）。テロ，不況の間接的経験から，慎重でリスク回避が強いとされる。
		ジェネレーションa（2013-　）特徴は未知数。

3-2　進路選択とキャリア形成

　青年期の人々にとっての大きな課題は，人生の選択ともなる進路の選択である。キャリア選択は生涯にわたる発達プロセスとして捉えられるものであり，これを 1950 年代にスーパー（Super, D. E.）は包括的理論として提示した。4つの発達段階を持つ「ライフ・キャリア・レインボー（life-career rainbow）」によって示される（図 12-4 参照）。キャリア決定要素のアーチは，生物学的要因，心理的要因，社会的要因がどのように自己概念や職業選択に影響を及ぼすのかを示している。

　4つの発達段階は，探索期（10 歳〜20 歳頃），確立期（20 歳〜35 歳頃），維持期（35 歳〜55 歳頃），下降期（55 歳以降）であり，これらの人生のさまざまなフェーズにおいて果たすべき役割として8つのライフ・ロールが想定されている。それらは，子ども，学生，職業人，配偶者，家庭人，親，余暇人，市民である。50 年も前のモデルではあり，当然ながら時代によってこれは異なり，個人差も大きいと考えられる

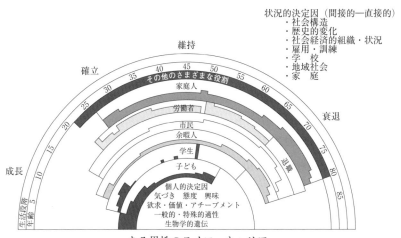

—ある男性のライフ・キャリア—

「22 歳で大学を卒業し，すぐに就職。26 歳で結婚して，27 歳で1児の父親となる。47 歳の時に1年間社外研修。57 歳で両親を失い，67 歳で退職。78 歳の時妻を失い 81 歳で生涯を終えた。」D. E. スーパーはこのようなライフ・キャリアを概念図化した。

図 12-4　ライフ・キャリア・レインボー（文部省『中学校・高等学校進路指導資料第1分冊』平成4年）

が，キャリア発達の観点から個人をどのように支援するかを考える際に，一つの示唆を与えるものと考える。

3-3 大人になることの難しさ

　第二次性徴に伴う性ホルモン分秘の急激な活性化は，人間関係の大きな変化をもたらし，さらに，認知機能の成熟と相まって，さまざまな問題を引き起こすリスクを伴うことになる。

　精神神経疾患の一部に，特定の発達段階でいずれかの性別に偏って症状が顕在化するものがあることが報告されている（Swaab & Hofman, 1995；高瀬，2015）。たとえば，自閉スペクトラム症（生後2年くらいの間，男性が7割），統合失調症（思春期以降，男性が7割），神経性無食欲症（思春期以降，女性が9割）などである。特に思春期については，精神的不調をきたしやすいクリティカルな時期とされ，精神疾患の発症の二分の一（50パーセンタイル）が14歳までに，四分の三（75パーセンタイル）が24歳までとされる（Kessler et al., 2005）。

　精神疾患ではなくとも，問題行動とされる環境との摩擦に基づく不適応状態がさまざまな形で見られるのも，思春期の特徴と言える。適応とは，「個人と環境の適合」（French, Rodgers, & Cobb, 1974）とされ，それに失敗したのが不適応の状態と考えられる。不適応には2つのタイプがあり，外在型（externalizing）は反社会的行動に代表されるような暴力行為，非行など，内在型（internalizing）は不登校，引きこもりなどである。特に後者は，初期状態の把握がなされにくく，対応が遅れがちになることから，今日，大きな問題となっている。さらには，これらが複合したいじめ，自傷や自殺などの深刻な事態にもつながっている。

　高校進学率が日本では，おおむね100％に近づき，大学への進学率も高くなっていることから，教育の場においても，その後の就職等においても，常にさまざまな競争に組み込まれ，大きなストレスにさらされざるを得ない。社会の変動の早さ，グローバル化による世界の広がりや価値観の多様化の一方で，親世代は旧来的な価値観にとらわれたり，逆に価値観の混乱から子どもへの対応に苦慮したりすることとなる場合も

ある。

　親子の分離－個体化が課題となるこの時期は，それまでの親子関係の不安定さや家族の葛藤（両親の夫婦間葛藤など），子への虐待などがより深刻な影響をもたらすことが指摘されている。子どもが混乱した時，親はサポートや「足場作り」を与え，そこから子どもは自身の情動状態を制御するための建設的な方略を学ぶことになるが，予測が成り立ちにくく組織化されない環境は，子どもがネガティブ情動の経験にさらされた際に傷つきやすい状態を作り出してしまう。このため，虐待経験を持つ子どもは怒りやすく，欲求不満で，反応的，イライラしやすい傾向があるとされ，両親間での高い葛藤がある時，より攻撃的で行動化を示す傾向があるとされている（Hetherington & Arasteh, 1988；Kim, Riser, & Deater-Deckard, 2011）。行動化（acting out）とは，行動を抑制したり，言葉で表現したりせずに，実際の行動として表現することである。

　また，被虐待経験が非行とも関連が高いことが指摘されている。特に，ネグレクトを受けてきた場合，感情をコントロールする体験自体が不十分であることや，大人から認められる経験が乏しいことから，安易に激しい感情を出し，自己肯定感の乏しさから，相手を攻撃して優位に立つことで，自尊感情を高めようとすることも見られる（内閣府，2015）。また，非行を犯す場合，規則や社会規範の認識はあるにもかかわらず，自分の行為を正当化する傾向があるとされる。そうした正当化のロジックとしては，①責任の否定（相手が原因），②加害の否定（単なる喧嘩，借りただけ），③被害者の否定（被害にあっても当然），④非難者への非難（その資格があるのか？），⑤高度な忠誠への訴え（仲間のためにやった）（Matza, 1964）があり，このような認識の歪みを修正しなければ，対応・支援は困難である。

　人の育ちにはアンビバレントな側面が常にある。それが極端な形で現れやすいのが思春期・青年期と言える。未来への希望といったポジティブな面と，将来へ向けての不安や恐れといったネガティブな面が共存し，その間で感情的にも動揺しやすい状態が，ちょっとしたきっかけで自分の生を終わらせる選択となることがある。若者の死因の上位を自殺

が占めており，対処すべき喫緊の課題である。子どもの自殺の心理として，強い孤立感（誰も助けてくれない，わかってくれない，居場所がない），無価値観（自分はいない方がよい，生きていても仕方がない），強い怒り（現状を受け容れられず，やり場のない怒りが自身にも向けられる），苦しみが永遠に続く思い込み（どんな努力も解決にはならない絶望的な思い），心理的視野 狭 窄（自殺意外の解決方法を思い浮かべられない）が挙げられている（文部科学省，2006）。自殺を考える場合，本人は助けを求めるサインをいろいろなところで出している。そのことに周囲の人間が気づき，本人の切羽詰まった気持ちを受け止め，絶対に救いたいという思いを伝えることが重要であろう。

🔋 研究課題

1. 青年期の友人関係に関する調査をチェックし，現代の友人関係がそれ以前のものと大きく変わった点，変わっていない点を整理してみよう。

2. 自分自身（あるいは身近な人）のキャリア選択について，何が影響を及ぼしたのかを振り返って考えてみよう。

3. 青年期の孤独感をテーマとした小説を探してみよう。一口に孤独感と言ってもその内容は必ずしも一つではないだろう。どのような孤独感があり，それにどのように対処しようとしたのか，考えてみよう。

参考文献

Brown, B. B. & Prinstein, M. J. (Eds.) (2011). Encyclopedia of adolescence. Elsevier.（子安増生・二宮克美（監訳）青年期発達百科事典編集委員会（編集）(2014). 青年期発達百科事典　第1巻　発達の定型プロセス，第2巻　人間・社会・文化，第3巻　精神病理と非定型プロセス　丸善出版）

榎本博明（編著）(2012). 青年心理学　おうふう

海保博之（監修）松井豊（編）(2010). 対人関係と恋愛・友情の心理学　朝倉実践心理学講座8　朝倉書店

引用文献

Agrew, C. R., van Lange, P. A. M., Rusbult, C. E., & Langston, C. A. (1998). Cognitive interdependence: Commitment and the mental representation of close relationships. *Journal of Personality and Social Psychology, 74*, 939-954.

Aron, A. & Aron, E. N. (2000). Self-expansion motivation and inclusing other in the self. In W. Ichkes & S. Duck (Eds.) *The social psychology of personal relationships* (pp.109-128). Chichester; John Wiley & Sons.

Aron, E. N. & Aron, A. (1996). Love and expansion of self: The state of the model. *Personal Relationships, 3*, 45-58.

Berscheid, E., & Walster, E. (1974). A little bit about love: A minor essay on a major topic. In T. Huston (Ed.) *Foundations of imterpersonal attraction* (pp.355-381). New York: Academic Press.

Blos, P. (1967). The second individuation process in adolescence. *The Psychoanalytic Study of the Child, 22*, 162-186.

Downey, G. & Feldman, S. I. (1996). Implications of rejection sensitivity for intimate relationships. *Journal of Personality and Social Psychology, 70*, 1327-1343.

Elkind, D. (2001). *The hurried child: Growing up too fast too soon.* 3rd ed. New York: Perscus Books.（戸根由紀恵（訳）(2002). 急がされる子どもたち　紀伊国屋書店）

エリクソン，E. H.（西平直・中島由恵訳）(2011). アイデンティティとライフサイクル　誠信書房（Erikson, E. H. (1959/1980). *Identity and the life cycle.* International Universities Press.）

232

エリクソン，E. H. ＆ エリクソン，J. M.（村瀬孝雄・近藤邦夫訳）（2001）．ラ
イフサイクル，その完結〈増補版〉みすず書房（Erikson, E. H. & Erikson, J.
M.（1998）. *The life cycle completed*. Expanded version. New York: W. W.
Norton & Company.）

French, J. R. P., Jr., Rodgers, W., & Cobb, S.（1974）. Adjustment as person-
environment fit. In G. V. Coelho, D. A. Hamburg, & J. E. Adams（Eds.）*Coping
and adaptation*（pp.316-333）. New York: Basic Books.

Hall, G. S.（1904）. *Adolescence: Its psychology and its relations to physiology,
anthropology, sociology, sex, crime, religion and education*. Appleton.（元良勇
次郎・中島力造・速水滉・青木宗太郎（訳）（1910）．青年期の研究　同文館）

Harter, S.（1999）. *The construction of the self; A developmental perspective*. New
York: The Guilford Press.

Hetherington, E. M. & Arasteh, J. D.（Eds.）（1988）. *Impact of divorce: Single
parenting and stepparenting on children*. Hillsdale, NJ: Erlbaum.

保坂亨・岡村達也（1986）．キャンパス・エンカウンター・グループの発達的・治
療的意義の検討　心理臨床学研究，*4*, 15-26.

Huizinga, M., Dolan, C. V., & van der Molen, M. W.（2006）. Age-related change in
executive function: Developmental trends and a latent variable analysis.
Neuropsychologia, *44*, 2017-2036.

Kessler, R. C., Berglund, P., Demler, O., Jin, R., Merikangas, K. R., & Walters, E. E.
（2005）. Lifetime prevalence and age-of-onset distributions of DSM-IV
disorders in the National Comorbidity Survey Replication. *Archives of General
Psychiatry*, *62*, 593-602.

Kim, J., Riser, D., & Deater-Deckard, K.（2011）. Emotional development. In B. B.
Brown & M. J. Prinstein（Eds.）*Encyclopedia of adolescence*. Elsevier.（本島優
子（訳）（2014）．情動発達　子安増生・二宮克美（監訳）青年期発達百科事典
編集委員会（編）青年期発達百科事典　第1巻　発達の定型プロセス　丸善
出版）

Koenig, B. L., Kirkpatrick, L. A., & Ketelaar, T.（2007）. Misperception of sexual
and romantic interests in opposite-sex friendships: Four hypotheses. *Personal
Relationships*, *14*, 411-429.

Mahler, M. S., Pine, F., & Bergman, A.（1975）. *The psychological birth of the
human infant: symbiosis and individuation*. New York: Base Book.（高橋雅
志・織田正美・浜畑紀（訳）（2001）．乳幼児の心理的誕生—母子共生と個体化
—　黎明書房）

Marcia, J. E.（1966）. Development and validation of ego-identity status. *Journal of Personality and Social Psychology, 3*, 551-558.

Matza, D.（1964）. *Delinquency and drift.* New York: Wiley.（非行理論研究会（訳）（1986）. 漂流する少年―現代の少年非行論― 成文堂）

文部科学省（2009）. 教師が知っておきたい子どもの自殺予防　平成21年版

文部省（1992）. 中学校・高等学校進路指導資料　第1分冊　個性を生かす進路指導をめざして―生き方の探求と自己実現への道程―　平成4年

内閣府（2015）. 少年非行に関する世論調査　平成27年度（https://survey.gov-online.go.jp/h27/h27-shounenhikou/index.html）

西平直・中島由恵（2011）. 用語解説　エリクソン，E. H.（1959・1980）　アイデンティティとライフサイクル　誠信書房. 巻末 pp.25-33.

西平直喜（1979）. 青年期における発達の特徴と教育　大田堯（編）岩波講座子ども発達と教育6―青年期発達段階と教育―（pp.1-56）　岩波書店

落合良行（1989）. 青年期における孤独感の構造　風間書房

Parsons, T.（1964）. *Social structure and personality.*（武田良三（監訳）（1973）. 社会構造とパーソナリティ　新泉社）

Romero-Canyas, R. & Downey, G.（2005）. Rejection sensitivity as a predictor of affective and behavioral responses to interpersonal stress: A defensive motivational system. In K. D. Williams, J. P. Forgas, & W. von Hippel（Eds.）*The social outcast: Ostracism, social exclusion, rejection, and bullying*（pp.131-154）. Psychology Press.

Rubin, Z.（1970）. Measurement of romantic love. *Journal of Personality and Social Psychology, 16*, 265-273.

Salmela-Aro,（2011）. Stages of adolescence. In B. B. Brown & M. J. Prinstein（Eds.）*Encyclopedia of adolescence.* Elsevier.（東海林麗香（訳）（2014）. 青年期の発達段階　子安増生・二宮克美（監訳）青年期発達百科事典編集委員会（編集）青年期発達百科事典　第1巻　発達の定型プロセス　丸善出版）

Schneider, W., Knopf, M., & Sodian, B.（2008）. Verbal memory development from early childhood to early adulthood. In W. Schneider & M. Bullock（Eds.）*Human Development from early childhood to early adulthood; Findings from a 20 year longitudinal study*（pp.63-90）. New York: Psychology Press.

Shaver, P. R. & Hazan, C.（1988）. A biased overview of the study of love. *Journal of Social and Personality Relationships, 5*, 473-501.

Swaab, D. F. & Hofman, M. A.（1995）. Sexual differentiation of the human hypothalamus in relation to gender and sexual orientation. *Trends in*

Neuroscience, 18, 264-270.

高瀬堅吉（2015）．発達段階・性別特異的行動異常の生物・心理・社会モデルに基づく検討―動物とヒトの研究，基礎と臨床をつなぐ古くて新しい心理学研究モデルの提案― 立命館大学人文学会，*641*, 398-388.

Tanner, J. M.（1978）. *Fetus into man: Physical growth from conception to maturity.* Open Books.（熊谷公明（訳）（1983）．小児発育学―胎児から成熟まで― 日本小児医事出版社）

鑪 幹八郎（2002）．アイデンティティとライフサイクル論 ナカニシヤ出版

立脇洋介（2007）．異性交際中の感情と相手との関係性 心理学研究，*78*, 244-251.

ヴィゴツキー, L. S.（柴田義松・森岡修一・中村和夫訳）（2004）．思春期の心理学 新読書社

13 | 成人期のこころ

小野寺敦志

《**学習目標**》 成人期は，次の世代に自分の生を引き継いでいく営みを始める時期である。親として，あるいは人生の先輩として，自己のありようを再度見つめ直す一方で，予期せぬライフイベントにも直面し，心が揺れ動く時期でもある。心理的危機を抱えるこの時期の発達について学ぶ。
《**キーワード**》 世代性，アイデンティティ再体制化，中年期危機，ワーク・ライフ・バランス，転機，ダブルケア

1. はじめに

　生涯発達心理学における成人期は，就労につく世代から老年期まで，比較的長い時期であると言える。生涯発達心理学の代表的研究者は，エリク・エリクソン（Erikson, E. H.）であることは周知のことである。エリクソンは，生涯発達の各段階における発達課題を提唱し，成人期には「生殖性 対 停滞」を掲げている（エリクソン，E. H. & エリクソン，J. M., 2001）。「生殖性」は，英語の 'generativity' の訳であり，近年は「世代性」と訳されることが主流である。つまり「世代性 対 停滞」が成人期の主たるキーワードになると言える。
　本章では，成人期の発達区分をエリクソンならびにレヴィンソンによる区分に沿いながら，成人期の特性を概観する。そして，近年の日本の社会状況から成人期に生じる現代の課題を概観していく。

2. 成人期とは

　成人期の年齢区分について，レヴィンソン（Levinson, D. J.）は，ライフサイクルはそれぞれおよそ 25 年間続くと指摘し，成人期を 17 歳か

ら65歳までとし，この前半を「成人前期」，後半を「中年期」としている（Levinson, 1978）。日本人の場合，高校卒業の18歳，もしくは大学卒業の22歳頃から始まり，定年退職を迎える60〜65歳前後の時期までが成人期と言える。なお青年期，成人期，老年期のそれぞれの終わりや始まりは，ある程度重複するものなので，一定の年齢がきたら次の発達期にきれいに切り替わるものではないことに留意する必要がある。

2-1 エリクソンに見る成人期の発達課題

　エリクソンの成人期は，前成人期と成人期の2つの時期からなる。前成人期の発達課題は「親密 対 孤立」である。この時期の重要な関係の範囲は「友情，性愛，競争，協力の関係におけるパートナー」のキーワードが当てられている。前成人期の前の青年期における「自我同一性」の確立をもとに，自己の同一性を，周囲の友人との関係，恋人との性愛を含めた関係の中で，同一性を共有することで，親密さを作り上げていくことになる。つまり，自己同一性による自分らしさを，他者との親密な関係を通して確認することと言える。この親密さを持ちえないと他者からの「孤立」が生じる（エリクソン ＆ エリクソン，2001）。

　孤立に関してエリクソンは，親密な関係がパートナーとの2人だけの孤立になった場合，次の発達課題，つまり成人期の「世代性と停滞」に直面できなくなってしまうと指摘する。この親密さと孤立の対立の解決から現れるものが，この時期の基本的強さの「愛」だとする。この愛は，男女間に生じるさまざまな対立関係を解決するための，成熟した献身の相互性であると述べている（エリクソン ＆ エリクソン，2001）。

　次の成人期の発達課題は「世代性 対 停滞」である。世代性は，「生殖性」と訳されてもいる通り，子孫を生み出すこと，生産性，創造性を含む。つまり新しいものを生み出すというものである。それに対する停滞は，生殖的活動の活性を失ったこととされる。この対立から生まれるものが，この時期の基本的強さである「世話」である。次の世代を生み育てるという世代継承的な課題が，この時期に必要不可欠なものである（エリクソン ＆ エリクソン，2001）。

2−2　レヴィンソンに見る成人期の発達課題

　レヴィンソンによる成人期の発達段階の図を以下に示した（Levinson, 1978；図 13−1 参照）。レヴィンソンは 35 歳から 46 歳の男性に面接調査を実施した成果をもとに，男性の成人期発達の特徴をまとめている。調査協力者の職種を，工場労働者，企業の管理職，大学生物学者，小説家の 4 職種に絞り，それぞれ 10 人，計 40 人に面接調査を行った。

　この図の特徴の一つは，ある発達段階から次の発達段階に移行する過渡期を設けていることである。レヴィンソンは，この移行について「単純でも簡単でもない。その人の生活構造を根本的に変える必要」（レビンソン，1992）があると述べている。この過渡期は 4 年ないし 5 年かか

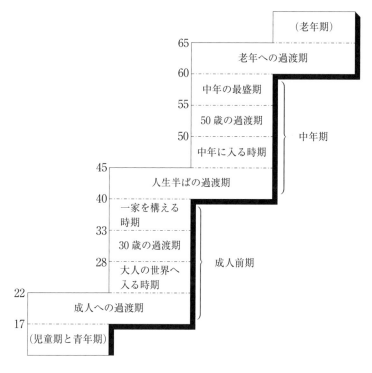

図 13−1　成人前期と中年期の発達段階（Levinson, 1978. ただし，南（訳）1992, p.111 より）

るものとし，2つの発達期を結び，そこに境界域を作り出すとする
(Levinson，1978/1992)。

　この過渡期と，生活構造という捉え方をレヴィンソンは重要視してい
る。レヴィンソンは生活構造を「ある時期におけるその人の生活の基本
的パターンないし設計」（レビンソン，1992）と述べている。そしてレ
ヴィンソンの述べる発達段階は，個人の生活構造の発達段階であるとす
る。加えて，生活構造は，①社会文化的環境の影響（宗教，家族，職業
など個人を取り巻く文化，社会制度など），②自己の持つある面（個人
の持つ欲求，価値観，性格特性，思考，行動など意識と無意識の両面を
含めたもの），③その人の外界への参加（外界とは風景，人物，個人の
生活を形作っている資質と束縛。これとのやりとり）の3つの観点から
捉えることができると述べている（レビンソン，1992）。

　青年期から成人前期への過渡期の課題は，ほぼ17歳から始まり22歳
で終わる。この「成人への過渡期」の課題を2つ挙げている。一つは，
青年期までの重要であった個人や集団との関係や制度との関係を修正す
るか終わらせて，それまでに作り上げた自己を見直して修正することで
ある。つまり，両親との関係，友人との関係，所属していた同世代のグ
ループ，子どもとして持っていた価値観といったものを見直す，または
そこから卒業することである。2つ目の課題は，大人の世界に入るため
に，成人としての最初のアイデンティティを確立することである。そし
て，22歳から28歳までの「大人の世界に入る時期」となり，成人期最
初の生活構造を築く時期に進む。

　「30歳の過渡期」は，26〜29歳の間に始まり，31〜34歳の間に終
わる。この時期は自分の人生を修正し，より豊かにするために使われ
る。一方で，この時期はストレスに満ちた時期であり，30代の危機と
いう形をとって生じる。現在の生活構造に耐えられない状況にあると，
次のより豊かな生活構造を作ることなどできないという危機に遭遇す
る。つまり，生活そのものへの脅威や混乱，将来への希望の喪失を感じ
る。この時期に，程度の大小はあれども，危機が訪れることはごく普通
である，とレヴィンソンは指摘している。この時期を過ぎると「一家を

構える時期」となる。この時期の生活構造の中心は，仕事や家族・友人，地域社会など，その人にとって大切なものに注力し，若い頃の目標を実現しようとすることである。

　次に来る「人生半ばの過渡期」は，40歳から45歳にかけてであり，成人前期と中年期をつなぐ時期である（レビンソン，1992）。この時期は再度の人生への問い直しが生じる時期である。これまでの生活構造について，周囲との関係が自分自身の価値観と合っているのかということを見直し，何を優先させるかという選択の時期となる。そこには選択に伴う責任と，選択に伴う犠牲を伴うとされる。そして「中年に入る時期」になり，新しい生活構造を作り上げていく。

　「50歳の過渡期」は50歳から55歳まで続く。この時期は「30歳の過渡期」に似ていると言われる一方，40歳から45歳の「人生半ばの過渡期」にあまり変化がなかった人は，この時期が危機になる。この時期を乗り越えると，次の「中年の最盛期」という安定した時期になり，中年期第2の生活構造を作り上げる。これは中年期を完結させる力になり，60歳から65歳の「老年への過渡期」に移行する。つまり，老年期を迎える準備に入っていく（レビンソン，1992）。

2-3　女性における成人期の発達課題

　女性のライフサイクルについて，岡本（2002a）は，女性のライフサイクルを1本の木に見立て「青年期，成人初期に達し，就職・結婚・出産期を迎えると，多くの枝に分かれていく」と述べ，女性の成人期の発達について，大きく3つのライフコースを挙げている。

　1つ目は，出産・育児を機に退職して専業主婦となるライフコースである。近年の女性は「結婚か仕事かではなく，子どもを持つか仕事を続けるか」ではないかと指摘している。専業主婦の生活を選んでも，就労している，社会活動をしているといった人が周囲にいると，専業主婦の現状に不全感を持ち，家庭の外に目が向いてしまう主婦も多いと述べている。

　2つ目は，結婚・出産後も就労を継続するライフコースである。岡本

（2002a）は，女性が就労を継続することは時代の流れであるが，職場に女性が進出することによる影の部分もあることを指摘し，「目に見えないガラスの天井」が，ある時期に立ちはだかり，職場における男女の微妙な違いが，そこでの仕事の継続に疑問を生じさせる。そして，人によっては，「転職，資格試験への挑戦，大学への再入学，大学院への進学，海外留学など，さまざまな方向へ女性をはじき出している」と述べている。一方，職場と家庭の両立に努力する女性の場合，それができて当然という「スーパーウーマン幻想」にとらわれてしまうと，仕事と家事両方に全力を注ぐために，身体的負担，精神的ストレスが強くなると言える。

3つ目は，就労後結婚せず一人で生活を続けるライフコースである。ただし結婚しないことを積極的に選択する人は少なく，仕事を続けているうちに婚期が過ぎている場合が多い。中年期の入り口は男女とも大きな転換になるが，女性特有の危機が見られるとし，「この時期は，出産年齢の限界を迎えることもあり，結婚もせず，子どもも産まなかった人は，それだけで『自分の人生は価値があるのだろうか』という思いにとらわれる」と岡本（2002a）は指摘している。

2-4 アイデンティティ論から見る女性の発達課題

岡本（2002b）は，アイデンティティ論に基づくライフサイクル論を提唱している。その中で，中年期のアイデンティティ危機と発達の様態について，「Ⅰ身体感覚の変化にともなう危機期，Ⅱ自己の再吟味と再方向づけへの模索期，Ⅲ軌道修正・軌道転換期，Ⅳアイデンティティ再確立期というプロセスを経て，再体制化されていく」とし，青年期，老年期の発達課題の研究を踏まえて，発達プロセスは，アイデンティティの獲得と危機，再吟味と再方向づけを繰り返しつつ進む「アイデンティティのラセン式発達モデル」を提唱している。

女性のアイデンティティ発達の特質について，岡本（2002b）は2つを指摘している。第1は，女性の周囲にいる「重要な他者」（夫や親や子ども）によって，自分の作り上げてきた世界が分断されてしまうこ

と，第2は，「他者との関係性」によってアイデンティティを確認し，成就させていく側面を有することである。この「他者との関係性によるアイディンティ」は，1つ目の「重要な他者によるアイデンティティの分断」と表裏をなすものであり，女性は，自分自身の個としてのアイデンティティの確立の一方で，妻や母親という役割から生じる，他者との複数の関係性によるアイデンティティの成熟の2つを抱える。この2つは常に折り合いがつくものではないので，この2つの間で葛藤しつつ，この2つを統合させていくことが，女性のアイデンティティ発達にとって重要である，と岡本（2002b）は指摘している。

3. 関係の中に見る成人期の発達課題

　成人期は，一番に社会との関係を個人が積極的に取り，多様な役割を行うことが求められる時期と言える。たとえば，成人初期の就職は，現家族からの自立独立を促し，扶養される側から離れることを示す。そして，結婚，子育てによって扶養する側となる。就労においても，成人期初期から中年期への移行に伴い，新人社員から中堅，そして管理職へと役割の変化が求められる。個人発達の視点のみではない，多様な課題に直面することも成人期の特徴と言える。そのうちの課題をいくつか取り上げていく。

3-1　家族関係から見る成人期の課題

　岡堂（2008）は「家族のライフサイクルは，エリクソンの第Ⅵ，Ⅶ，Ⅷ段階にわたることになる」と指摘している。つまり成人初期，成人期，老年期にわたるということである。第Ⅵの「親密」に見るように恋人を見つけ，結婚し，第Ⅶの「世代性（生殖性）」に示されるように，子を作り育む時期が家族のライフサイクルの多くを占めると言える。

　家族のライフサイクルについて，岡堂（2008）は，研究者それぞれの所説を取り上げつつ，ステージ0を加えたステージⅠ～Ⅵの7段階説を提唱し，各時期のライフタスクと危機を示している。以下に岡堂による家族のライフサイクルについて，成人期初期と中年期に関連する段階

（0〜Ⅴ）を概観するとともに，現代日本社会の現状を補足する（なお，ステージⅥは「加齢と配偶者の死の時期」となり，老年期に該当する部分なので，本項では取り上げない）。

＊ステージ0　結婚を約束した時点から結婚までの時期：この時期の5つのライフタスク —— ①類似性の認知，②ラポールの形成，③自己開示の促進，④役割の相補性の認識，⑤パートナーシップの結晶化，に取り組むことで，結婚への準備が整う。

　一方，日本の生涯未婚率は，『令和元年版少子化社会対策白書』（内閣府，2019）によれば，50歳時の未婚割合は，1970年は男性1.7％，女性3.3％，その後，男性は一貫して上昇し，女性は1990年まで横ばいであったが，以降上昇を続けている。2015年は男性23.4％，女性14.1％と，それぞれ上昇している。つまり，中年期に至っても男性で2割強，女性で1.5割弱の人が，結婚に至らずにいる。重要な他者となる相手に会えない，もしくは，パートナーシップを作るまでの関係にいかずに，別のライフコースを経てきている人がいると言える。

＊ステージⅠ　結婚から第1子の誕生までの時期：この時期のライフタスクは「親密性 対 幻滅感」であり，結婚により新しい家庭を作る時期であり，夫妻双方の原家族から適度の距離を取り，新しい家族を形成する。それがうまくいけば親密性が増す一方，たとえば夫が実家に肩入れして，妻にもその関係を強要すると，夫婦間の関係に幻滅感が生じると言える。それは夫婦間の緊張や葛藤を高める危機となりえ，離婚に進む場合もある。

　日本における初婚年齢を見ると，1990年は男性28.4歳，女性25.9歳であったが，2015年は男性31.1歳，女性29.4歳と，男性2.7歳，女性3.5歳晩婚化が進んでいる。一方で，年代別の離婚率を見ると2017年は，夫の場合，25〜29歳5.49％，30〜34歳7.01％，35〜39歳6.35％，妻の場合，25〜29歳7.59％，30〜34歳8.12％，35〜39歳6.71％であり，25歳から39歳の離婚率が他の年代に比して高かった（国立社会保障・人口問題研究所，2019）。離婚までの婚姻期間が不明なので明らかなことは言えないが，結婚して数年程度で離婚に至る割合が一定

数存在すると言える。

＊ステージⅡ　子の出産から子の小学校入学までの時期：この時期のライフタスクは「養育性 対 閉塞感」である。乳幼児の育児を通して，夫婦2者の関係から子どもを入れた3者の関係になるとともに，夫妻役割に加えて父親母親役割を，子育てを通して獲得していく。一方，父親役割・母親役割が強調され，夫婦関係が無視されると，夫と妻の間にずれが生じ，それがストレスとなって現れる場合がある。また夫婦関係が強調されると，子どもの育児放棄が生じる危険性もある。

＊ステージⅢ　学童期の子どもを育てる時期：この時期のライフタスクは「個性重視 対 疑似一体感」である。この時期，子どもは親から離れて外に向かいだす一方で，親元へとどまろうとする。自分の欲求や願望を持つ一方で，親の要求や願望に応えようともする。ゆえに，親は子どもの個性を尊重し，家族の中に縛りつけたり，逆に，家族から排除したりするのではなく，親と子の間のバランスを保つことが求められる。ここに第2子が生まれると，第1子がさらに，父母の間に入ってきて，親子が一緒にいる時間が長くなる。すると夫婦の時間が減り，夫婦関係が疎遠になることもある。親としての父母の役割と夫妻としての夫婦の役割バランスを取ることも大切になる。しかしこのバランスが保てないと，親子の密着が増し，子は「幼児がえり」といった退行現象を起こす場合もある。すると，夫婦関係がさらに希薄になり，夫の場合は職場へ逃避したり，母親はうつや不安が増したりと，家族システムがさらに不安定になる危険がある。

　内閣府の『少子化社会対策白書』（2019）は，晩婚化に伴い，2017年の第1子出産年齢の平均は30.7歳，第2子が32.6歳，第3子が33.7歳であり，1985年と比較すると第1子では4.0歳，第2子では3.5歳，第3子では2.3歳，それぞれ上昇していると指摘している。厚生労働省（2018）の調査によれば，日本の合計特殊出生率（その年次の15歳から49歳の年齢別出生率を合計したもの）は，1971年の2.16をピークに，以降は減少し，2017年は1.43まで低下している。このことは，ひとりっ子家庭が増えていることを示唆する。父母のどちらかの親が子と密着

関係になると，片方の親は家庭の中で孤立した形になりやすく，さらに家庭からの逃避が生じやすくなると言える。

＊ステージⅣ　10代の子どもを持つ家族：この時期のライフタスクは「親愛性 対 束縛・追放」である。この時期は，子どもはさらに自己主張を強めて，自己のアイデンティティを明確にしようとする。親は，子の反抗にあい，幼少時期のように制御できないことに気づく。そこで，自立と責任と制御の面で，基本的な信頼関係を損なわずに，新たな関係を作り直す時期である。子どもは，親との間に境界を設ける。たとえば子供部屋に勝手に入らないように親に要求するなど，自分の場を作る。家庭内のシステムへの関与と友人などの家庭外のシステムへの関与がほぼ同じ程度になる。この時期の危機は，子どもの自立に伴う反抗に親がうまく対応できず，束縛をしすぎると，親子間の緊張や葛藤が大きくなる。そして子は勉学をおろそかにしたり，不登校や引きこもりになったり，友人と夜遊びなど不良交友など非行に走る。これは，子による親への依存と自立の葛藤である。親は，子の依存心と自立への思いをうまく受け止め，支援していくことが求められる。

　文部科学省（2019）の平成30年度調査によると，小・中学校における，不登校児童生徒数は16万4,528人（前年度14万4,031人）であり，不登校児童生徒の割合は1.7％（前年度1.5％）であった。その理由が「『不安』の傾向がある」場合では，家庭に係る状況（31.3％），いじめを除く友人関係をめぐる問題（30.6％）が多く，「『あそび・非行』の傾向がある」では，家庭に係る状況（53.9％），学業の不振（27.1％）が多かった。高等学校における，不登校生徒数は5万2,723人（前年度4万9,643人）であり，不登校生徒の割合は1.6％（前年度1.5％）であった。その理由が「『不安』の傾向がある」場合では，進路に係る不安（20.4％），学業の不振（19.5％）が多く，「『あそび・非行』の傾向がある」では，学業の不振（23.4％），学校のきまり等をめぐる問題（19.6％）が多かった。中学までは，親との関係と友人関係がほぼ同等の理由として挙がっていたが，高校では「学業の不振」など学校の環境要因が挙がっており，中学から高校にかけて，家庭内システムへの関与から家

庭外のシステムへの関与が増していることが示唆される。

＊ステージⅤ　子どもが巣立つ時期：この時期のライフタスクは「再構成　対　失意・落胆」である。子が自立し親から離れていく時期であり，その分離は親子の絆を保ったままなされることが求められる。この分離は喪失感を伴うものなので，その喪失感に耐えることである。ここで親側がこれに耐えられないと「空の巣（エンプティ・ネスト）症候群」となり，孤独感や目的喪失が生じる。と同時に，夫婦2人の新たな生活を作り直す時期でもある。

　清水（2004）は，母親の子からの巣立ちの調査研究から「母親にとって子の巣立ちはアイデンティティの発達という意味で肯定的転機である」と述べている。また，フルタイムなどの就業形態は子の巣立ちに関連しない一方，専業主婦の場合，母親役割に積極的にかかわってきた女性は子の自立を肯定的に受け止める一方，積極的・肯定的にかかわれてこなかった女性は，子の巣立ちが深刻な危機になり得ると指摘している。兼田・岡本（2007）は，アイデンティティ再体制化の視点から，子の巣立ちの危機は母子分離作業の時期の違いと考察し，「子育て中に重篤な問題を抱えていた者は，その問題を乗り越える中で母子分離を行う。そのため，子の巣立ちの際には，すでに母子分離が進んでいるため，大きな危機となることはない。一方，特に問題を感じていなかった者の場合，子の巣立ちの際に母子分離の作業を行うために，大きな危機となる可能性が高い」と指摘している。これらは，母親の子の巣立ちの研究であり，今後は父親の子の巣立ちの研究も求められる。

　中年期は，個としてのアイデンティティだけではなく，家族関係を通しての関係性のアイデンティティも指摘される。この点は女性のアイデンティティ発達の項で指摘した。中年期のアイデンティティ再体制化について，清水（2008）は，中年期は「自分の先を行く人に指導を求める形の他者関係ばかりでなく，自分が必要とされることを欲し，世話をする相手との関係性によって自分の成熟が導かれるという互恵的な他者関係も重要」であり，これは世代性の課題でもあるとしつつ，「他者のモデルとなることを主体的に選択し，その相手からも重要な他者として選

択されることと相まって自己投入が強められている状態と言えるだろう」と述べている。中年期は，家族関係に限定されるものではないことは当然であるが，重要な他者との関係の中で，中年期のアイデンティティの形成がなされる特徴があると言える。

3-2　社会との関係から見る成人期の課題

　成人期から中年期の家族との課題を，家族発達を通して見てきた。この家族発達は，夫婦が成立して家庭を作り，子をなし，その子たちが巣立ち次の家族を作る，というサイクルを基本としている。そのため，夫婦双方の原家族との関係は前面に出てこなかった。この項では，就労を中心に，子育て，親の介護との関係を踏まえた発達的課題を取り上げていく。

　日本における初婚年齢の高齢化は，第1子出産の高齢化につながっている。先述した『少子化社会対策白書』（2019）など国の統計を参考に，平均年齢をもとにした家族を作成すると，夫婦が45歳前後の頃に，第1子は約15歳，第2子は約12歳であり，夫婦の親の世代は75歳前後と後期高齢者の仲間入りをする時期となる。厚生労働省の報告（2019）では，健康上の問題による日常生活への影響がない健康寿命は，2016年時点で，男性72.14歳，女性74.79歳であり，75歳から79歳の認知症の発症率は10％前後であるとしている。後期高齢者は健康上の問題が生じやすくなってくる時期であり，認知症等の介護の必要性が生じる。一方で，子どもはまだ児童や生徒であり，子育ての最中でもある。特に思春期の時期の子どもは，家族発達のステージⅣで示した依存が，親の介護などにより子どもに提供できないと，不登校や非行，時には要介護の祖父母への暴力などが生じうる。子育てと老親の介護が同時に生じることをダブルケアと呼称するが，子どもに対する親役割と子世代としての親のケアとの間で葛藤を生じやすい時期と言える。

　日本におけるワーク・ライフ・バランスは「2007年12月，仕事と生活の調和官民トップ会議によって『仕事と生活の調和（ワークライフバランス）憲章』が策定された」（池田，2008）のである。ワーク・ライ

フ・バランスとは「国民一人ひとりがやりがいや充実感を感じながら働き，仕事上の責任を果たすとともに，家庭や地域生活などにおいても，子育て期，中高年期といった人生の各段階に応じて多様な生き方が選択・実現できる社会」（池田，2008）である。国の施策は「仕事と子育ての両立支援や労働時間短縮などの施策を個別に進めるのではなく，包括的に仕事と生活の調和（ワークライフバランス）の推進を図っている」（池田，2008）のである。しかし現状は，共働き世帯が増えて，女性が出産後も就労を希望するも，育児によって就労を断念する現状がある。また，ワーク・ライフ・バランスを阻害する長時間労働の実態も指摘されている（厚生労働省，2018）。

　仕事と生活の調和が実現されることは，仕事に焦点を当てた場合，仕事に誇りとやりがいを持ち熱心に取り組み，仕事から活力を得ていきいきと働くワークエンゲージメントに関連していくものとも言える（厚生労働省，2019）。

🔌 研究課題

1．生涯未婚の男女の現状と心理について文献を調べ，その社会的課題を考えてみよう。

2．女性の生涯発達について，不妊により子が授からないことについて，文献を調べつつ心理的課題について考えてみよう。

3．ワーク・ライフ・バランスが抱える心理学的課題について整理してみよう。

引用文献

エリクソン, E. H. & エリクソン, J. M.（村瀬孝雄・近藤邦夫訳）（2001）. ライフ
　サイクル，その完結〈増補版〉　みすず書房（Erikson, E.H. & Erikson, J. M.
　(1998). *The life cycle completed.* Expanded Edition. New York: W.W. Norton
　& Company, Inc.）

池田心豪（2008）. ワーク・ライフ・バランスに関する政策―「仕事と生活の調和
　（ワーク・ライフ・バランス）憲章」を中心に―　家族社会学研究, *20*, 85-94

兼田祐美・岡本祐子（2007）. ポスト子育て期女性のアイディンティ再体制化に関
　する研究　広島大学心理学研究, *7*, 187-206

国立社会保障・人口問題研究所（2019）. 人口統計資料集 2019 年版

厚生労働省（2018）. 平成 30 年（2018）人口動態統計の年間推計
　https://www.mhlw.go.jp/toukei/saikin/hw/jinkou/suikei18/dl/2018suikei.pdf

厚生労働省（2018）. 平成 29 年版労働経済の分析―イノベーションの促進とワー
　ク・ライフ・バランスの実現に向けた課題―

厚生労働省（2019）. 令和元年版 労働経済の分析―人手不足の下での「働き方」を
　めぐる課題について―

厚生労働省（2019）.「健康寿命のあり方に関する有識者研究会」報告書
　https://www.mhlw.go.jp/stf/newpage_04074.html

Levinson, D. J. (1978). *The seasons of a men's life.* New York: The Sterling Lord
　Agency.（南博（訳）（1992）. ライフサイクルの心理学(上)(下)　講談社）

文部科学省（2019）. 平成 30 年度 児童生徒の問題行動・不登校等生徒指導上の諸課
　題に関する調査結果について
　https://www.mext.go.jp/a_menu/shotou/seitoshidou/1302902.htm

内閣府（2019）. 令和元年版少子化社会対策白書

岡堂哲雄（2008）. 家族のライフサイクルと危機管理の視点　高橋瑞恵（編）家族
　のライフサイクルと心理臨床（pp. 103-132）　金子書房

岡本祐子（2002a）. 現代社会と女性：見えない壁　岡本祐子・松下美知子（編）
　新 女性のためのライフサイクル心理学（pp. 10-18）　福村出版

岡本祐子（2002b）. ライフサイクルの理論と女性の発達　岡本祐子・松下美知子
　（編）新 女性のためのライフサイクル心理学（pp. 19-37）　福村出版

清水紀子（2004）. 中年期の女性における子の巣立ちとアイデンティティ　発達心
　理学研究, *15*, 52-64

清水紀子（2008）. 中年期のアイディンティ発達研究―アイデンティティ・ステイタ
　ス研究の限界と今後の展望―　発達心理学研究, *19*, 305-315

14 老年期のこころ

小野寺敦志

《学習目標》 平均寿命が長くなり，生涯発達において，老年期が持つ意味がとても大切になってきている。本章では，老年心理学の知見をもとに，高齢者の心理を検討する。また，老年期のメンタルヘルス問題を概観し，それらに対する臨床心理学的実践活動を紹介する。
《キーワード》 老化理論，フレイル，喪失体験，老年期うつ，認知症，人生の統合

1. 老年期とは

　21世紀に入り，「人生100年」と言われている。この背景には超高齢社会の現状がある。一方で，少子化による労働力不足という社会的課題もある。平均寿命が延び，健康寿命も延びる中で，高齢者の労働者として社会参加の要請が増し，数十年前の「老人」に持たれたイメージは，変容してきていると言える。本項では，現代の社会背景に触れるとともに，老年期の発達課題について概観する。

1-1　老年期の社会背景

　内閣府（2019）の『高齢社会白書』によれば，2018年10月1日時点で，日本の総人口に占める65歳以上の人口割合で示される高齢化率は28.1％であった。1950年には65歳以上人口は総人口の5％未満であり，この頃の人口ピラミッドは，言葉通り三角形の人口配分であった。しかし，2018年時点では，子ども世代の人口が減り，団塊世代に向けて年齢別の人口が増え，そこを過ぎるとまた減少する「つぼ型」のような形になっている。

日本の制度は 65 歳以上を高齢者に区分している。しかし，わが国の 2017 年時点の平均寿命は男性 81.09 年，女性 87.26 年であり，1950 年の平均寿命，男性 58.0 歳，女性 61.5 歳と比較すると，この 60 数年の間にそれぞれ 20 歳以上も平均寿命が延びていることがわかる。

このように高齢者の人口増加，平均寿命の延伸は，社会における高齢者の位置づけを変化させてきていると言える。その社会の変化を踏まえ，2017 年に日本老年学会と日本老年医学会が提言として，高齢者の新たな定義を提案した。それは，65 〜 74 歳を「准高齢者・准高齢期（pre-old）」，75 歳以上を「高齢者・高齢期（old）」とし，超高齢者の分類を設ける場合には，90 歳以上を「超高齢者・超高齢期（oldest-old ないし super-old）」と呼称するというものである。日本老年学会等は「現在の高齢者においては 10 〜 20 年前と比較して加齢に伴う身体的機能変化の出現が 5 〜 10 年遅延しており，『若返り』現象がみられている」と述べて，上記の定義を示した。健康上の問題による日常生活への影響がない健康寿命は，2016 年時点で，男性 72.14 歳，女性 74.79 歳（厚生労働省，2019）であり，妥当な年齢の定義と言えるかもしれない。一方，国は 75 歳以上を後期高齢者と区分している。全般的な高齢者の若返りがあるとしても，高齢になるほど個人差も大きくなることから，個人を中心に高齢化を捉える場合は慎重に取り扱う必要があると言える。

1-2　老年期の発達課題

エリクソン（Erikson, E. H.）による老年期の課題は「統合 対 絶望，嫌悪」であり，基本的な強さを「英知」としている。老年期は発達段階の最後の段階であり，それまでの段階を「統合」する段階と位置づけている。その一方にある失調要素としての「絶望」がこの時期には目立つが，英知という人間の強さによって，それに立ち向かえると言える。この老年期は，それまでの発達段階の課題等の特質が改めて繰り返され，新しい価値を持ち，個人の中に取り込まれていく。

そしてエリクソンは，この時期の「英知」を重視している。英知について，エリクソンはその語源を調べ「見ること，知ること」であると

し，それは，目を見開くという啓蒙，見分けるという眼識，見抜くという洞察，に関連するとし，英知は「何を見て，何を聞くべきかについて的確な指針を与え，我々個々人及び我々が住む社会にとって重要なもの，長続きするもの，役に立つものに我々の能力を集中させるのも，英知の役割」（エリクソン ＆ エリクソン，2001）であると述べている。さらに，「80歳代後半から90歳代の老人の目を通して，人生周期の最後の段階を見つめ，理解することが迫られている」と述べて，第9の段階を新たに設定し，この時期の課題を明確にする必要性を指摘し，その一つの答えとして老年的超越を取り上げている。

　レヴィンソン（Levinson, D. J.）は，老年期を60歳からとし，60歳から65歳を「老年期の過渡期」とし，中年期と同様に現実に直面し，肉体的な衰えを実感する時期であり，老化と寿命に直面する。加えて，近親者や友人などの病や死が増えると同時に，自分自身の健康の不安にもさらされると指摘し，「老年期の過渡期」は「老年期にふさわしい新しい形の若さを持ち続けることである」と述べている。そして，老年期の第一の発達課題は「社会とのかかわりおよび自分自身とのかかわりに新しい形のバランスを見つけること」（レビンソン，1992）であると述べ，生活をもっと自由に選択できる可能性を持つべきだと主張している。加えて，レヴィンソンは80歳以上生きる時代になってきたことを踏まえ，80歳頃から始まる「晩年期」を提案し，60歳から65歳以上で一つの発達段階とすることに疑問を呈示している。

　この他に老年期の発達課題について，ハヴィガースト（Havighurst, R. J.）は「肉体的な力と健康の衰退への適応」，「現役引退・収入の減少への適応」，「配偶者の死への適応」，「同年輩の人々と明るい親密な関係を結ぶこと」，「社会的・市民的義務を引き受けること」，「肉体的な生活を満足に送れるよう準備すること」という発達課題を挙げている（ハヴィガースト，1997）。

2．老年期の心理的特徴

　老年期の心理的特徴を検討する場合，先述の発達課題にも示される通

り，身体的な「老い」の影響を無視することはできない。老化による心身への影響を検討し，老年期のパーソナリティの特徴と，老年期の社会への適応に関する老化理論を概観する。

2-1　老化が与える心身への影響

　人は年を取るに従い，若かった頃よりも心身の機能は低下する。これを加齢または老化という。加齢は受精から死までの生体の変化すべてを指し，老化は成熟期以後の生体の変化をいう。前者が広義の老化であり，狭義の老化は後者を指す（丸山，1997）。老化の要素として，「形態要素」（身長，体重，姿勢の変化など），「運動学的要素」（筋力，筋持久力，筋パワー，敏捷性，協調性，平衡性，柔軟性など），「呼吸循環要素」（換気量，肺活量，心拍数，血圧，心拍出量など），「精神・神経要素」（知能，神経伝導速度など）が指摘される（丸山，1997）。加齢に伴い，これらは低下するが，その低下の仕方は個人差によって異なる特徴がある。

　近年，ロコモティブシンドローム，サルコペニア，フレイルという用語が，高齢者が介護を要する状態に移行する危険性を指摘するものとして取り上げられてきている。

　ロコモティブシンドローム，つまり運動器症候群は「ロコモ」と略される場合もある。ロコモは，運動器を構成する①骨，②軟骨と椎間板，③筋肉・靱帯・神経系の各要素の疾患を発症している状態，もしくは発症する危険性のある状態を含んでいる。具体的な症状として，膝や腰背部の痛み，姿勢が悪くなった，膝の変形（O脚）がある，体が硬くなった，歩きが遅くなった，つまずきやすい，などが挙げられる。そして，ロコモの可能性を考える自己チェックとして，①片脚立ちで靴下がはけない，②家の中でつまずいたり滑ったりする，③階段を上るのに手すりが必要である，④横断歩道を青信号で渡りきれない，⑤15分くらい続けて歩けない，⑥2kg程度（1ℓの牛乳パック2個程度）の買い物をして持ち帰るのが困難である，⑦家のやや重い仕事（掃除機の使用，布団の上げ下ろしなど）が困難である，の7項目が指摘されている

（中村，2012）。

　サルコペニアは，「身体的な障害や生活の質の低下，および死などの有害な転帰のリスクを伴うものであり，進行性および全身性の骨格筋量および骨格筋力の低下を特徴とする症候群」である。その分類と段階は，「加齢以外に原因が明らかではない場合『一次性』（加齢性）と考えられ，1つ以上の原因が明らかな場合は『二次性』」と考えられている。しかし「多くの高齢者の場合，サルコペニアの原因は多要因であるため，個人が一次性サルコペニアか二次性サルコペニアかを断定することは困難」であるゆえ，サルコペニアは多面的な老年症候群とされる（日本老年医学会，2012）。

　フレイルとは，ストレスに対する回復力が低下した状態を示す英語の‘frailty’の形容詞型の‘frail’をそのままカタカナ表記したものである。フレイルは「身体障害を含む考え方と，身体障害とは区別して前障害状態と捉える考え方」があり，後者の考え方が増えている。そして「フレイルは健康寿命の範疇と考える」ことができるとし，健康から要支援・要介護状態に移行する間に位置し，要支援・要介護の危険度が高い状態と位置づけられる（佐竹・荒井，2016）。フレイルは，身体的健康のみではなく精神的健康にも関連することが指摘されている。

　以上のように，身体的能力や身体機能，それに伴う健康は，老化に伴い低下する。一方，コホート研究において，過去の高齢者に比し近年の高齢者の身体機能に向上が認められ，それに関連する日常生活機能も向上しているとの指摘がある（日本老年学会・日本老年医学会，2017）。

2-2　老年期のパーソナリティの特徴

　老人になると，パーソナリティは変化するのか。老年期のパーソナリティの特徴というものはあるのか。日本における1970年代から15年間の縦断研究において，高齢者の自己概念は，過去の自己は年齢が上がるにつれて肯定反応が増加する一方で，未来の自己は，70歳時は肯定的であったものが80歳，85歳になるにつれて老化や死といった否定的な内容で捉える反応に変化していた。また，自我の強さに関して，自我機

能が維持されている人に比して，自我機能が低下した人たちの死亡率が高いことが示された。加えて，自我機能の低下している人たちは，他者から見られる自己認知，身体的自己，現在の自己の肯定反応が減少していた。このことから，70歳から85歳の高齢期もパーソナリティは発達する可能性があり，自我機能は肯定的な自己概念の維持や生存に影響することが示唆される（下仲・中里，1999）。

　次に，パーソナリティと長寿の研究をレビューした権藤（2013）は，5因子（Big Five）パーソナリティ尺度を利用した研究から，誠実性の高さ，開放性の高さが死亡の抑制に関連することが指摘されている，と述べている。しかし，パーソナリティと長寿の関連は，直接なものなのか，その間に媒介要因があるのか，まだ十分に明らかになっていないと述べ，「パーソナリティは長寿だけではなく，SES（社会経済的水準），幸福感や疾患等の様々な変数に影響もあることから，その機能を解明する」（権藤，2013）ことの必要性を指摘している。

2-3　老年期への適応

　内閣府の平成26年（2014年）の調査によると，自分を高齢者と感じる年齢は「70〜74歳」への回答で半数以上を占めていた。また高齢者と感じる時は「体力が変化したと感じたとき」と身体的な衰えが回答の半数を超えていた（日本老年学会・日本老年医学会，2017）。自分が老いたことを自覚することを老性自覚という。老性自覚は，身体的な特徴や精神的減退によって自己の老いを自覚する「内からの自覚」と，孫の誕生や定年退職などの社会的な経験や出来事から老いを自覚する「外からの自覚」に分けられる（佐藤，2016）。

　老化に伴う心身の変化は個人差が大きい。また，年を取るということは，若い頃と同じように活動できるわけではない。老いによる変化に合わせて，自身の活動や生活への適応を変えていくことが求められる。たとえば，バルテス（Baltes, P. B.）は選択最適化補償理論（Selection, Optimization, and Compensation as Foundation of Developmental theory）を提唱している。SOCとも略されるこの理論は，選択と資源

の最適化と補償という３つを活用して適応するというものである。バルテスは，ある著名なピアニストを例に，この３つの機能を説明している。ピアニストは，80歳の時のコンサートの際に，高い水準の熟練されたピアノ演奏の維持の秘訣を問われ，以下の３つの方法を示した。①楽曲を少なめにしていること，②それらの楽曲をより多く練習すること，③早いパートの前にスローな演奏を挿入して，後のパートが速い演奏に見えるようにしている。SOC理論で説明すると，①は「選択」であり，自身能力を見極め，加齢に伴う能力の低下に合わせて，活用できる能力を選択している。楽曲を絞ることが選択である。②は資源の「最適化」であり，加齢に伴う変化に合わせて，自分に合った資源を選び，それを活用していく。選択した楽曲を何回も練習することで最適化していく。③は「補償」であり，心身の低下に応じて，それを補う方法で対処する。楽曲へのメリハリの工夫が，低下したスピードを補うものである（Baltes，1997；小野寺，2019）。

　トーンスタム（Tornstam, L.）による老年的超越理論は「（老年的超越以外の）多くの理論は，"良いエイジング"とは中年期の思想，活動や現実を継続し持続させることであるという仮説に基づいている。しかし老年的超越理論は，変化と発達を強調する理論的立場である」（トーンスタム，2017）と述べ，生涯発達の考え方に基づくことを強調している。老年的超越の特徴は，以下の３つの次元になる。①「宇宙的な次元」，これは個人の枠から自然や宇宙という枠に考えが広がることができることで，年を取り体は十分に動かなくても自分の生活の中に悦びを見つけ，人生を捉え直すことができるというものである。②「自己の次元」，これは自分中心の考えから解放されることで，自己へのこだわりを超越することにより，身体的な衰えにもとらわれなくなるというものである。③「社会と個人の関係の次元」，これは加齢によりこれまでの人間関係や社会での役割の意味づけが変わり，それまでの自分中心の考えからの超越であり，それによりこれまでの価値観を控えることにより，善悪の価値判断も控えるようになるものである（トーンスタム，2017；小野寺，2019）。増井（2013）は，日本における老年的超越の研

究動向を概観し，トーンスタムの指摘とおおむね同じであるが，「宇宙的な次元」があまり現れず，「自己の次元」と「社会と個人の関係の次元」に関する内容が多いという特徴があると指摘し，今後の課題の一つに，老年的超越の３つの次元の文化の差異による再検討の必要性を挙げている。

　その他に，1970年代にレモン（Lemon, B. W.）らによる，加齢に伴う役割喪失を少なくして，活発に社会の中で活動を続けるという「活動理論」，高齢者は一定の時期がきたら，社会的活動から離れていくことが適応的だとする「離脱理論」，アッチェリー（Atchley, C. D.）による，高齢者の変化は過去の経験と結びついているので，社会的活動や社会状況が変化しても一定の継続性を持ちながら変化していくという「継続性理論」などが挙げられる（小野寺，2019）。

3. 老年期のメンタルヘルスの課題

　ここまで，老年期の発達課題，心身の低下に伴う影響や，それを踏まえての適応について概観してきた。エリクソンの発達課題においても，その失調要素として「絶望」が挙げられる通り，すべての高齢者が適応的な老年期を迎えるわけではない。ここでは，老年期の喪失体験と，老年期のうつと自殺について述べていく。

3-1　老年期の喪失体験

　喪失体験とは，その個人にとって大切な人や物，出来事が失われてしまう体験をいう。小此木（1979）は，対象喪失が死の原因になるとも指摘し，対象喪失による悲嘆などがストレッサーとなり，心身の疾患を引き起こす可能性を指摘している。そして対象喪失の体験を以下のように挙げている。①配偶者や父母，子どもといった愛情・依存の対象の死や別離，②住みなれた環境や地位，役割，故郷などからの別れ，③自分の誇りや理想，所有物の意味を持つような対象の喪失である。ここでいう所有物とは財産，能力，地位，部下などや，自分の身体の一部を指す。

　喪失体験は，誰でも体験しうるものと言える。しかし，青年期や成人

期には，誰もが必ず体験するものでもないとも言える。

　一方，老年期になると，失われるものが多くなる。長谷川（1975）は，高齢者になると以下の4つの損失が生じると述べている。その4つとは，①身体および精神の健康を失う，②経済的自立を失う，③家族や社会とのつながりを失う，④生きる目的を失う，である。これらの損失は，老年期の場合，老化に伴う心身の機能低下に加え，疾患による病的な老化がある。経済的自立の喪失は，定年退職という現役からの引退による。家族や社会とのつながりの喪失は，老齢に伴う配偶者の死，同年代の友人の死により，交流できる人が減少していく。これらの結果，生きる目的を失う場合がある。この損失は，老年期の対象喪失と言える。加えて長谷川（1975）は，老年期は，複数の喪失が複合的に生じると述べている。つまり，老年期は喪失体験の時期と言え，「絶望」に傾くと次に述べる「うつ」を生じうると言える。

3-2　老年期のうつと自殺

　老年期のうつについて，「高齢者の精神疾患のなかで，気分障害は認知症とならんで頻度が高い。国内外の疫学調査によれば，認知症の有病率は現在65歳以上高齢者の8％程度．気分障害については，高齢者の1.8％に大うつ病，9.8％に小うつ病，13.5％に臨床的に明らかな抑うつ状態が認められる」（井藤・粟田，2012）と言われる通り，高齢者の精神疾患に占める割合は高いと言える。

　うつは，DSM-Ⅳ診断以降，気分障害のうつ病性エピソードに分類される。老年期のうつ病は他の世代と異なり「臨床症状としては，焦燥感が強いこと，心気傾向を示すことが多いこと，遷延しやすいこと，妄想形成（貧困妄想，心気妄想，罪業妄想，迫害妄想）がみられやすい」ことが特徴であり，その背景には「脳の器質的変化，慢性疾患の合併，社会的役割の喪失や配偶者との死別などの喪失体験が重なること，経済的基盤の脆弱化，社会的孤立など，高齢者が抱えやすい状況」がある。治療に際しては，「認知機能障害，身体合併症，死亡等のリスクを高めるため，適切な診たてと診断をする」重要性が指摘される（井藤・粟田，

2012)。

　また，老年期の不安障害に関しても「高齢者にみられる不安・抑うつ状態は，器質的な要因から心理的要因に加え，社会的な時代的背景や生活史に関する要因も大きい」（上村，2019）ため，鑑別診断が重要であるとの指摘もある。

　高齢者の自殺について，日本は他の先進国と比較して自殺率が高いと言われる（宮本・張，2019）。厚生労働省・警察庁の平成30年度の報告によると，自殺者数は，10代と70代・80代以上は，前年よりも増加していた。また，他の年代が人数を減少させている一方で，80代の自殺者数は，ここ10年，2200人〜2600人の間を推移している。自殺の原因や動機は，さまざまな要因が複合して生じるとされている。その中で，年齢別の自殺の原因・動機について，50歳以上を見ると，家庭問題では，夫婦関係の不和，家族の死，介護・看護疲れなどが挙げられている。健康問題では，病気の悩みのうち，身体的病気とうつ，その他の疾患が挙げられている。経済・生活問題では生活苦と負債，勤務問題では仕事疲れ，その他の動機では孤独感が挙げられていた。

　自殺の予防因子について，近年頻繁に発生する自然災害によって死亡者が生じることが，生き残った人に命を大事にしようという風潮があるかもしれないという指摘がある。一方の自殺促進因子は，上述にも示されている生活苦にかかわる不況，病気の悩みで挙げられたうつなどが指摘される。うつと孤立への介入は自殺予防に効果がある。それに加えて，経済的なセーフティネットの整備などが有効であろうとの指摘がある（宮本・張，2019）。なお，自然災害と自殺の関連について，「災害地域の高齢者では，身体問題，喪失体験，二次的生活変化から自殺リスクが高まる」（太刀川，2019）との指摘もあり，災害地での介入の有効性が指摘されている。

4. 老年期の臨床心理学的支援の実際

　これまで老年期の発達課題を概観してきた。老年期の心身の老化に対しては，認知機能の低下に対応する認知リハビリテーションが挙げられ

る。エリクソンによる老年期の発達課題である「統合　対　絶望，嫌悪」，喪失体験とそれに伴う抑うつなどの老年期のメンタルヘルスに対しては，心理療法としての回想法が挙げられる。本項では，この2つを取り上げて，老年期臨床における心理職の役割を考えてみたい。

4-1　認知症予防のためのリハビリテーション

　老年期の認知機能の低下は，老化に伴う正常な老化と，認知症に至る病的な老化が関係する。先述のフレイルは主に身体機能の低下に伴うものであるが，フレイルと認知機能障害は，共通の病因を有するとの指摘がある（荒木，2016）。

　老年期の認知機能障害の代表は，認知症と言えよう。認知症という用語は，厚生労働省から通達された行政用語である（厚生労働省，2004）。それ以前は「痴呆」と呼称されていた。'Dementia' が英語表記である。しかし，DSM-5 からは，'Dementia' という呼称から 'Neurocognitive Disorder'（神経認知障害群）に変更された。その診断基準は，「認知領域において，以前の行為水準からの有意な認知の低下」があり，「毎日の生活において，認知欠損が自立を阻害する」ことである（日本精神神経学会，2014）。認知領域の障害は複雑性注意，遂行機能，学習や記憶，社会的認知などが障害されることであり，それによって，日常生活，社会生活に支障を来たし他者の支援が必要になる状態である。

　また，認知症の診断基準は満たしていないが，認知機能が正常とは言えない状態にあり，本人も認知機能の低下を訴えるものを，軽度認知障害（mild cognitive impairment：MCI）という（鈴木，2012）。MCI は認知症に移行する危険因子とされているが，MCI の状態によっては30〜40％が，認知機能が正常領域に改善・復帰しており，認知症の発症は4〜20％台であり，認知症予防のための認知機能低下予防および改善の取り組みの重要性が指摘されている（鈴木，2019）。

　認知症予防としての認知的介入による支援は，健常高齢者への介入の場合，近年，国立長寿医療研究センターが開発した運動と認知課題（計算，しりとりなど）を組み合わせた「コグニサイズ」がある（国立長寿

医療研究センター）。効果については，MCI 高齢者に対し，6 か月間，週2回，1回90分，計40回の介入を実施し，対照群との介入前後の認知機能の変化を検討した結果，介入群で認知機能の低下を抑制する可能性が示唆された，この評価には，認知症評価検査，ウェクスラーメモリースケールが使用されていた（鈴木，2017）。

認知症予防の介入は，たとえば，アメリカの健常高齢者への介入のように，RCT（ランダム化比較試験）により，大規模かつ長期的な介入研究が求められる（佐久間，2009）。しかし，長期的な介入の場合は，関連する要因が増えるため，予防効果に関連するものを特定しづらい。長期間の調査では縦断法のデメリットが生じうる。認知症予防の効果評価は必要であるが，その実施は難しいものと言える。

認知症予防への心理専門職の役割は，まだこれからと言えよう。研究面での効果評価は認知機能や記憶機能を評価する心理検査に拠るので，その実施者としての役割は生じる。一方，これまで個人援助面接が主であった心理専門職にとって，健康な高齢者の集団にかかわる支援には，個別支援とは異なる技能と経験が必要になると言える。

4-2　回想法・人生回顧

回想法（reminiscence）・人生回顧（life review）は，アメリカの精神科医師ロバート・バトラー（Butler, R. N.）によって創始された心理療法の一つである。バトラーは老年期うつに特に着目した。とかくに，老人の昔語りは過去にしがみついている，と否定的に捉えられる面があった。しかし，バトラーは，語ることを通して自分の人生を回想し，振り返り再整理することで，抑うつ状態を解消できるとした（Butler, 1963）。

回想法・人生回顧は，回想や回顧する行為を通して，自分の過去体験の意味づけを捉え直すことにより，それまでは否定的であった人生を肯定的なものに捉え直すことがなされる。これは老年期において，自分の過去の人生を悔い否定的に捉え「絶望」にあった人が，自分の人生を肯定的に捉え「統合」に進む支援を行うことであるとも言える。

　回想法は，日本においては，野村・黒川らによって主に認知症高齢者への支援技法として取り入れられた（黒川ら，1995）。認知症高齢者に対する回想法は，集団療法で実施されることが多く，参加メンバーと実施回数を固定した形が多い。その中で，初期もしくは軽度期の認知症患者を対象に，精神科のもの忘れ外来で実施された集団回想法では，5名前後の患者に，心理専門職が3名（リーダー，コ・リーダー，記録）入り，1回のセッションが約60分，全5回の構成で実施された。その心理的援助の意義は，病識の持てる軽度認知症の人という制約があるが，疾患に伴う不安や喪失体験について，集団の中での回想を伴う語りを通し，疾患を外在化し，自分らしさの喪失感，それに伴う悲哀を参加者同士で共有できる場を提供し，疾患を抱える自分と向き合うことを支援することと言える（伊藤，2003）。

　人生回顧（ライフレビュー）は，主に個人療法として用いられる。ライフレビューの定型化した手法も提示されている（ハイト＆ハイト，2016）。ライフレビューを用いた援助面接として，林（1999）は，ターミナル期の60歳の女性と，10年前に夫を亡くした69歳の女性へのライフレビューによる個人心理療法を紹介している。前者は，「不安・心気神経症」と診断された悪性腫瘍によるターミナル期の女性であった。週1回のベッドサイド面接が1年あまり実施された。ライフレビューの過程で神経症状は増悪せず息を引き取った。後者は，クライエント自身は嫁姑問題を主訴として面接を受けた。約4年の面接の経過で，10年間棚上げにしてきた夫の死に対する喪の仕事を，ライフレビューを通して行うことができ，再統合が促進された。そして林（1999）は「統合という課題は，ライフレビューの潜在的推進力であると同時に，ライフレビューが究極的に志向するものである」と述べ，ライフレビューは「自己の人生の肯定的側面と否定的側面の両面をふまえて，自己の唯一のライフサイクルを受け入れていくことを可能にする」とともに「ライフサイクルの連続性のなかに自己を定位する機能も有する」と，ライフレビューが高齢者に与える機能を指摘している。

　高齢者領域で活躍している心理職は以前から存在するが，その数はま

だ少ない。しかし，少子高齢化社会を迎え，高齢者が増加していく中で，心理職のニーズは高まっていくと言える。認知症予防としての認知リハビリテーションの効果評価に伴う心理検査の実施だけではなく，心理職自らが援助を行うことが求められる。その際には，一次予防としての認知症予防だけではなく，むしろMCIレベルの初期認知症が疑われる人への二次予防としての支援が挙げられる。その際には，神経心理学検査による，より詳細な認知機能の評価を含めたアセスメントに基づく個別支援が重要になってくる。また，回想法やライフレビューの心理療法に見られるように，集団援助や個人援助を通して，認知症に限らず，人生の統合期における高齢者への心理支援はさらに必要性が増してくると言えるため，その知識と技能を磨くことは重要である。

🔋 研究課題

1. ロコモティブシンドロームとサルコペニアとフレイルについて，自分でも調べ直して，3つの類似点と相違点を整理してみよう。

2. 老年期のうつと認知症は，その症状が類似する場合がある。老年期うつと認知症の類似点と相違点を整理してみよう。

3. 身近にいる65歳以上の高齢者から，話を聞かせてもらい，老年期を生きる意味を考えてみよう。

参考文献

ハイト，B. K., & ハイト，B. S.（野村豊子監訳）（2016）．ライフレヴュー入門―治

療的な聴き手となるために—　ミネルヴァ書房
トーンスタム，L.（冨澤公子・タカハシマサミ訳）（2017）．老年的超越—歳を重
ねる幸福感の世界—　晃洋書房（Tornstam, L.（2005）. *Gerotranscendence：
A developmental theory of positive aging.* New York: Springer Publishing Co.）

引用文献

荒木厚（2016）．フレイルと認知機能障害　老年精神医学雑誌，*27*，497-503

Baltes, P. B.（1997）. On the incomplete architecture of human ontogeny:
Selection, optimization, and compensation as foundation of developmental
theory. *American Psychologist, 52*, 366-380.

Butler, R. N.（1963）. The life review: An interpretation of reminiscence in the
aged. *Journal Psychiatry, 26*, 65-76

エリクソン，E. H. & エリクソン，J. M.（村瀬孝雄・近藤邦夫訳）（2001）．ライフ
サイクル，その完結〈増補版〉　みすず書房（Erikson, E.H. & Erikson,
J.M.（1998）. *The life cycle completed.* Expanded Edition. New York: W.W.
Norton & Company, Inc.）

権藤恭之（2013）．パーソナリティと長寿に関する研究動向　老年社会科学，*35*，
374-383

長谷川和夫（1975）．老人の心理　長谷川和夫・賀集竹子（編）老人心理へのアプ
ローチ（pp. 10-14）　医学書院

ハヴィガースト，R. J.（児玉憲典・飯塚裕子訳）（1997）．ハヴィガーストの発達課
題と教育—生涯発達と人間形成—　川島書店（Havighurst, R. J.（1972）.
Developmental tasks and education. Third edition. New York: David McKay
Company, Inc.）

林智一（1999）．人生の統合期の心理療法におけるライフレビュー　心理臨床学研
究，*17*，390-400

井藤佳恵・粟田主一（2012）．高齢者の気分障害　日本老年医学会雑誌，*49*，534-
540

伊藤幸恵（2003）．軽度痴呆患者に対する集団回想法　デイケア実践研究，*7*，150-
154

上村直人（2019）．ライフサイクルからみた老年期の不安症（不安障害）の特徴
老年精神医学雑誌，*30*，366-372

国立長寿医療センター「認知症予防運動プログラム『コグニサイズ』」

https://www.ncgg.go.jp/kenshu/kenshu/27-4.html

厚生労働科学研究補助金（長寿科学総合研究事業）高齢者における加齢性筋肉減弱現象（サルコペニア）に関する予防対策確立のための包括的研究研究班（2012）．サルコペニア：定義と診断に関する欧州関連学会のコンセンサス―高齢者のサルコペニアに関する欧州ワーキンググループの報告―の監訳．日本老年医学会．https://www.jpn-geriat-soc.or.jp/.../sarcopenia_EWGSOP_jpn-j-geriat2012. pdf

厚生労働省（2019）．「健康寿命のあり方に関する有識者研究会」報告書
https://www.mhlw.go.jp/stf/newpage_04074.html

厚生労働省社会・援護局総務課自殺対策推進室　警察庁生活安全局生活安全企画課（2019）．平成30年中における自殺の状況
https://www.npa.go.jp/news/release/2019/20190326001.html

厚生労働省（2004）．「『痴呆』に替わる用語に関する検討会」報告書（平成16年12月24日）
https://www.mhlw.go.jp/shingi/2004/12/s1224-17.html 2020/06/28検索

黒川由紀子・斎藤正彦・松田修（1995）．老年期における精神療法の効果評価―回想法をめぐって―　老年精神医学雑誌, *6*, 315-329

レビンソン, D. J.（南博訳）（1992）．ライフサイクルの心理学（上）（下）　講談社（Levinson, D. J. (1978). *The seasons of a men's life*. New York: The Sterling Lord Agency, Inc.）

丸山仁司（1997）．老人の評価　理学療法科学, *12*, 141-147

増井幸恵（2013）．老年的超越研究の動向と課題　老年社会科学, *35*, 365-373

宮本浩司・張賢徳（2019）．高齢者の自殺・自死の過去と現状・日本的特徴　老年精神医学雑誌, *30*, 477-483

内閣府（2014）．平成26年度高齢者の日常生活に関する意識調査結果
https://www8.cag.go.jp/kourei/ishiki/h26/sougou/zentai/index.html 20200929

内閣府（2019）．令和元年版高齢社会白書

中村耕三（2012）．ロコモティブシンドローム（運動器症候群）　日本老年医学会雑誌, *49*, 393-401

日本老年学会・日本老年医学会（2017）．高齢者に関する定義検討ワーキンググループ報告書

日本精神神経学会（監修）高橋三郎・大野裕（監訳）（2014）．DSM-5精神疾患の分類と診断の手引　医学書院

小此木啓吾（1979）．対象喪失―悲しむということ―　中公新書

小野寺敦志（2019）．老化にともなう社会的な変化と生活への影響　介護福祉士養

成講座編集委員会（編）最新　介護福祉士養成講座 12　発達と老化の理解（pp. 164-184）　中央法規

佐久間尚子（2009）．健常高齢者における認知的介入研究の動向　心理学評論, *52*, 434-444

佐竹昭介・荒井秀典（2016）．フレイルの概念　老年精神医学雑誌, *27*, 489-496

佐藤眞一（2016）．老いの自覚と主観的年齢　佐藤眞一・権藤恭之（編著）　よくわかる高齢者心理学（pp. 118-119）　ミネルヴァ書房

下仲順子・中里克治（1999）．老年期における人格の縦断研究—人格の安定性と変化及び生存との関係について—　教育心理学研究, *47*, 293-304

鈴木裕（2012）．軽度認知障害　日大医学雑誌, *71*, 385-389

鈴木隆雄（2017）．認知症予防の科学的根拠について　老年期認知症研究会誌, *20*, 36-38

鈴木隆雄（2019）．軽度認知障害（MCI）と認知症予防　予防医学, *60*, 63-67

太刀川弘和（2019）．高齢者の災害，復興地域の自殺・自死の問題　老年精神医学雑誌, *30*, 499-504

15 | 困難と共に生きる

小野寺敦志

《学習目標》 人は生涯の中でさまざまな困難に出会う。本章では，特に，障害，少子高齢化社会における課題による困難を取り上げ，個人がその人らしく，よりよく生きるには，どのような支援が必要なのかについて，臨床心理学の立場から検討する。
《キーワード》 障害と共に生きる，障害受容，障害，病気，老い，災害，避難

1. 障害と共に生きる：発達から見る障害の特徴と課題

　前章までの各発達段階の課題は，いわゆる正常発達を前提とした定型的な発達課題を主に取り上げてきた。本項では，障害に焦点を当てることにより定形外と言える発達課題を概観し，臨床心理学的支援について検討する。

1-1　先天性障害の特徴と課題

　先天性障害は発達初期から認められるものである。先天性障害は，DSM-5（日本精神神経学会，2014）に従うと，神経発達症群 / 神経発達障害群に分類される。幼少時期に発症し，診断される代表的なものとして，知的能力障害（知的発達障害）と自閉スペクトラム症（自閉症スペクトラム障害）が挙げられる。

　知的能力障害（知的発達障害）は，「発達期に発症し，概念的，社会的，および実用的な領域における知的機能と適応機能両面の欠陥」を含む障害である。自閉スペクトラム症（自閉症スペクトラム障害）の特徴は，「社会的なコミュニケーションおよび対人的相互反応における持続

的な欠陥」である。その欠如は，他者と感情を共有しづらいなど対人的な情緒関係の欠如，非言語的コミュニケーションの欠如，対人関係を発展させ維持し，それを理解すること，などの欠如である。なお，後者は知的障害がないため，幼少時だけでなく，10歳代以降になってから診断される場合もある。

　診断・告知から1年以上たっており，知的障害がなく発達障害の診断を受けた会社員や主婦などの20～30歳代の成人への質的研究は，成人になってからの障害の捉え方として「ぼんやりとした感覚で自分をとらえる」から「自分の感情・感覚に気づき，実感する」「自分の感覚・考え・意向を持ち，主体としての自分を実感する」の3つの捉え方を示している。そして障害の捉え方は，この3つの順に変容していく場合と3つ同時に存在する場合がある，と指摘している。しかし「自分の感情・感覚に気づき，実感する」は思春期以前から現在に至るまで一貫して継続され，これが今後の自己を支えていく基盤になり得るものであると指摘されており（花井・奈良間，2018），発達障害者自身が，自分の障害を捉え受け入れることは，人生の中で継続される行為であると言える。

　自閉スペクトラム症（ASD）児・者のライフステージ別の支援について，神尾（2010）は，ASDの人々はASD固有の症状のみが問題ではなく，発達過程の中でASD症状が本人や周囲と影響し合い，パーソナリティと渾然一体となっている場合がある。そのため，ライフステージごとのニーズに応じながら，ライフステージの早期から一貫性を持った支援を行う重要性を強調している。

　ダウン症児・者のライフステージ別の対人関係の課題について伊麗・菅野（2012）は，乳幼児期の課題は他者への注意・関心の少なさ，消極的な他者とのかかわりなど対人場面での意思疎通の困難さであり，児童期・青年期の課題は乳幼児期の課題同様の意思疎通の困難，他者とのかかわりの狭まり，感情的・非協調的対人行動，と述べている。成人期の課題は他者との消極的なかかわりなどの意思疎通の困難さ，否定的な感情表出，自己中心性，他者からの干渉の拒否傾向と述べ，これらの背景要因に，ダウン症の言語発達の遅れからくるコミュニケーションの困難

さを指摘している。そして「ダウン症の『対人関係』の課題は環境が変わっていても認められるライフステージに一貫した特性がある一方，ライフステージの変化に伴い様々なかたちで深刻化・多様化していく特性」（伊麗・菅野，2012）であると述べている。ダウン症者は，現在では寿命が60歳を超えると言われている。また，アルツハイマー型認知症の合併率が高いとの指摘がある（神原ら，2019）。そのため老年期まで見据えたライフステージごとの支援が求められると言える。支援においては，障害の特性がライフステージごとにどのような表出をするかをアセスメントし，個人の過去を踏まえ，未来を見据えた一貫性のあるかかわりが求められると言える。

1-2　先天性発達障害の親の受容について

障害受容とは何か。中田（2018）によれば，障害受容の概念は，身体の中途障害の受容から始まり，障害は喪失体験であり，段階的な感情反応を伴い，最終的に価値の転換が必要という障害受容論が生まれた。その概念が拡大し，障害を克服して成長する人間像を前提に，上述の概念や定義が身体的な中途障害以外の障害や難病の医療や支援の領域に拡大していった。

障害受容には，主に段階説，慢性悲哀説が挙げられる。先天性障害の親が子の障害を受容する段階説として取り上げられるのが，1975年のドローター（Drotar, D.）による5段階説である。「ショック」「否認」「強烈な悲しみと怒り，不安」「適応」「再起」がその5段階である。段階説の受容過程には，フロイト（Freud, S.）の理論を基盤とした喪失体験と「喪の仕事」の理論が背景にあり，親が自分の子に障害があると告知されてから，悲哀が生じ，それによって次の段階に進み受容に至るという考え方である（阿南・山口，2007）。

慢性悲哀説は，段階説への異論として唱えられた説である。段階説と同様に障害のある子への悲哀が初期に生じる。しかし，段階説のように受容に至るのではなく，親の悲しみは，子どもが生きている限り繰り返し経験されるものという考え方である（阿南・山口，2007）。

　この２つの障害受容説を包括したものが，中田による螺旋形<ruby>螺旋形<rt>らせんけい</rt></ruby>モデルである。中田（2018）は，螺旋形モデルを，螺旋形というのはリボンを巻き取った状態が螺旋になることにたとえ，障害受容の過程が一直線に進むのではなく，螺旋のように紆余<ruby>紆<rt>う</rt></ruby><ruby>余<rt>よ</rt></ruby>曲折しながら進むという考え方である。障害受容という心理的過程は，螺旋階段を昇る人の姿が見え隠れするように，外側からは全貌がつかめないものだろうと説明している（中田，2018）。

　具体的な障害受容の過程に関する研究を概観すると，母親が研究協力者で，障害のある子の障害受容の過程を見ており，その障害の子の年齢は，幼児から思春期もしくは青年期までが対象である場合が多い。たとえば，自閉症の診断が下されやすい３歳前後の頃から，就学前までの時期に障害が明らかになった初期の受容の課題に焦点化した研究（北川，2000；夏堀，2001）や，高機能自閉症児・者のように，就学後に障害が顕在化してくる時期の子の親を対象にした研究（下田，2006）が挙げられる。その時期に受容に至る親は存在する。その点で，段階説は妥当な面があると言える。一方，成人以降の障害受容の研究は少ない。ライフステージごとの障害に係る課題やケアが存在することを考えると，一時期で受容が完了するとは言えず，その都度，繰り返されるたびに親も心理的ストレスを感じると言える。その点，障害受容が一度で終わらないとする慢性悲哀説が妥当的とも言える。

1-3　中途障害の特徴と課題

　身体障害，精神障害には先天性障害も存在するが，この項では中途障害としての身体障害，精神障害を取り上げていく。

　身体障害は，身体障害者障害程度等級（厚生労働省）によれば，①視覚障害，②聴覚又は平衡機能の障害，③音声機能・言語機能又はそしゃく機能の障害，④肢体不自由，⑤心臓・じん臓若しくは呼吸器又はぼうこう若しくは直腸・小腸・ヒト免疫不全ウイルスによる免疫若しくは肝臓の機能の障害，に分けられる。また，障害認定をされない場合もあるが，障害者総合支援法の対象疾病として指定されている指定難病は，

2019 年 7 月 1 日現在で，361 疾病となっている（厚生労働省，2019）。これらも病態の程度によって内部障害などに該当する場合がある。

　精神障害のうち，中途障害によるものに，高次脳機能障害が挙げられる。高次脳機能障害は，脳の器質的病変の原因となる事故による受傷や疾病の発症の事実が確認され，現在，日常生活または社会生活に制約があり，その主たる原因が記憶障害，注意障害，遂行機能障害，社会的行動障害などの認知障害であり，それが診断書などで確認され，先天性の障害や受傷または発症以前には上記の症状がないことによって，診断される（国立障害者リハビリテーションセンター，2008）。その他の精神障害を DSM-5 の診断名に沿って示すと，統合失調症，双極性障害，抑うつ障害，物質関連障害および嗜癖障害などである。

　中途障害による障害受容は，中田（2018）も指摘している通り，価値の転換によって，個人の価値体系の変化によって障害受容をもたらす。これは自己認知・自己概念の変容や自己への気づきの程度に関連する（岡ら，1996）。中途身体障害者が自身の障害をどのように意味づけているのか。脊椎損傷者へのライフストーリーによる質的分析から，田垣（2004，2014）は，中途障害から生じる問題は，長期的なプロセスで捉えることの有効性を指摘し，障害は肯定的な意味づけの原因にもなるとする一方で，肯定・否定双方の意味づけを常に把握する必要性を述べている。そして，10 年後の追跡調査で，肯定・否定双方の意味づけは，障害の意味づけに関する揺らぎ，両価的な意味づけとして明らかになったと述べ，価値転換論の考え方を強調しすぎていると指摘している。この点は，ギランバレー症候群により中途障害となった当事者の立場から，段階説や価値転換論の障害受容論は疾病の多様性や当事者の個別性を考慮せず，また社会の側の障害受容の不十分さなどが影響している点を考慮しないことを批判している，岩井（2009）の主張とも通じるものである。

　しかしながら，身体障害者は，認知機能の障害はなく保たれている。ゆえに，自己の気づきを語れると言える。一方，高次脳機能障害を含む精神障害のように，認知機能に障害を受ける場合はどうなるのか。和

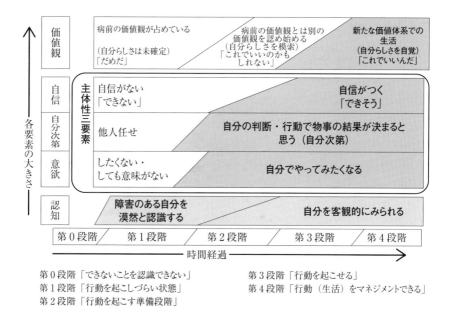

図 15-1　主体性回復モデル（和田・長谷川，2019，p.3）

田・長谷川（2019）は，脳損傷患者の支援に携わる医療関係者からデータを収集し，脳損傷患者の長期的な主体性の回復のプロセスモデルを示している。ここでいう主体性とは「自分の意思・判断によって，みずから責任をもって行動する態度や性質」を指す。主体性回復プロセスモデルは「できないことを認識できない」第0段階から「行動（生活）をマネジメントできる」第4段階の5段階を横軸に，「認知」「意欲」「自分次第」「自信」「価値観」の5つの主体性の回復軸の縦軸からなる。時間の経過とともに各段階を経て，5つの回復軸が主体性を獲得しているとするモデルである（図15-1参照）。

　このモデルも治療者側の治療経験を通して提示されているものである。ライフストーリーによる研究は当事者の声を拾うものではあるが，それでも研究者のリサーチクエスチョンが前提にあるので，岩井（2009）のような当事者研究がさらに求められると言える。当事者研究ではないが，当事者が自身の症状や生活課題を語っている書籍は，高次

脳機能障害（鈴木，2016，2018 など）や認知症（丹野ら，2017；藤田，2017 など）に見ることができる。これからの支援には，当事者の声をしっかりと捉えていくことがさらに求められてくると言える。

　小児の高次脳機能障害のリハビリテーションの実態を紹介している中で，小児の場合「病識の欠如」を判定できないので除外している，との指摘がある（栗原，2007）。この点は，認知機能の障害の程度にもよるであろうし，治療時の年齢にもよると言えよう。直接の比較はできないが，小児がん患者の病気の捉え方に関する研究を見ると，病名告知がなされ，入院治療が終了している平均年齢 17 歳の小児がん患者の病気の捉え方は，調査時の年齢が高いほどさまざまな捉え方を示しており，その結果は患者のライフステージによる影響によると指摘されている（武井ら，2012）。また，別の研究では，小児がん患者への告知の有無の影響について，病気の説明がされていない場合，説明されている者に比べて，PTSD 症状や特性不安が高く，周囲からの支援が少なく，症状が重度化へ進む可能性が指摘されている。そして，自分の病気に気づいているのに，周囲がそれを隠しているという感覚を持つと，自分は支援されていないという思いや周囲への不信感を高め，PTSD 症状の重度化につながると述べられている（泉，2011）。また小児がんも，不治の病ではなくなり，治療後に生活復帰がなされている。小児がんに加え，青年期から成人前期にがんを発症した世代を AYA（Adolescents and Young Adults）世代という。AYA 世代の語りの質的研究から，がん治療による後遺症として，男女ともに生殖機能の障害がある場合，そのことをパートナーとなる相手に打ち明けることが課題となる。つまり，青年期や前成人期に，社会集団の中の異性を含めた対人関係の中で果たされるべき「同一性」の獲得や，「親密性」の獲得が阻害されうることが指摘される（山谷，2018）。

　これは，他の中途障害による障害者にも通じる。何歳の時期に障害を負うかにもよるが，正常な発達課題が障害の出現によって阻害されうる。その際，周囲の健常者は障害者自身の立場をどの程度理解できるのか。知的作業による理解は可能であろうが，当事者の体験を共有するこ

とは難しい。援助の基本は，この「体験的理解は難しい」という前提から始めることが，障害を有する当事者支援の第一歩になると言えよう。

2.　家族から見る「障害と共に生きる」

　本項では，家族という視点から，近年の社会文化的な状況を背景にした現状と課題を取り上げるとともに，心理専門職としてどのような支援が可能かについて考える。

　家族発達モデルとして，成人男女が結婚し，子をなし育て，子が成長し他出していき，また夫婦2人になり，子に孫ができ，祖父母役割を行いつつ死を迎える，という流れが考えられる。この流れの中に家族成員の障害発生や離婚・再婚などのさまざまな課題が生じる。それは，個人への影響にとどまらず，家族全体に影響を及ぼす。

2-1　障害者を抱える家族

　障害が家族に与える影響について，幼少時期は育児の時期であり，核家族化の影響を受けて，育児自体がストレッサーとなりうる現状にある。そこに障害へのケアが重なると，さらにストレスが増す。精神障害者における社会からの「スティグマ」（刻印：精神障害者としての差別偏見）がよく指摘されているが，知的障害家族の「スティグマ」化について，父母間で障害告知の受け取り方に差異はあるものの，医療機関の告知のあり方，相談機関の対応のあり方が，家族の障害に対するスティグマ化に関係するという指摘がある（藤井，2000）。これは，障害者個人のみではなく家族全体が社会との関係の中で「障害者の家族」とステレオタイプに捉えられることの負担感を示していると言える。

　また，障害者の父親に焦点を当てた研究では，18歳以下の障害児の父親は学校行事や施設行事への参加に前向きであること，子どもの進路に悩むことが示された。加えて，障害児が第1子の場合，父親は社会的問題として捉え，他の障害児家族とつながるなど社会的関係を求めるようになる一方，第2子を授かることの不安が親に生じうるという指摘がなされている（三原・松本，2012）。発達段階から見ると，成人期の

「生殖性（世代性）」が障害により危機に直面していると言える。

　家族成員の視点からは，障害児・者の「きょうだい」（兄弟姉妹・同胞）の理解と支援も忘れてはならない。障害児・者のきょうだいは，親亡き後に障害児・者を世話する可能性があり，家族内に障害者がいることの影響を受けて生活している。親の注意が障害児に向きやすいため，きょうだいが孤独感を抱きやすいことが指摘される（柳澤，2007）。思春期・青年期のきょうだいへの聞き取り調査からも，同胞を守る気持ちの一方で，親への気遣いや自分の将来と同胞の将来を切り離せない思考が示されている（川上，2014）。一方で，障害のある同胞とのかかわりから，学びを得たり自分の強みとしたりというプラス面も存在する（藤原・川島，2011）。家族の一員であることは，障害児・者へのかかわりの程度に関係なく，影響を受けるものである。これは，祖父母の介護を孫が担う（横瀬，2016）ことや，認知症の親を介護するヤングケアラー（青木，2018），精神障害の親とのかかわり（羽尾・蔭山，2019），がんになった親と子どもとの関係（椎野・鈴木，2019）にも通じることである。ともすると家庭内では未成年の子どもは，子どもというだけで，家庭内の問題から外されてしまう。子どもは親などに気遣い，その現状を受け入れる。しかし，家族という視点から捉えた時，家庭内で弱者になりやすい子どもの立場を考慮することは，支援者として必要不可欠のことと言える。

　また，障害は長期的に継続されるものであり，障害が時間経過で変化することから，ケアを連続的に捉え，家族が発展的なケアを可能とする段階的な支援も重要である（蔭山，2012）。成人の高次脳機能障害の家族介護負担は，うつ傾向を高め，精神的健康を低下させる。その要因に障害者の社会的行動障害が関与するとの報告がある（白山，2010）。その中で，高次脳機能障害の介護負担は，認知症の介護家族の負担と相似していると述べ，認知症介護家族への対応を参考にすることの重要性を指摘している。これは，高次脳機能障害者が年齢を経て高齢期に移行した場合の介護環境を推測させるものでもある。家族発達は成員の成長と老化を含むことを考えると，長期的な視点で家族が障害とどう向き合う

かを考えることが重要であり，支援者はその点からの支援も行うことが
求められる。

2-2 定形外家族として生きること

　「定形外家族」という用語は，ルポライターであり，定形外家族交流
会の「定形外かぞく（家族のダイバーシティ）」を主宰する大塚玲子氏
による。定形外家族の意味は「『ふつうの家族』像に縛られるのをやめ
て，いろんな形の家族をアリの世の中にしましょう」という目的で活動
し始めたことによる（定形外かぞく（家族のダイバーシティ）ホームペ
ージより）。「いろんな形の家族」とは，シングルマザー・シングルファ
ザーの家族，ステップファミリーと言われる子どもがいる親同士の再婚
家族，LGBT（レズ・ゲイ・バイセクシャル・トランスジェンダー）の
家族などである。

　シングルマザーは，一人で子育てをしている母親をいう。近年は父親
一人で子育てをしているシングルファザーも取り上げられるようになっ
ている。彼らの現状として，離婚による母子家庭，父子家庭が約70％
強である。女性の場合は未婚が9％，死別が9％，男性の場合は死別が
19％となっている。現状の課題として，収入が少なく，母子世帯・父
子世帯とも1割が生活保護を受けている。母親の就労状況は正社員と非
常勤の割合が共に40％ずつであるのに対し，父親は60％強が正社員で
あり，母親の就労環境の不安定さが指摘できる。この現状を受けて国
は，自立支援策として，子育て・生活支援，就業支援，養育費確保支
援，経済的支援を行っている（厚生労働省）。

　ステップファミリーとは，それ以前の結婚で生まれた子どもを連れて
再婚してできた家族のことである。継親・継子の関係になるが，法的に
は養子縁組を行う必要がある。ステップファミリーが抱えやすい問題
は，離婚を経ての再婚の場合，子どもには血のつながった親が存在する
ため，新しい家庭内での「親」役割において葛藤や困難が生じる。また
子にとっては，再婚以前に，離婚もしくは親との死別体験を経ている。
そこから生じるマイナスの影響について支援されることが必要である

276

（福丸，2019）。

　LGBTは，Lesbian：同性愛女性，Gay：同性愛男性，Bisexual：両性愛者，Transgender：割り当てられた性別とは異なる性別に帰属する者である。男性・女性の特徴としての身体的性別，生物学的性と自身の性志向が一致してるかどうかの性同一性，社会や文化が付与する性役割，恋愛や性愛の対象となる性別への性的指向，これらの４つのいずれかが非典型である場合「セクシャルマイノリティ」といい，身体的性別，性同一性によるセクシャリティの課題は疾患や障害となる場合がある（佐々木，2016a）。

　性別違和感を持つ子どもの支援として，佐々木（2016b）による心理的支援の要点をまとめると，幼児期・学童期には，子どもの性別に対する認識の流動性を保障することが重要であると同時に，性的違和についての知識，子どもへのかかわりなどの保護者支援，子どもの性同一性への流動性を保障するための学校支援が必要である。思春期・青年期には，自己探求を行うことを保障し，必要であれば第二次性徴を阻止する薬剤の投与も検討する。そして「自我同一性」形成の時期には，じっくりと自分のセクシャリティを探求する時間を保障する。そのための学校支援も必要になる。支援を行う専門職は早急な判断は控え，寛容性をもって忍耐強く接し，曖昧なものを曖昧なまま受け止める，おおらかな心構えを持つことが必要である。

　また，ゲイのライフサイクルと家族への支援に関して，林（2016）は，ジェノグラムを用いて各発達期の課題を整理している。そして，「今後われわれは，狭い『家族』の概念にとらわれない柔軟な姿勢」を当事者に対して持つ必要があるとともに「従来の家族との間で当事者たちが抱える問題や，家族自身の問題などにも常に配慮をしてく必要がある」と述べている。セクシャルマイノリティは障害と捉えるものではなくなってきているが，障害と同様に，個人の一生涯に沿うものである。その点を考慮すると，個人のみではなく個人を取り巻く家族などの対人関係を含め，時間軸という線で捉えて支援を行っていくことが求められると言える。

　老年期の課題として，「80・50問題」がある。この問題は，80歳代の親と50歳代の子どもの組み合わせによる生活問題であり，引きこもりや不安定な経済生活をしていた50代の子が，経済的に困窮するにつれて親の年金に生活を依存する状況に陥る場合や，親が要介護状態になることで，子どもが離職するなどの要因が加わり，社会的孤立や経済的な窮迫による生活問題を抱えることである。この用語はマスコミから発信された用語であり，1990年代に「パラサイトシングル」と言われた若者世代が，20年ほどたち，初老期に差し掛かって生じてきた社会テーマと言える（KHJ全国ひきこもり家族会連合会，2019）。その背景には，バブル経済の後の氷河期やリーマンショックといった経済不況による就職困難や，非正規雇用という不安定な雇用形態のまま長年生活せざるを得ない社会状況があると言える。社会性が不足している子ども，認知症症状が出てきている親という状況に，支援を行う際は，介護保険のように親だけのケアプランを考えるといった親子別々の支援ではなく，家族全体をアセスメントし，障害福祉や就労支援の部署と共同で，同時に支援を展開することが重要である。

3.　災害とそれに伴う避難の時代を生きる

　世界の温暖化の影響を受け，日本も台風や豪雨といった異常災害に見舞われる機会が多くなってきた。気象庁のホームページ資料を見ると，顕著な災害をもたらした事例として，「災害をもたらした気象事例」は，2019年が3件（大雨，暴風），2018年が5件（大雨，暴風，大雪），2017年が3件（大雨，暴風）と毎年数件の顕著な災害が起こっている。

　地震について見ると，気象庁のホームページの「日本付近で発生した主な被害地震（平成8年以降）」には，平成8（1996）年以前の阪神淡路大震災（1995年1月17日）は掲載されていないが，以降の地震で死者がでたもの，家屋の損壊数が大きいものだけでも，新潟県中越地震（2004年10月23日），新潟県中越沖地震（2007年7月16日），東日本大震災（2011年3月11日），熊本地震（2016年4月14日），北海道胆

振東部地震（2018 年 9 月 6 日）など，10 件以上の震災が発生している。

　被災は，老若男女を問わない。災害に対する対応として，災害のサイクルとフェーズが挙げられる。災害のサイクルは，予防段階，緊急段階，応急段階，復旧・復興と続き，予防段階に戻る。災害直後の緊急段階では，災害による危険を最小限にし，被災者の生命を守ることが第一となる。そしてライフラインの確保と復旧などがある。この時期は，皆が気を張り詰めているが，緊急時の日数が重なると疲労がたまりストレス状態となり，メンタルケアが必要になる。次の応急段階における支援では，避難所などを拠点とした生活支援が中心になる。避難所ではインフルエンザなどの感染症が発生しやすいので，衛生面への注意が必要である。子どもや高齢者は特に注意を要する（岩崎，2018）。

　災害時には，弱者となりやすい高齢者への支援も必要である。大規模震災が続く中で，その対応マニュアルも多数呈示されている。高齢者に認知症がある場合，多数が 1 か所に集まる避難所では，認知機能の低下のために不穏状態になる場合がある。周囲の人もストレスがたまっているため，支援者が適切な対応ができないと，弱者である認知症の高齢者が非難され，行き場を失うことになる。

　緊急時，応急対応の時期が過ぎると，避難所から復興住宅などへ移転し，日常に戻っていく人が増えてくる。復興住宅の場合，顔見知りがいない地域の住宅に移り住み，孤立して孤独死や自殺をした事例が阪神淡路大震災ではあった。復旧・復興の時期に移行する期間は，災害で生じた非日常的な生活と災害から抜け出し日常的な生活に戻る端境期と言える。被災者の間に，生活格差が目に見えてくる時期であり，まだ非日常である避難所に取り残されている人への心理的支援が，この時期には求められると言える（小野寺，2018）。

🔖 研究課題 ────────────────

1．障害受容プロセスの理論を調べ直し，そのプロセスを確認してみよう。

2．障害児・者の「きょうだい」（兄弟姉妹・同胞）もしくは，中途障害の家族（親・同胞・配偶者）の心理的理解と支援について調べてみよう。

3．人はなぜ，災害時の被災者や，疾病感染当事者，障害者に対して，差別や偏見を持つのか。その心理的な理由について，考えてみよう。

参考文献 ▌

藤田和子（2017）．認知症になってもだいじょうぶ！―そんな社会を創っていこうよ―　徳間書店
気象庁 HP　日本付近で発生した主な被害地震（平成 8 年以降）
　　https://www.data.jma.go.jp/svd/eqev/data/higai/higai1996-new.html
気象庁 HP　災害をもたらした気象事例（平成元年～本年）
　　https://www.data.jma.go.jp/obd/stats/data/bosai/report/index_1989.html
鈴木大介（2016）．脳が壊れた　新潮新書
鈴木大介（2018）．脳は回復する―高次脳機能障害からの脱出―　新潮新書
丹野智文，奥野修司（文・構成）（2017）．丹野智文　笑顔で生きる―認知症とともに―　文藝春秋

引用文献 ▌

阿南あゆみ・山口雅子（2007）．親が子供の障害を受容して行く過程に関する文献的検討　産業医科大学雑誌, *29*, 73-85
青木由美恵（2018）．ケアを担う子ども（ヤングケアラー）・若者ケアラー―認知症

の人々の傍らにも― 認知症ケア研究誌, 2, 78-84

伊麗斯克・菅野敦 (2012). ダウン症児・者の「対人関係」に関する文献研究―研究動向と先行研究の分析を踏まえて― 東京学芸大学紀要 総合教育科学系, 63, 263-275

福丸由佳 (2019). 離婚・再婚〜親が離婚した子どもの支援も含めて 日本家族心理学会 (編) 家族心理学ハンドブック (pp. 180-185) 金子書房

藤井薫 (2000). 知的障害者家族が抱くスティグマ感―社会調査を通して見たスティグマ化の要因と家族の障害受容― 社会福祉学, 41 (1), 39-47

藤原紀世子・川島美保 (2011). 小児慢性疾患の同胞をもつ青年期のきょうだいが得る糧 日本小児看護学会誌, 20, 1-8

花井文・奈良間美保 (2018). 発達障害のある人の自分自身のとらえ方―自閉症スペクトラム障害を中心に, 思春期の発達課題に注目して― 小児保健研究, 77, 433-440

羽尾和紗・藤山正子 (2019). 精神疾患を患う母親をもつ子どもの生活体験と病気の気づき 日本公衆衛生看護学会誌, 8, 126-134

林直樹 (2016). ゲイ／レズビアンのライフサイクルと家族への支援 精神療法, 42 (1), 35-41

泉真由子 (2011). 病気の子どもに対する心理的サポート―小児がん患児に行うインフォームドコンセントの心理的影響を通して考える― 特殊教育学研究, 49, 95-103

岩井阿礼 (2009). 中途障害者の「障害受容」をめぐる諸問題―当事者の視点から― 淑徳大学総合福祉学部研究紀要, 43, 97-110

岩崎弥生 (2018). 災害の支援とフェーズ 高橋恵子・中村考一 (編著) 大震災から認知症高齢者を守れ‼―小規模介護事業所の実体験から― (pp. 47-52) ぱーそん書房

藤山正子 (2012). 家族が精神障害者をケアする経験の過程―国内外の文献レビューに基づく共通段階― 日本看護科学会誌, 32 (4), 63-70

神尾陽子 (2010). 平成19－21年度厚生労働科学研究費補助金 (障害保健福祉総合研究事業) ライフステージに応じた自閉症スペクトラム者に対する支援のための手引き 国立精神・神経センター精神保健研究所

神原容子・竹内千仙・川目裕ほか (2019). 成人期ダウン症候群において必要とされる情報提供と家族支援のあり方 日本遺伝カウンセリング学会誌, 40 (3), 101-108.

川上あずさ (2014). 自閉症スペクトラム障害のある児のきょうだいの生活構築 日本看護科学会誌, 34, 301-310

KHJ 全国ひきこもり家族会連合会（2019）．平成 30 年度 厚生労働省　生活困窮者就労準備支援事業費等補助金　社会福祉推進事業　長期高年齢化する社会的孤立者（ひきこもり者）への対応と予防のための「ひきこもり地域支援体制を促進する家族支援」の在り方に関する研究報告書

KHJ 全国ひきこもり家族会連合会（2018）．地域包括支援センターにおける「8050」事例への対応に関する調査報告書

北川かほる（2000）．重症児者をもつ母親の障害受容過程に関する一考察　発達人間学論叢, *3*, 83-91

国立障害者リハビリテーションセンター（2008）．高次脳機能障害者支援の手引き〈改訂第 2 版〉　http://www.rehab.go.jp/brain_fukyu/data/

厚生労働省「身体障害者手帳」
https://www.mhlw.go.jp/stf/seisakunitsuite/bunya/hukushi_kaigo/shougaishahukushi/shougaishatechou/index.html　2019/02/29 検索

厚生労働省（2019）．障害者総合支援法の対象疾病（難病等）
https://www.mhlw.go.jp/stf/seisakunitsuite/bunya/hukushi_kaigo/shougaishahukushi/hani/

厚生労働省　ひとり親家庭等の支援について　厚生労働省 HP 母子家庭等関係
https://www.mhlw.go.jp/stf/seisakunitsuite/bunya/kodomo/kodomo_kosodate/boshi-katei/index.html

栗原まな（2007）．小児の高次脳機能障害　*The Japanese Journal of Rehabilitation Medicine, 44*, 751-761

三原博光・松本耕二（2012）．障害者の父親の生活意識の検証—障害児の年齢, 出生順位, 妻の仕事の有無に着目して—　社会福祉学, *53*（*2*）, 108-118

中田洋二郎（2018）．日本応用心理学会第 84 回大会特別講演　発達障害の家族支援における「障害受容」—その概念の変遷を巡って—　応用心理学研究, *44*, 131-138

夏堀摂（2001）．就学前期における自閉症児の母親の障害受容過程　特殊教育学研究, *39*, 11-22

日本精神神経学会（監修）高橋三郎・大野裕（監訳）（2014）．DSM-5 精神疾患の分類と診断の手引　医学書院

岡茂・島崎けい子・望月米代（1996）．中途障害者の障害受容における価値の転換—「自己」への気づきに視点を当てた共同作業所の取り組みから—　総合リハビリテーション, *24*, 1191-1194

小野寺敦志（2018）．災害時のフェーズとケアの在り方　高橋恵子・中村考一（編著）大震災から認知症高齢者を守れ‼—小規模介護事業所の実体験から—（pp.

47-101) ぱーそん書房

佐々木掌子 (2016a). セクシャル・マイノリティに関する諸概念 精神療法, *42* (*1*), 9-14

佐々木掌子 (2016b). 性別違和を持つ子供への心理的支援 精神療法, *42* (*1*), 24-29

椎野育恵・鈴木久美 (2019). がん患者が病気に関連した事柄を子どもに伝えることに関する文献レビュー 日本がん看護学会誌, *33*, 21-28

下田茜 (2006). 高機能自閉症の子をもつ母親の障害受容過程に関する研究―知的障害を伴う自閉症との比較検討― 川崎医療福祉学会誌, *15*, 321-328

白山靖彦 (2010). 高次脳機能障害家族の介護負担に関する諸相―社会的行動障害の影響についての量的検討― 社会福祉学, *51* (*1*), 29-38

田垣正晋 (2004). 中途重度肢体障害者は障害をどのように意味づけるか―脊髄損傷者のライフストーリーより 社会心理学研究, *19*, 159-174

田垣正晋 (2014). 脊髄損傷者のライフストーリーから見る中途肢体障害者の障害の意味の長期的変化―両価的視点からの検討― 発達心理学研究, *25*, 172-182

武井優子・尾形明子・平井啓ほか (2012). 小児がん患者における病気のとらえ方の検討 心身医学, *52*, 638-645

定形外かぞく (家族のダイバーシティ) HP
https://teikeigai-kazoku.jimdofree.com 2020/03/01 検索

和田真一・長谷川幹 (2019). 脳損傷による中途障害者の長期的な主体性回復のプロセス *Japanese Journal of Comprehensive Rehabilitation Science, 10,* 1-7

山谷佳子 (2018). がん罹患が若年成人がんサバイバーの恋愛や結婚に及ぼす影響 国際医療福祉大学大学院医療福祉学研究科博士課程博士論文

柳澤亜希子 (2007). 障害児・者のきょうだいが抱える諸問題と支援のあり方 特殊教育学研究, *45*, 13-23

横瀬利枝子 (2016). 孫世代が担う高齢者介護―その倫理的課題― 生命倫理, *26*, 54-62

索 引

●配列は五十音順。

分担執筆者紹介

（執筆の章順）

小野寺敦志（おのでら・あつし）

・執筆章→ 3・13・14・15

1963年	宮城県本吉郡（現在の気仙沼市）に生まれる
1988年	日本大学文理学部心理学科卒業
	特別養護老人ホーム，大学病院精神科勤務
2001～09年	認知症介護研究・研修東京センター勤務
2005年	日本大学大学院総合社会情報研究科修士課程修了
現　在	国際医療福祉大学准教授
	公認心理師・臨床心理士・精神保健福祉士
専　攻	老年臨床心理学・臨床心理学
主な著書	高次脳機能障害のある方と働くための教科書（共著　日本法令）
	最新介護福祉士養成講座12　発達と老化の理解（共著　中央法規出版）
	不安・イライラに振り回されない介護のストレスマネジメント（単著　ナツメ社）
	公認心理師の基礎と実践23　関係行政論（共著　遠見書房）
	介護現場のストレスマネジメント―組織のラインケアによるスタッフへの支援―（編著　第一法規出版）
	家族心理学年報32　地域と家族の未来像（共著　金子書房）
	サービス提供責任者のための事例学習法（共著　ワールドプランニング）
	心理学概説　心理学のエッセンスを学ぶ（共著　啓明出版）

平林秀美 （ひらばやし・ひでみ）

・執筆章→5・7・8

1966年	長野県松本市に生まれる
1989年	東京女子大学文理学部心理学科卒業
1991年	東京大学大学院教育学研究科修士課程（教育心理学専攻）修了
1994年	東京大学大学院教育学研究科博士課程（教育心理学専攻）単位取得満期退学
現　在	東京女子大学教授・教育学修士
	臨床発達心理士
専　攻	発達心理学
主な著訳書	情動制御の発達心理学（共編著　ミネルヴァ書房）
	よくわかる情動発達（分担執筆　ミネルヴァ書房）
	社会化の心理学／ハンドブック（分担執筆　川島書店）
	感情と思考の科学事典（分担執筆　朝倉書店）
	心理学をつかむ（共著　有斐閣）
	乳幼児心理学〈新保育ライブラリ　子どもを知る〉（分担執筆　北大路書房）
	心理学総合事典（分担執筆　朝倉書店）
	子どもの社会的発達（分担執筆　東京大学出版会）

中澤　潤（なかざわ・じゅん）

・執筆章→ 9 ・10・11

1951年	島根県松江市に生まれる
1974年	広島大学教育学部卒業
1977年	広島大学大学院教育学研究科修士課程修了
	千葉大学教育学部助教授・同教授，植草学園大学・短期大学福祉学科教授を経て
現　在	植草学園大学・植草学園短期大学学長，千葉大学名誉教授・博士（心理学）
	臨床発達心理士
専　攻	発達心理学・幼児心理学・教育心理学
主な著訳書	社会的行動における認知的制御の発達（単著　多賀出版）
	心理学マニュアル観察法（共編著　北大路書房）
	教育心理学の基本理解（編著　同文書院）
	Applied Developmental Psychology（共編著　Information Age Publisher USA）
	よくわかる教育心理学（編著　ミネルヴァ書房）
	発達心理学の最前線（編著　あいり出版）
	発達心理学 I（分担執筆　東京大学出版会）
	クリティカルシンキング　研究論文篇（監訳　北大路書房）
	心理学教育のための傑作工夫集（監訳　北大路書房）
	子どもの仲間関係―発達から支援へ―　（監訳　北大路書房）
	マンガの認知科学（訳　北大路書房）

編著者紹介

荻野美佐子（おぎの・みさこ）
・執筆章→1・2・4・6・12

1953年	千葉県に生まれる
1976年	東京女子大学文理学部心理学科卒業
1984年	東京大学大学院教育学研究科教育心理学専攻博士課程単位取得満期退学
	上智大学文学部助教授・同教授，同大総合人間科学部心理学科教授を経て
2018年	定年により退職
現　在	上智大学名誉教授・修士（教育学）
	臨床発達心理士
専　攻	発達心理学・教育心理学
主な著訳書	子ども時代を豊かに―新しい保育心理学―（分担執筆　学文社）

新児童心理学講座2　胎児・乳児期の発達（分担執筆　金子書房）

生涯学習の創造（分担執筆　ミネルヴァ書房）

教育心理学I―発達と学習指導の心理学―（分担執筆　東京大学出版会）

子どもの社会的発達（分担執筆　東京大学出版会）

子どもに学ぶ発達心理学（分担執筆　樹村房）

ことばの発達入門（分担執筆　大修館書店）

心理学でなにがわかるか，なにができるか（分担執筆　八千代出版）

バイリンガルと言語障害（分担執筆　学苑社）

保育現場のコミュニケーション―発達心理学的アプローチ―（分担執筆　あいり出版）

心理学総合事典（分担執筆　朝倉書店）

読む目・読まれる目―視線理解の進化と発達の心理学―（分担執筆　東京大学出版会）

看護診断のためのよくわかる中範囲理論（分担執筆　学研）

育ちを支える教育心理学（分担執筆　あいり出版）

ワークブック心理学（共訳　新曜社）

放送大学大学院教材　8950709-1-2111（テレビ）

改訂版　発達心理学特論

発　行　　2021年3月20日　第1刷
　　　　　2023年8月20日　第2刷
編著者　　荻野美佐子
発行所　　一般財団法人　放送大学教育振興会
　　　　　〒105-0001　東京都港区虎ノ門1-14-1　郵政福祉琴平ビル
　　　　　電話　03（3502）2750

Printed in Japan　ISBN978-4-595-14148-5　C1311